AF893083

CHRISTIAN JANSSEN

Der persönliche und zeitliche Geltungsbereich des Betriebsrentengesetzes

Schriften zum Sozial- und Arbeitsrecht

Band 90

Der persönliche und zeitliche Geltungsbereich des Betriebsrentengesetzes

Von

Dr. Christian Janßen

Duncker & Humblot · Berlin

Gedruckt mit Unterstützung durch den Arbeitskreis
Wirtschaft und Recht im Stifterverband für die Deutsche Wissenschaft

CIP-Titelaufnahme der Deutschen Bibliothek

Janßen, Christian:
Der persönliche und zeitliche Geltungsbereich des Betriebsrentengesetzes / von Christian Janßen. – Berlin: Duncker u. Humblot, 1988
(Schriften zum Sozial- und Arbeitsrecht; Bd. 90)
Zugl.: Köln, Univ., Diss., 1986
ISBN 3-428-06412-7
NE: GT

Alle Rechte vorbehalten
© 1988 Duncker & Humblot GmbH, Berlin 41
Satz: Klaus-Dieter Voigt, Berlin 61
Druck: Berliner Buchdruckerei Union GmbH, Berlin 61
Printed in Germany

ISBN 3-428-06412-7

Inhaltsverzeichnis

Dritter Abschnitt

Der Insolvenzschutz des Betriebsrentengesetzes in den sog. Altfällen 143

Hinweis:

Es werden nur solche Abkürzungen benutzt, die in der Rechtssprache allgemein üblich sind. Im übrigen wird auf das Abkürzungsverzeichnis der Rechtssprache von Hildebert Kirchner, 2. Aufl. Berlin 1968 verwiesen.

Einführung

Mit der Schaffung des Gesetzes zur Verbesserung der betrieblichen Altersversorgung hat der Gesetzgeber einen wichtigen Beitrag geleistet, um die Zusatzversorgung zur Rente der gesetzlichen Sozialversicherung sicherer und wirkungsvoller zu gestalten. Das gesetzgeberische Ziel war erklärtermaßen darauf gerichtet, „durch gesetzliche Mindestnormen den Inhalt der betrieblichen Altersversorgung berechtigten sozialpolitischen Forderungen“[1] anzupassen. Dabei hat sich der Gesetzgeber nicht darauf beschränkt, die im Wege richterlicher Rechtsfindung vom 3. Senat des Bundesarbeitsgerichts vorbereitete Rechtslage im Bereich der Verfallbarkeit von Versorgungsanwartschaften und der Auszehrung und Anpassung betrieblicher Ruhegelder[2] zu bestätigen und weiter zu entwickeln, sondern er hat auch mit den Vorschriften zur Insolvenzsicherung eine weitere Vervollkommnung der betrieblichen Altersversorgung erreicht.

Angesichts des beträchtlichen Schutzumfanges des Gesetzes kommt dem persönlichen Geltungsbereich eine besondere Bedeutung zu. Denn nicht nur Arbeitnehmer, sondern auch Selbständige, Organmitglieder und am Unternehmen beteiligte Personen, wie z. B. Gesellschafter-Geschäftsführer, haben ein erhebliches Interesse, insbesondere im Insolvenzfall den Schutz und die Vorteile des Gesetzes in Anspruch zu nehmen. Der Gesetzgeber hat am Ende des arbeitsrechtlichen Teils in der Vorschrift des § 17 BetrAVG[3] den Geltungsbereich des Gesetzes geregelt und in Abs. 2 S. 1 die Anwendbarkeit der §§ 1 bis 16 auf Nicht-Arbeitnehmer ausgedehnt, wenn ihnen Leistungen der Alters-, Invaliditäts- oder Hinterbliebenenversorgung aus Anlaß ihrer Tätigkeit für ein Unternehmen zugesagt worden sind.

Diese erhebliche Erweiterung des persönlichen Geltungsbereiches ist insoweit zu begrüßen, als Mitglieder von Gesellschaftsorganen und Selbständige häufig nicht der gesetzlichen Sozialversicherung unterfallen und zur Wahrung des bisherigen Lebensstandards meist in besonderem Maße auf die betriebliche Versorgung angewiesen sind[4]. Andererseits bereitet die

---

[1] BT-Drucks. 7/1281, S. 19; vgl. auch BT-Drucks. 7/1167, S. 19 f.

[2] Leitentscheidungen des BAG: AP Nr. 156 zu § 242 BGB Ruhegehalt (Unverfallbarkeit); AP Nr. 129 zu § 242 BGB Ruhegehalt (Auszehrung); AP Nr. 4 und 5 zu § 242 BGB Ruhegehalt-Geldentwertung (Anpassung).

[3] §§ ohne Angabe des Gesetzes beziehen sich im folgenden stets auf Vorschriften des BetrAVG.

[4] Vgl. die Begründung des § 7 Abs. 1 des Regierungsentwurfs, dessen Wortlaut mit dem heutigen § 17 Abs. 1 identisch ist – BT-Drucks. 7/1281, S. 30.

extrem weit geratene Umschreibung des begünstigten Nicht-Arbeitnehmers der Praxis große Probleme, die sich vor allem aus den Vorschriften über die Insolvenzsicherung ergeben. Denn nach dem Wortlaut des § 17 Abs. 1 S. 2 müßte auch der Allein-Gesellschafter vom Geltungsbereich des Gesetzes erfaßt werden und im Insolvenzfall den Schutz der §§ 7 ff. genießen dürfen.

Es steht außer Frage, daß dieses Ergebnis mit dem eigentlichen Schutzzweck des Gesetzes und den sozialpolitischen Zielvorstellungen des Gesetzgebers unvereinbar ist. Literatur und Rechtsprechung sind daher gefordert, die notwendige Korrektur vorzunehmen und praktikable Lösungsmodelle zu entwickeln, um den schützenswerten vom nicht schützenswerten Personenkreis abzugrenzen. Besondere Schwierigkeiten ergeben sich aus der Tatsache, daß die unterschiedlichen Gesellschaftsformen, die Vielfalt der vertraglichen Gestaltungsmöglichkeiten sowie sonstige tatsächliche Umstände, wie z. B. familiäre Beziehungen, fachliches Leistungsvermögen etc., unzählige Fallkonstellationen nach sich ziehen, die jeden Einzelfall in einem anderen Lichte erscheinen lassen. Es ist daher sehr problematisch, das Ziel einer möglichst hohen Einzelfallgerechtigkeit mit Hilfe von Abgrenzungskriterien zu verwirklichen, die wegen der Notwendigkeit der Rechtssicherheit und Praktikabilität auf bestimmte typische Sachverhalte zugeschnitten sein müssen.

Die erhebliche praktische Bedeutung des § 17 Abs. 1 S. 2 hat frühzeitig zu einer kontroversen Diskussion geführt, in der sich Schrifttum und Rechtsprechung um eine einschränkende Auslegung unter Heranziehung verschiedener Lösungsmodelle bemüht haben. Der Bundesgerichtshof hat in seinen Grundsatzentscheidungen vom 28. 4. 1980[5] und vom 9. 6. 1980[6] eigene Grundsätze aufgestellt, die nach seiner Auffassung dem Gesetzeszweck weitgehend Rechnung tragen und dennoch eine sichere Handhabung der Vorschrift gewährleisten. Zweifel an der Richtigkeit der höchstrichterlichen Rechtsprechung, sowie einer Reihe noch nicht abschließend geklärter Fragen (z. B. die Behandlung von Gesellschaftern, insbesondere von persönlich haftenden Gesellschaftern im Falle erheblich vom Gesetz abweichender vertraglicher Vereinbarungen; Berücksichtigung von mittelbaren Beteiligungen; die Bedeutsamkeit tatsächlicher Umstände, vor allem verwandtschaftlicher Beziehungen) bildeten den Anlaß, um das Thema des persönlichen Geltungsbereiches des Betriebsrentengesetzes eingehend zu untersuchen.

Im Ersten Abschnitt werden nach einer sorgfältigen Analyse der Regelungen des § 17 Abs. 1 die verschiedenen Lösungsmodelle kritisch auf ihre

---

[5] II ZR 254/78, BGHZ 77, S. 94 = AP Nr. 1 zu § 17 BetrAVG mit Anm. Beitzke = DB 1980, S. 1434 = BB 1980, S. 1046 = NJW 1980, S. 2254 = GmbHR 1980, S. 162 = ZIP 1980, S. 354 = WM 1980, S. 709 = KTS 1980, S. 354.

[6] II ZR 255/78, BGHZ 77, S. 233 = AP Nr. 2 zu § 17 BetrAVG = DB 1980, S. 1588 = BB 1980, S. 1215 = NJW 1980, S. 2257 = ZIP 1980, S. 562 = KTS 1980, S. 372 = WM 1980, S. 818 = GmbHR 1980, S. 266 = JZ 1980, S. 688.

rechtliche Tragfähigkeit und praktische Brauchbarkeit hin überprüft und ein eigener Lösungsvorschlag bzw. Verbesserungsvorschläge entwickelt. Im Zweiten Abschnitt folgt eine Betrachtung der verschiedenen Fallgruppen. Diese Untersuchung hat zum Ziel, die Tauglichkeit oder Untauglichkeit der zuvor erörterten Abgrenzungskriterien im Einzelfall zu überprüfen. Es ist der Nachweis zu erbringen, welches Lösungsmodell bei den in der Praxis auftretenden unterschiedlichen Sachverhaltsvarianten die Gewähr dafür bietet, daß der Normzweck, die praktische Handhabung und die notwendige Einzelfallgerechtigkeit bestmöglich erfüllt werden.

In Ergänzung des Hauptthemas wird im Dritten Abschnitt ein Problem des zeitlichen Geltungsbereiches, die Insolvenzsicherung in den sog. Altfällen, behandelt. Anlaß für dieses zusätzliche Kapitel ist eine Entscheidung des Bundesverfassungsgerichts[7], in der das Bundesverfassungsgericht in Widerspruch zur vorherigen Rechtsprechung des BAG und des BGH den Insolvenzschutz von unverfallbaren Anwartschaften kraft Richterrechts abgelehnt hat. Für viele Anwartschaftsberechtigte, die vor Inkrafttreten des Betriebsrentengesetzes aus ihrem Dienst- oder Arbeitsverhältnis ausgeschieden sind, stellt sich die Frage, ob sie im Insolvenzfall einen Ersatzanspruch gegen den Pensions-Sicherungs-Verein aG erfolgreich durchsetzen können. Dies gilt insbesondere auch für Personen, die vor Geltung des Gesetzes von der Arbeitnehmer- in die Unternehmerstellung übergewechselt sind und von diesem Zeitpunkt an nicht mehr dem persönlichen Schutzbereich des Gesetzes unterfallen.

Dieser Problemkreis des Insolvenzschutzes in den sogenannten Altfällen stellt die wohl einzig bedeutsame Zweifelsfrage im Bereich der zeitlichen Geltung des BetrAVG dar, so daß sich die Erörterung der zeitlichen Anwendbarkeit des Gesetzes auf diesen Punkt beschränkt.

---

[7] Beschluß vom 19. 10. 1983 – 2 BvR 298/71, BVerfGE 65, S. 196 = NJW 1984, S. 476 = DB 1984, S. 190 = BB 1984, S. 341 = BetrAV 1984, S. 49 = ZIP 1984, S. 94 = WM 1984, S. 107.

Erster Abschnitt

Der Anwendungsbereich des § 17 Abs. 1 BetrAVG

Wegen der außergewöhnlichen Ausdehnung des persönlichen Geltungsbereiches auf alle Personen, denen Leistungen der Alters-, Invaliditäts- oder Hinterbliebenenversorgung „aus Anlaß ihrer Tätigkeit für ein Unternehmen zugesagt worden sind", steht die Bedeutung und Auslegung des § 17 Abs. 1 S. 2 im Mittelpunkt der Erörterung. Die weite Fassung wäre vermutlich niemals problematisch geworden, wenn nicht der Gesetzgeber in der letzten Phase des Gesetzgebungsverfahrens die Vorschriften über die Insolvenzsicherung (§ 7 bis 15) eingefügt[1] und es damit zahllosen Nicht-Arbeitnehmern bis hin zum Unternehmer ermöglicht hätte, sich gegen den Konkurs und den dadurch bedingten Ausfall der Altersversorgung abzusichern. Wegen offensichtlich unbilliger Ergebnisse (z. B. der Insolvenzschutz des Gesellschafter-Geschäftsführers einer Ein-Mann-GmbH) ist nach allgemeiner Auffassung[2] der Geltungsbereich des § 17 Abs. 1 S. 2 einzuschränken; Uneinigkeit besteht jedoch darüber, wie die Abrenzung der schützenswerten Person im einzelnen vorzunehmen ist.

Die folgende Darstellung befaßt sich zunächst mit der Auslegung des § 17 Abs. 1 anhand von Entstehungsgeschichte, Wortlaut, systematischer Zusammenhänge sowie eines Vergleichs mit anderen Rechtsgebieten. Es folgt eine Analyse der verschiedenen Lösungsmodelle zur Abgrenzung des schutzfähigen Personenkreises sowie die Entwicklung eines selbständigen Lösungsansatzes.

A. Auslegung der Vorschrift

I. Entstehungsgeschichte

1. Der historische Hintergrund des Betriebsrentengesetzes

Die betriebliche Altersversorgung ist Folge der Industrialisierung in der Mitte des 19. Jahrhunderts gewesen und bildete die erste soziale Sicherung

---

[1] BT-Drucks. 7/2843, S. 4.

[2] BGHZ 77, S. 94, 97 f.; BGHZ 77, S. 233, 236; Blomeyer / Otto, § 17 Rdnr. 42; Hanau / Kemper, ZGR 1982, S. 123, 126; Heubeck / Höhne, § 17 Rdnr. 49; Höfer / Abt, § 17 Rdnr. 35 f.

der Arbeiter, die ohne den Schutz der Großfamilie und des kleinen Handwerksbetriebes zu einer alleinigen Daseinsvorsorge nicht mehr imstande waren[3]. Mit der Einführung der gesetzlichen Rentenversicherung wandelte sich der Charakter der betrieblichen Altersversorgung in eine Zusatzversorgung. Die betriebliche Altersversorgung hat jedoch bis heute nicht ihre wertvolle und notwendige Ergänzungsfunktion der durch die Sozialversicherung gewährten Alterssicherung verloren, weil die gesetzliche Rente nicht in der Lage ist, den Versorgungsbedarf der Rentner sozialpolitisch befriedigend abzudecken[4]. Hinzu kommt, daß die von der Sozialversicherung ausgenommenen Nicht-Arbeitnehmer auf die betriebliche Altersversorgung als der einzigen Alterssicherung häufig besonders angewiesen sind.

Erste Forderungen nach einer gesetzlichen Regelung gehen auf die Zeit von 1966 bis 1970 zurück, in der die vier wichtigsten Probleme, nämlich die Unverfallbarkeit, Insolvenzsicherung, Anrechnungsbegrenzung und Inflationsanpassung akut wurden und sich als regelungsbedürftig erwiesen[5]. Eine wichtige Rolle in der Vorgeschichte des Betriebsrentengesetzes kommt auch der Rechtsprechung des BAG zu, das in einigen Bereichen bedeutsame Vorarbeit zur Absicherung der betrieblichen Ruhegelder geleistet hat[6] und insbesondere in dem Unverfallbarkeitsurteil vom 10. 3. 1972[7] den Gesetzgeber ermahnt hat, das Gebot der sozialen Gerechtigkeit nicht mittelbar über die zunächst geplante steuerliche Gesetzgebung zu verwirklichen.

Der arbeitsrechtliche Teil des Betriebsrentengesetzes ist das Ergebnis dieser Forderungen und Umstände. In der Begründung des Regierungsentwurfes wird die Anerkennung der sozialpolitischen Funktion der betrieblichen Altersversorgung und die Bedeutung der gesetzlichen Mindestnormen als Schutz der betroffenen Arbeitnehmer unmißverständlich zum Ausdruck gebracht[8]. Das Gesetz zur Verbesserung der betrieblichen Altersversorgung ist daher in erster Linie als ein Arbeitnehmerschutzgesetz anzusehen[9].

---

[3] Vgl. im einzelnen Heissmann, S. 1 ff.; Weiß in: Handbuch der betrieblichen Altersversorgung, Bd. I, 4. Aufl., S. 5 f.; Wiedemann / Moll, RdA 1977, S. 13.

[4] BT-Drucks. 6/3325, S. 3; Ahrend / Dorow, DB 1976, Beilage Nr. 17/76 und DB 1978, Beilage Nr. 19/78, S. 2; Höhne in: Handbuch der betrieblichen Altersversorgung, Bd. I, 6. Aufl., S. 5 f.

[5] Vgl. Sozialenquête, 1966, TZ 531; Sozialbericht von 1970, BT-Drucks. 6/643, S. 26; Glatzel / Meyer / Wein, Einführung, S. 5 ff.

[6] Vgl. oben Einführung, FN 2.

[7] AP Nr. 156 zu § 242 BGB Ruhegehalt unter A. III. 4. b. (1) der Gründe.

[8] BT-Drucks. 7/1281, S. 1, 19; ausführlich zur Entstehungsgeschichte Boldt, AG 1975, S. 141.

[9] So auch der BGH, a.a.O. Einführung FN 5, unter III. 2. der Gründe; Heubeck / Paulsdorff, § 17 Rdnr. 74; Höfer / Abt, § 17 Rdnr. 36.

2. Die Vorgeschichte des § 17 Abs. 1 BetrAVG

Die Entstehungsgeschichte des § 17 Abs. 1 fügt sich in diese Betrachtung ohne weiteres ein. Im ursprünglichen Regierungsentwurf war die Vorschrift mit gleichem Wortlaut als § 7 Abs. 1 enthalten und wurde wie folgt begründet:

> Satz 1 stellt klar, daß die arbeitsrechtlichen Vorschriften der §§ 1 bis 6 auch für die zu ihrer Berufsausbildung Beschäftigten gelten sollen. Dies entspricht der Regelung des persönlichen Geltungsbereichs in anderen arbeitsrechtlichen Gesetzen, die wie die vorgenannten Vorschriften insbesondere dem Schutz des Arbeitnehmers zu dienen bestimmt sind....
>
> Satz 2 trägt dem Umstand Rechnung, daß vielfach auch Mitglieder von Gesellschaftsorganen und Selbständige, z. B. Handelsvertreter und Handwerker, aus Anlaß ihrer Tätigkeit für ein Unternehmen betriebliche Versorgungszusagen erhalten, auf deren inhaltliche Ausgestaltung sie – wie Arbeitnehmer – wegen der regelmäßig stärkeren Position ihres Vertragspartners oft keinen oder nur geringen Einfluß nehmen können. Dieser Personenkreis, der zur Wahrung seines bisherigen Lebensstandards meist in besonderem Maße auf die betriebliche Versorgung angewiesen ist, soll daher in gleicher Weise durch die Vorschriften der §§ 1 bis 6 geschützt werden (BT-Drucksache 7/1281, S. 30).

Die Ausführungen zu Satz 1 bestätigen, daß die arbeitsrechtlichen Vorschriften der §§ 1 bis 6 insbesondere dem Schutz des Arbeitnehmers zu dienen bestimmt sind. Entgegen der ungewöhnlich weiten Fassung soll auch die Regelung des Satz 2 lediglich Nicht-Arbeitnehmer schützen, die, wie Arbeitnehmer, den Inhalt der Versorgungszusage nicht oder nur unmaßgeblich beeinflussen können, weil sie sich regelmäßig in der schwächeren Verhandlungsposition befinden. Diese Verhandlungssituation wird im allgemeinen als mangelnde Vertragsparität bezeichnet[10]. Die Erklärung, dieser Personenkreis soll in gleicher Weise durch die Vorschriften der §§ 1 bis 6 geschützt werden, bringt zum Ausdruck, daß Personen, die nicht auf den Schutz dieser Bestimmungen angewiesen sind, als nicht sozial schutzbedürftig vom persönlichen Geltungsbereich auszunehmen sind. Die Begründung des Regierungsentwurfs läßt also keinen Zweifel aufkommen, daß der Charakter des BetrAVG als Arbeitnehmer-Schutzgesetz auch für die Bestimmung des persönlichen Geltungsbereiches maßgeblich ist.

Die im Laufe des Gesetzgebungsverfahrens durch die Ergänzung der Vorschriften zur Insolvenzsicherung und der Anpassungsnorm des § 16 notwendig gewordene Umstellung des § 7 Abs. 1 des Regierungsentwurfs an die Stelle des heutigen § 17 Abs. 1 hat nicht zu einer Erweiterung des Anwendungsbereiches der Norm geführt[11]. Denn allein die Tatsache, daß die Insol-

---

[10] Vgl. LG Köln, BB 1977, S. 1506; OLG Köln, Urteile vom 7. 6. 1978, BetrAV 1978, S. 247, 248 und S. 249; Höfer, 1. Aufl., § 17 Rdnr. 26; Wiedemann / Moll, RdA 1977, S. 13, 14.

[11] Vgl. den Ausschußbericht, BT-Drucks. 7/2843, S. 4 f.; Wiedemann / Moll, RdA 1977, S. 13, 14 f.

venzsicherung für praktisch alle Nicht-Arbeitnehmer von Interesse ist, begründet nicht eine Einbeziehung dieses Personenkreises in den persönlichen Geltungsbereich. Es ist der ganz überwiegenden Meinung[12] darin zu folgen, daß der § 17 Abs. 1 S. 2 im Hinblick auf die arbeitsrechtlichen Schutzvorschriften der §§ 1 bis 6 und nicht mit Rücksicht auf die insoweit nur als Annex zu betrachtende Insolvenzsicherung geschaffen worden ist. Personen, für die zwar der Insolvenzschutz zweckmäßig ist, die aber nicht des Schutzes der §§ 1 bis 6 bedürfen, unterfallen nicht der Regelung des § 17 Abs. 1 S. 2.

Bei dieser Charakterisierung des § 17 Abs. 1 darf jedoch nicht außer acht gelassen werden, daß der Gesetzgeber den Wortlaut des Satz 2 nicht rein zufällig, sondern mit einer bestimmten Absicht sehr weit gefaßt hat. Es war ihm daran gelegen, nicht nur arbeitnehmerähnliche Personen, sondern einem größeren Personenkreis, wie z. B. Organmitgliedern und Selbständigen, die auf die betriebliche Altersversorgung oft besonders angewiesen sind, die Vorteile des Betriebsrentengesetzes zu sichern[13]. Wie der Hinweis auf die „regelmäßig stärkere Position“[14] zeigt, nimmt der Gesetzgeber offenbar auch in Kauf, daß im Einzelfall ein Schutzbedürfnis nicht vorliegt[15]. Es genügt, wenn der jeweilige Zusageempfänger typischerweise einer Personengruppe zuzuordnen ist, deren Verhandlungssituation durch eine mangelnde Vertragsparität gekennzeichnet ist.

II. Zweck des arbeitsrechtlichen Gesetzesteils und systematische Zusammenhänge

Das Motiv des Gesetzgebers, die betriebliche Altersversorgung durch die Schaffung eines arbeitsrechtlichen Schutzgesetzes sicherer und wirkungsvoller zu gestalten[16], kommt nicht nur in dem Titel des Gesetzes und in der Überschrift des Ersten Teils „Arbeitsrechtliche Vorschriften“, sondern auch in verschiedenen Regelungen deutlich zum Ausdruck. Denn eine Reihe von Bestimmungen (§§ 1 bis 4) sind auf das Verhältnis Arbeitnehmer – Arbeitgeber ausgerichtet oder verwenden zumindest den Begriff des Arbeitnehmers oder Arbeitgebers in ihrem Wortlaut (§§ 6, 16, 10 Abs. 3, 11 Abs. 1)[17]. Die Tariföffnungsklausel des § 17 Abs. 3 S. 1 i.V. mit dem in Satz 3 festgelegten Verbot einer sonstigen Abweichung zu Ungunsten des Arbeitnehmers

[12] BGHZ 77, S. 94, 97; Blomeyer / Otto, § 17 Rdnr. 44; Heubeck / Paulsdorff, § 17 Rdnr. 75; Höfer / Abt, § 17 Rdnr. 61; Neef, BB 1978, S. 314; Paulsdorff, GmbHR 1977, S. 241, 242; a. A. offenbar Kiefer / Giloy, § 17 Rdnr. 2.

[13] So auch die Begründung des Regierungsentwurfs, BT-Drucks. 7/1281, S. 30.

[14] Ebenda.

[15] So auch der BGH, Bd. 77, S. 94, 98 f.

[16] Vgl. BT-Drucks. 7/1281, S. 1; BT-Drucks. 7/2843, S. 4.

[17] Wiedemann / Moll, RdA 1977, S. 13, 15.

begründet sogar die grundsätzliche Unabdingbarkeit der arbeitsrechtlichen Schutznormen[18].

Diese eindeutige Charakterisierung des BetrAVG als Arbeitnehmer-Schutzgesetz ist jedoch insoweit zu relativieren, als sich der Gesetzgeber, wie der BGH[19] zu Recht ausführt, bei der Aufstellung und Ausgestaltung seiner Schutznormen von einer gewissen Großzügigkeit hat leiten lassen[20]. Ein Hinweis für diese These findet sich zum einen in der weiten Fassung des § 17 Abs. 1 S. 2, dessen Schutz nach Ansicht des BGH[21] auch Personen einmal zugute kommen könne, die auf ihn nicht unbedingt angewiesen seien, und zum anderen in der Vorschrift des § 7 Abs. 3, der als Höchstgrenze für die Insolvenzsicherung immerhin das 3fache der Beitragsbemessungsgrenze (1983: 5 000,– DM × 3 = 15 000 DM) festlegt. Angesichts dieser Umstände erscheint die Schlußfolgerung einiger Vertreter in der Literatur[22], im Zweifel für den Versorgungsschutz zu entscheiden, nicht unberechtigt.

Zweifelhaft ist, ob sich im übrigen aus systematischen Zusammenhängen Rückschlüsse auf eine bestimmte Auslegung des § 17 Abs. 1 ziehen lassen. So wird z. B. vertreten[23], daß der Zuständigkeitsregelung des § 13 ein Anhaltspunkt zur Auslegung des persönlichen Geltungsbereichs entnommen werden könne. Dem kann nicht gefolgt werden. Denn eine Zuständigkeit des Arbeitsgerichts gemäß § 13 BetrAVG i. V. mit § 2 Abs. 1 Nr. 2 a ArbGG kommt wegen der abschließenden Festlegung des Begriffs des Arbeitnehmers in § 5 ArbGG nur für Arbeitnehmer oder arbeitnehmerähnliche Personen in Betracht. Demgegenüber kann aufgrund des Wortlautes und der Motive des Gesetzgebers kein Zweifel daran bestehen, daß § 17 Abs. 1 S. 2 über den Kreis der arbeitnehmerähnlichen Personen hinaus bestimmte Nicht-Arbeitnehmer in den persönlichen Geltungsbereich einbezieht. Es ist daher unumgänglich, daß ein Teil der Rechtsstreitigkeiten vor der ordentlichen Gerichtsbarkeit ausgetragen werden muß. Aus § 13 kann auch nicht abgeleitet werden, daß zum Zwecke einer möglichst einheitlichen Zuständigkeit die Auslegung des § 17 Abs. 1 S. 2 möglichst restriktiv ausfallen müsse. Hiergegen spricht, daß der Gesetzgeber die Nicht-Arbeitnehmer bewußt von der Zuständigkeitsregelung des § 13 ausgenommen hat, weil für die Streitigkeiten zwischen Nicht-Arbeitnehmern und Unternehmern ohnehin die ordentliche Gerichtsbarkeit zuständig ist und ein Wechsel der sach-

---

18 Blomeyer / Otto, § 17 Rdnr. 163; Heubeck / Höhne, § 17 Rdnr. 112 f.; Höfer / Abt, § 17 Rdnr. 109.

19 Bd. 77, S. 94, 99.

20 In diesem Sinne auch Hanau / Kemper, ZGR 1982, S. 123, 127; Hommelhoff / Timm, KTS 1981, S. 1, 15; Wiedemann / Moll, RdA 1977, S. 13, 16.

21 Bd. 77, S. 94, 99.

22 Hanau / Kemper, ZGR 1982, S. 123, 127; Hommelhoff / Timm, KTS 1981, S. 1, 15.

23 Wiedemann / Moll, RdA 1977, S. 13, 16 f.

lichen Zuständigkeit im Insolvenzfall nicht sinnvoll wäre und auch nicht der ratio legis der Vorschrift entsprechen würde[24].

Problematisch ist allerdings das Verhältnis zwischen den Vorschriften über das Konkursausfallgeld, §§ 59 Abs. 1 Nr. 3 und 61 Abs. 1 Nr. 1 KO, die lediglich die Forderungen von Arbeitnehmern und arbeitnehmerähnlichen Personen schützen, und der Insolvenzsicherung des Betriebsrentengesetzes, die auch die Versorgungsansprüche von Nicht-Arbeitnehmern erfaßt. Die fehlende Abstimmung der beiden Rechtsgebiete führt dazu, daß nach der KO fällige Ansprüche des Nicht-Arbeitnehmers nicht bevorzugt werden, während für die zukünftigen Forderungen die Eintrittspflicht des Pensions-Sicherungs-Vereins besteht[25]. Dieser Umstand rechtfertigt es jedoch nicht, den persönlichen Geltungsbereich des BetrAVG in Anpassung an die KO einzuschränken. Hiergegen spricht, daß die Regelung des § 17 Abs. 1 S. 2 bereits feststand, bevor das Betriebsrentengesetz um die Vorschriften der Insolvenzsicherung ergänzt wurde[26]. Es ist zu vermuten, daß der Gesetzgeber die insoweit entstandene Lücke zwischen der Konkursordnung und dem Betriebsrentengesetz übersehen hat. Der betroffene Nicht-Arbeitnehmer muß einen etwaigen Verlust des Konkursausfallgeldes hinnehmen, wenn nicht durch den Gesetzgeber oder im Wege der Rechtsfortbildung die Konkursordnung ausgedehnt wird.

Es bleibt somit festzuhalten, daß eine einschränkende Auslegung des § 17 Abs. 1 sich in erster Linie an dem Zweck des BetrAVG als arbeitsrechtlichem Schutzgesetz zu orientieren hat, wobei der Gesetzgeber die Schutzbedürftigkeit im Einzelfall nicht zur unablässigen Bedingung macht. Systematische Zusammenhänge erfordern keine restriktive Auslegung des persönlichen Geltungsbereiches.

III. Der Wortlaut

Im folgenden ist der Wortlaut des § 17 Abs. 1, insbesondere des Satz 2, genauer zu analysieren. Denn eine sorgfältige Prüfung der einzelnen Tatbestandsmerkmale führt bereits vielfach zu einer ersten Konkretisierung der vom Gesetz einbezogenen bzw. ausgeschlossenen Personengruppen. Darüber hinaus gibt der Wortlaut und seine Deutung möglicherweise einen Hinweis auf bestimmte Abgrenzungskriterien, die dem Normzweck und dem Willen des Gesetzgebers entsprechen und mit deren Hilfe Problemfälle gelöst werden können.

---

[24] Vgl. LAG Düsseldorf, DB 1977, S. 779 f.; Bleistein / Söffing, Rdnr. 123; Grunsky, § 2 Rdnr. 120; Heubeck / Paulsdorff, § 13, Rdnr. 4 m.w.N.

[25] Vgl. Wiedemann / Moll, RdA 1977, S. 13, 17.

[26] Vgl. BT-Drucks. 7/2843, S. 4; Wiedemann / Moll, RdA 1977, S. 13, 14 f.

1. § 17 Abs. 1 S. 1 BetrAVG

Die vom Betriebsrentengesetz in erster Linie geschützten Arbeitnehmer umfassen entsprechend der Regelung des § 17 Abs. 1 S. 1 Arbeiter, Angestellte und die zu ihrer Berufsausbildung beschäftigten Personen. Diese Aufzählung kann nicht als Definition verstanden werden, weil es sich bei den Arbeitern und Angestellten lediglich um Unterarten handelt, deren Begriff ebenso unbestimmt ist wie der des Arbeitnehmers[27]. Fraglich ist, ob eine nähere Begriffsbestimmung im Hinblick auf die weitreichende Regelung des Satz 2 überhaupt erforderlich ist. In der Praxis wird man häufig auf eine Klärung der Anwendbarkeit des Satz 1 verzichten können, weil die Bestimmung des Satz 2 für die problematischen Fälle wie ein Auffangtatbestand funktioniert[28].

Andererseits ist die Unterscheidung zwischen Satz 1 und Satz 2 nicht entbehrlich, wenn es um die Frage des Rechtsweges, § 13, oder um die Anwendbarkeit der Tariföffnungsklausel, § 17 Abs. 3, geht. Im übrigen hat eine klare Abgrenzung den Vorteil, daß Personen, die den Anforderungen des Satz 1 genügen, in jedem Fall geschützt sind, ohne daß es auf die umstrittenen Voraussetzungen des Satz 2 noch ankommt.

Es ist anzunehmen, daß der Gesetzgeber mit der allgemein gehaltenen, auch in anderen arbeitsrechtlichen Gesetzen verwandten Formulierung (vgl. § 5 Abs. 1 S. 1 ArbGG, § 5 Abs. 1 BetrVG, § 2 S. 1 BUrlG) an den arbeitsrechtlichen Grundbegriff des Arbeitnehmers anknüpfen wollte und nur insoweit eine Klarstellung bzw. Erweiterung vorgenommen hat, als auch ein Berufsausbildungsverhältnis einem Arbeitsverhältnis gleichsteht. Hierfür spricht auch die Begründung des Regierungsentwurfs[29], in der auf die Regelung des persönlichen Geltungsbereichs in anderen Gesetzen Bezug genommen wird. Arbeitnehmer ist demnach derjenige, der aufgrund eines privatrechtlichen Vertrages in persönlicher Abhängigkeit Arbeit für einen anderen leistet[30].

Allerdings fällt die Bewertung des Arbeitnehmerbegriffs nicht im gesamten Arbeitsrecht einheitlich aus; vielmehr enthalten die verschiedenen arbeitsrechtlichen Gesetze entsprechend ihren jeweiligen Zielsetzungen voneinander abweichende Bewertungen[31]. Auch für die Bestimmung des

[27] Heubeck / Höhne, § 17 Rdnr. 5, 15; Höfer / Abt, § 17 Rdnr. 5; Hueck / Nipperdey, Bd. I, S. 70; Schaub, § 13 I., S. 48 f.

[28] Blomeyer / Otto, § 17 Rdnr. 5; Heubeck / Höhne, § 17 Rdnr. 9.

[29] BT-Drucks. 7/1281, S. 30.

[30] Vgl. BAG, AP Nr. 1, 3, 4, 6, 15 - 36 zu § 611 BGB Abhängigkeit; Hueck / Nipperdey, Bd. I, S. 34 ff.; Nikisch, Bd. I, S. 91 ff.; MünchKomm-Söllner, § 611 Rdnr. 129 ff.; Schaub, § 8, S. 30 ff.; Zöllner, Arbeitsrecht, S. 40 ff., 49.

[31] Vgl. Brobowski / Gaul, A. V. Rdnr. 6, S. 25 f.; Dietz / Richardi, § 5 Rdnr. 17, 91; Gamillscheg, Nr. 36, S. 76; Grunsky, § 5 Rdnr. 3 ff.; Richardi, ZfA 1974, S. 3, 22 f.; Wiedemann / Stumpf, § 1 Rdnr. 129.

Arbeitnehmerbegriffs im Betriebsrentengesetz gilt der Grundsatz, daß – unabhängig von der Auslegung in anderen arbeitsrechtlichen Gesetzen – der Zweck und die besonderen Ziele des BetrAVG die Abgrenzung bestimmen[32]. So spricht die Tatsache, daß der Gesetzgeber bei der Ausgestaltung der Schutznormen großzügig verfahren ist und den persönlichen Geltungsbereich für Nicht-Arbeitnehmer ausgesprochen weit gefaßt hat, für eine weite Auslegung und Anwendung der Regelung des § 17 Abs. 1 S. 1.

Da der Schwerpunkt dieser Arbeit nicht in dem Anwendungsbereich des § 17 Abs. 1 S. 1 liegt, sollen diese grundsätzlichen Feststellungen genügen, und es ist hinsichtlich der Detailfragen auf die einschlägigen Kommentierungen zu verweisen[33]. Auf bestimmte Problemfälle, wie z. B. Ehegatten-Arbeitsverhältnisse, wird im Zweiten Abschnitt näher eingegangen.

2. § 17 Abs. 1 S. 2 BetrAVG

Die Vorschriften der §§ 1 bis 16 gelten gemäß § 17 Abs. 1 S. 2 „entsprechend für Personen, die nicht Arbeitnehmer sind, wenn ihnen Leistungen der Alters-, Invaliditäts- oder Hinterbliebenenversorgung aus Anlaß ihrer Tätigkeit für ein Unternehmen zugesagt worden sind". Wie die Negativabgrenzung des ersten Halbsatzes zeigt, greift die Bestimmung dann ein, wenn der Betroffene nicht bereits unter die Regelung des Satz 1 fällt. Fraglich ist jedoch, ob darüber hinaus jeder, der eine Versorgungszusage für irgendeine Tätigkeit für ein Unternehmen erhalten hat, sich zumindest nach dem Wortlaut auf den Schutz des BetrAVG berufen kann.

a. Leistungen der Alters-, Invaliditäts- oder Hinterbliebenenversorgung

Mit diesen Merkmalen meint der Gesetzgeber nichts anderes als die Leistungen der betrieblichen Altersversorgung[34]. Die Bezeichnung der drei Leistungsarten war erforderlich, weil der erteilten Versorgungszusage nicht, wie in § 1 Abs. 1 S. 1 lediglich ein Arbeitsverhältnis, sondern auch andere vertragliche Beziehungen, wie z. B. ein Dienst- oder Werkvertrag, zugrunde liegen können.

In der Literatur wird die Ansicht vertreten[35], daß eine betriebliche Altersversorgung im Sinne des Gesetzes nicht vorliege, wenn nur vereinzelt und ohne inneren Bezug zur Belegschaft einem Geschäftsführer eine Versor-

---

[32] Heubeck / Höhne, § 17 Rdnr. 14.

[33] Blomeyer / Otto, § 17 Rdnr. 4 ff.; Heubeck / Höhne, § 17 Rdnr. 13 ff.; Höfer / Abt, § 17 Rdnr. 5 ff.

[34] ArbG Bochum, BB 1983, S. 904; Blomeyer / Otto, § 17 Rdnr. 58.

[35] Wiedemann / Moll, RdA 1977, S. 13, 15.

gung gewährt wird. Voraussetzung sei vielmehr ein Versorgungssystem, d. h. eine kollektiv angelegte und für mehrere Arbeitnehmer gedachte Einrichtung. Diese Interpretation wird vom Bundesgerichtshof[36] abgelehnt, wobei die Meinung von Wiedemann / Moll insoweit mißverstanden wird, als ein Versorgungssystem lediglich als Regelfall gedacht wird und nicht Einzelabmachungen in kleineren Betrieben ausgeschlossen werden sollen. Dem BGH[37] ist jedoch darin zuzustimmen, daß das Gesetz weder in § 1 Abs. 1 noch in § 17 Abs. 1 S. 2 eine kollektive Einrichtung voraussetzt, sondern die Zusage von Versorgungsleistungen „aus Anlaß eines Arbeitsverhältnisses" bzw. „aus Anlaß der Tätigkeit für ein Unternehmen" genügen läßt. Der Schutzfähigkeit eines Arbeitnehmers oder Nicht-Arbeitnehmers steht nicht entgegen, daß der Arbeitgeber nur einer bestimmten Person oder einem besonders auserwählten Kreis eine Versorgungszusage erteilt hat. Im übrigen müßte die Feststellung eines Versorgungssystems von konkreten Mindestvoraussetzungen abhängig gemacht werden, für die das Gesetz jedoch keinen Anhaltspunkt enthält.

Die Bedeutung des Merkmals „betriebliche" Altersversorgung ist demnach auf folgende Gesichtspunkte zu beschränken. Nach der schon vor der Geltung des BetrAVG entwickelten ganz herrschenden Meinung[38] ist für ein betriebliches Ruhegeldversprechen der Fürsorge- und Entgeltcharakter kennzeichnend. In der jüngeren Rechtsprechung des BAG[39] wird allerdings der Entgeltcharakter stärker betont. Mit diesen Begriffen ist gemeint, daß die Versorgungszusage zur Alterssicherung bestimmt sein muß und das Ruhegeld als Gegenleistung für die erbrachte und weiterhin erwartete Betriebstreue gedacht ist[40]. Wenn das Ruhegeldversprechen nicht dieser Zielrichtung entspricht, sondern ausschließlich andere Motive maßgeblich sind, liegt keine betriebliche Altersversorgung vor.

---

[36] Bd. 77, S. 94, 96.

[37] Ebenda.

[38] BAG, AP Nr. 2 zu § 242 BGB Ruhegehalt-VBL, unter I.2. der Gründe; AP Nr. 3 zu § 242 BGB Ruhegehalt-Unterstützungskassen, unter 2.b. der Gründe; AP Nr. 156 zu § 242 BGB Ruhegehalt, unter II.2.a. der Gründe; AP Nr. 4 zu § 242 BGB Ruhegehalt-Geldentwertung, unter B.II.5. der Gründe, mit Anm. von Medicus; Hanau, BB 1976, S. 91; Höfer / Abt, ArbGr. Rdnr. 41 ff. m.w.N.; Schaub / Schusinski / Stroer, § 6 II, S. 45 f.

[39] AP Nr. 1 zu § 1 BetrAVG Treuebruch, unter III.1. der Gründe; AP Nr. 7 zu § 16 BetrAVG, unter A.I.2.b. der Gründe; vgl. auch Hilger, RdA 1981, S. 6, 8 f.

[40] Vgl. BAG, ZIP 1981, S. 304; BGH, WM 1975, S. 1237, 1239; BGH, ZIP 1982, S. 95, 96.

b. Tätigkeit für ein Unternehmen

aa. Bestimmung des Begriffs Unternehmen

Der Begriff „Unternehmen" bezeichnet eine organisatorische Einheit, die durch den wirtschaftlichen oder ideellen Zweck bestimmt ist, dem ein oder mehrere organisatorisch verbundene Betriebe desselben Unternehmensinhabers dienen[41]. Gegenüber dem Betrieb als der organisatorischen Zusammenfassung von personellen und sachlichen Mitteln, mit denen jemand fortgesetzt einen arbeitstechnischen Zweck verfolgt[42], ist der Anwendungsbereich des Unternehmens weiter, kann sich aber bei Vorliegen nur eines Betriebes mit diesem decken[43]. Aus dieser Begriffsbestimmung läßt sich für den persönlichen Geltungsbereich mit Ausnahme der Feststellung, daß die Tätigkeit für eine Privatperson nicht genügt, keine weitere Eingrenzung erzielen.

bb. Auslegung des Merkmals Tätigkeit

Schwierigkeiten bereitet die Auslegung des Merkmals Tätigkeit. Hier stellen sich zahlreiche Fragen, wie zum Beispiel Art und Dauer der Tätigkeit, Abgrenzung zwischen positivem Tun und Unterlassen, Rechtsgrundlage, Notwendigkeit des persönlichen Einsatzes. Es ist erforderlich, daß die Tätigkeit eine gewisse Dauer und zum Nutzen für das Unternehmen ausgeübt wird. Denn nur unter diesen Voraussetzungen kann die versprochene betriebliche Altersversorgung ihrem Fürsorge- und Entgeltcharakter gerecht werden. Im übrigen sprechen die systematischen Zusammenhänge, wie z. B. die Unverfallbarkeitsfristen des § 1, für eine auf Dauer angelegte und auch kontinuierlich ausgeübte Tätigkeit.

Umstritten ist, ob die Tätigkeit nur in einem positiven Tun[44] oder auch in einem Unterlassen[45] bestehen kann. Für die erste Auffassung spricht, daß es schwer vorstellbar ist, daß ein Unterlassen als solches nutzbringend für ein Unternehmen sein kann. In aller Regel dürfte das versprochene Ruhegeld lediglich als Entschädigung für ein nicht ausgeübtes nachteiliges Verhalten, wie z. B. das Unterlassen von Wettbewerb, anzusehen sein.

---

[41] Vgl. Dietz / Richardi, § 1 Rdnr. 49 ff., 54; Hueck / Nipperdey, Bd. I, S. 97; vgl. zur Abgrenzung zwischen Unternehmens- und Betriebsverfassung, Wiedemann, Gesellschaftsrecht, S. 312 ff.

[42] BAG, AP Nr. 1 zu § 88 BetrVG'52.

[43] Heubeck / Höhne, § 17 Rdnr. 63; Höfer / Abt, § 17 Rdnr. 40.

[44] Heubeck / Höhne, § 17 Rdnr. 61; Höfer / Abt, § 17 Rdnr. 42.

[45] Blomeyer / Otto, § 17 Rdnr. 72.

Die Art der Tätigkeit spielt normalerweise keine Rolle[46]. Voraussetzung ist ein persönlicher Einsatz des Zusageempfängers, wobei allerdings eine gewisse Arbeitsteilung durch Einschaltung von Hilfspersonen unschädlich ist. Demgegenüber genügt es nicht, wenn ein Unternehmen für ein anderes tätig ist und dem Inhaber hierfür eine Altersversorgung versprochen wird. Es widerspricht dem Zweck des BetrAVG als Arbeitnehmer-Schutzgesetz sowie dem Fürsorge- und Entgeltcharakter der Altersversorgung, wenn der persönliche Einsatz keine oder nur eine untergeordnete Bedeutung hat.

Das Gesetz fordert für die Tätigkeit keine bestimmte Rechtsgrundlage. Neben dem praktisch wichtigsten Fall, dem Dienstvertrag, kommen auch Geschäftsbesorgungs-, Dienstverschaffungs- und nach herrschender Meinung[47] auch Werkverträge in Betracht. Auch wenn es beim Werkvertrag in erster Linie auf den Erfolg ankommt, ist der Werkunternehmer in den persönlichen Geltungsbereich einzubeziehen. Denn in der Gesetzesbegründung[48] wird der selbständige Handwerker ausdrücklich genannt; außerdem ist die Schaffung eines Werkes genau so nutzbringend für das Unternehmen wie die Tätigkeit selbst.

Wenn die Tätigkeit auf gesellschaftsrechtlichen oder verwandtschaftlichen Beziehungen beruht, gelten folgende Einschränkungen. Gesetzliche Verpflichtungen, wie z. B. die Arbeitsverpflichtung der Ehegatten gemäß § 1353 BGB und der Kinder gemäß § 1719 S. 1 BGB, bilden keine ausreichende Grundlage; in diesen Fällen können jedoch selbständige Vereinbarungen, die die Tätigkeit und Vergütung regeln, abgeschlossen werden[49]. Ähnliches gilt, wenn Gesellschafter lediglich ihren gesellschaftsvertraglichen Verpflichtungen nachkommen. Auch hier kommt eine Anwendbarkeit des § 17 Abs. 1 S. 2 nur in Betracht, wenn die Gesellschafter in einer sog. Drittbeziehung zu der Gesellschaft stehen, d. h. wie außenstehende Dritte ihre Tätigkeit aufgrund einer vom Gesellschaftsvertrag unabhängigen Rechtsgrundlage erbringen[50].

---

[46] Allerdings genügt eine Tätigkeit, die nur den Abschluß eines Rechtsgeschäftes, z. B. eines Veräußerungsgeschäftes, zum Gegenstand hat, grundsätzlich nicht; streitig ist demgegenüber die Behandlung der Pacht- und Lizenzverträge, vgl. Heubeck / Höhne, § 17 Rdnr. 61; Höfer / Abt, § 17 Rdnr. 44.

[47] Blomeyer / Otto, § 17 Rdnr. 77; Durchlaub, BB 1977, S. 1509, 1510; Höfer / Abt, § 17 Rdnr. 45 ff.; a. A. Wiedemann / Moll, RdA 1977, S. 13, 15.

[48] BT-Drucks. 7/1281, S. 30.

[49] BGHZ 8, S. 249, 251; BAG, AP Nr. 2 zu § 242 BGB Ruhegehalt-Lebensversicherung unter I.2.b. der Gründe.

[50] BSGE 14, S. 1, 3; 17, S. 211, 215; 25, S. 51, 53; BGHZ 77, S. 94, 104; Baumbach / Duden / Hopt, § 124 Anm. 6 B; Fischer in Großkomm. HGB, § 105 Rdnr. 146, § 114 Rdnr. 13; Hueck / Nipperdey, Bd. I, S. 46 ff.; Wiedemann / Moll, RdA 1977, S. 13, 21.

cc. Unterscheidung zwischen Fremd- und Eigentätigkeit

Nach Auffassung des BGH[51] und der ganz herrschenden Meinung[52] legt die vom Gesetzgeber gewählte Formulierung Tätigkeit „für" ein Unternehmen den Schluß nahe, daß der betreffende Zusageempfänger nicht für das eigene, sondern für ein fremdes Unternehmen arbeiten müsse. Wie noch im einzelnen darzustellen ist, entwickelt der BGH[53] aus dieser These seine Theorie von der Abgrenzung zwischen schutzbedürftigen Nicht-Arbeitnehmern und nicht schutzbedürftigen Einzelkaufleuten und Mitunternehmern.

Dieser Auslegung ist insoweit zu folgen, als es in der Tat Nicht-Arbeitnehmer gibt, die – wie z. B. der Einzelkaufmann – nicht für ein Unternehmen, sondern für sich selbst arbeiten. Es bietet sich daher an, aus der Formulierung des § 17 Abs. 1 S. 2 abzuleiten, daß zwischen dem Nicht-Arbeitnehmer und dem Unternehmen als Empfänger der Arbeits- oder Dienstleistungen eine zumindest rechtliche Trennung bestehen müsse. Diese Abgrenzung führt jedoch nicht weiter, wenn das Unternehmen rechtlich verselbständigt ist, wirtschaftlich aber eine weitgehende oder sogar vollständige Identität (wie z. B. bei der Ein-Mann-GmbH) zwischen dem Unternehmen und dem Zusageempfänger besteht. Hinsichtlich der Frage, ob und in welchem Umfang eine wirtschaftliche Trennung vorliegen muß, ist hingegen der Wortlaut des § 17 Abs. 1 S. 2 nicht aussagekräftig[54].

c. Versorgungszusage „aus Anlaß der Tätigkeit"

Aus dieser kausalen oder konditionalen Verknüpfung zwischen dem Versorgungsversprechen und der für das Unternehmen ausgeübten Tätigkeit ergibt sich, daß nicht jeder Grund genügt, sondern eine betriebliche Veranlassung notwendig ist. Fraglich ist, welche Anforderungen an das Merkmal „aus Anlaß der Tätigkeit", das mit der in § 1 Abs. 1 gewählten Formulierung „aus Anlaß seines Arbeitsverhältnisses" korrespondiert, zu stellen sind, insbesondere inwieweit außerbetriebliche Motive beachtlich sind und einem Schutz der Versorgungszusage entgegenstehen können.

Die Rechtsprechung[55] leitet das Erfordernis der betrieblichen Veranlassung allein aus dem Merkmal „betriebliche Altersversorgung" und dem

---

[51] Bd. 77, S. 94, 100; seitdem ständige Rechtsprechung.

[52] Ahrend / Förster / Rößler, GmbHR 1980, S. 229, 231; Hanau / Kemper, ZGR 1982, S. 123, 128; Höfer / Abt, § 17 Rdnr. 61, 64, 66; Wiedemann / Moll, RdA 1977, S. 13, 15.

[53] Bd. 77, S. 94, 100 ff.; Bd. 77, S. 233, 236 ff.; II. ZR 180/79 vom 9. 6. 1980, ZIP 1980, S. 562, 563; AP Nr. 4 zu § 17 BetrAVG.

[54] Vgl. auch Blomeyer / Otto, § 17 Rdnr. 101.

[55] Vgl. a.a.O. FN 38, 39; BGH, WM 1975, S. 1237, 1239; ZIP 1982, S. 95, 96; Höfer / Abt, ArbGr. Rdnr. 41 ff. m.w.N.

darin enthaltenen Entgeltcharakter der Altersversorgung ab[56]. Wenn der Zusageempfänger das Ruhegeld als Gegenleistung für die erwiesene und noch zu erbringende Betriebstreue erhalten soll, sei dies ausreichend. Auf etwaige weitere Motive komme es nicht an. Offen bleibt, ob dieser Grundsatz auch gilt, wenn die außerbetrieblichen Gesichtspunkte für die Erteilung der Versorgungszusage eine maßgebliche oder übergeordnete Rolle gespielt haben.

Weder der BGH[57] noch das BAG[58], das lediglich den Entgeltcharakter mit Rücksicht auf die Unverfallbarkeitsvorschriften stärker hervorhebt, heben das Merkmal „aus Anlaß der Tätigkeit" als eine besondere gesetzliche Voraussetzung hervor. Dies mag damit zu erklären sein, daß im Falle des Vorliegens eines Arbeitsverhältnisses im Regelfall auch die Versorgungszusage unmittelbar auf dem Arbeitsverhältnis beruht. Im Falle des § 17 Abs. 1 S. 2, der Organmitglieder, Selbständige und zumindest nach dem Wortlaut auch am Unternehmen beteiligte Personen schützt, ist jedoch die Wahrscheinlichkeit anderer Motive und somit die Bedeutung des Merkmals „aus Anlaß der Tätigkeit" größer[59].

Aus diesem Grunde ist dem in § 1 Abs. 1 und § 17 Abs. 1 S. 2 enthaltenen Merkmal eine über den vom BAG[60] entwickelten Entgeltgedanken hinausgehende eigenständige Bedeutung beizumessen. Es bringt zum Ausdruck, daß eine Versorgungszusage nur schutzfähig ist, wenn das Arbeitsverhältnis oder die für das Unternehmen ausgeübte Tätigkeit ursächlich für das jeweilige Versorgungsversprechen gewesen ist. Die vom Gesetzgeber gewählte Formulierung kann nur so gedeutet werden, daß das Arbeitsverhältnis bzw. die Tätigkeit nicht eines von vielen Motiven, sondern der Hauptgrund sein muß. Diese Auslegung entspricht auch dem Zweck des Betriebsrentengesetzes, das als arbeitsrechtliches Schutzgesetz allein die durch das Arbeitsverhältnis oder durch die sonstige Tätigkeit erworbene Altersversorgung sichern und verbessern soll. Es würde dieser Zielsetzung nicht gerecht, wenn Personen, insbesondere Nicht-Arbeitnehmer, die aus vorwiegend außerbetrieblichen Gründen eine Versorgungszusage erhalten haben, unter das Gesetz fallen würden und dessen Schutz in Anspruch nehmen könnten.

Folgt man dieser Auslegung, dann stellt sich als nächstes die Frage, wie im Einzelfall die unterschiedlichen Motive und ihre Gewichtung festgestellt werden können. Die kausale Verknüpfung zwischen der Tätigkeit und der Zusage einer Altersversorgung dürfte in den meisten Fällen zu bejahen sein.

---

[56] s. o. unter Ziff. III.2.a.

[57] WM 1975, S. 1237, 1239; ZIP 1982, S. 95, 96.

[58] AP Nr. 1 zu § 1 BetrAVG Treuebruch unter III.1.a. der Gründe = BB 1980, S. 470, 471 = DB 1980, S. 500.

[59] So auch Heubeck / Höhne, § 17 Rdnr. 62.

[60] BAGE 22, S. 92, 95 f.; 24, S. 177, 183; 25, S. 146, 160 f.

Denn wie schon aus dem Fürsorge- und Entgeltcharakter des Ruhegelds deutlich wird, begründen normalerweise die Arbeitsleistung und Betriebstreue die Erteilung einer Versorgungszusage. Im Grundsatz spricht daher eine tatsächliche Vermutung[61] dafür, daß die Tätigkeit der Hauptgrund und damit Anlaß für das Versorgungsversprechen gewesen ist. Für die Beweislastverteilung läßt sich hieraus allerdings nicht ein Anscheinsbeweis ableiten. Denn nach der herrschenden Meinung[62] ist der Anscheinsbeweis kein geeignetes Mittel, um eine individuelle Willensbildung festzustellen. Im Rahmen der freien Beweiswürdigung kommt jedoch auch einer tatsächlichen Vermutung oder einem Erfahrungsansatz eine beachtliche Bedeutung zu[63]. Im Normalfall wird man daher zu Gunsten des Zusageempfängers von einer betrieblichen Veranlassung ausgehen können, ohne die Erbringung eines Hauptbeweises zu verlangen. Wenn jedoch dem objektiven Betrachter der Eindruck vermittelt wird, daß außerbetriebliche Gründe maßgeblich die Erteilung der Versorgungszusage beeinflußt haben, ist diese Vermutung erschüttert. Der Zusageempfänger hat den Beweis zu erbringen, daß seine Tätigkeit tatsächlich den Hauptgrund und damit den Anlaß im Sinne der §§ 1 Abs. 1, 17 Abs. 1 S. 2 für die Erteilung der Versorgungszusage gebildet hat.

Folgende Umstände können als Beispiel für außerbetriebliche Gesichtspunkte genannt werden, die einzeln oder kumulativ die oben aufgestellte Vermutung entkräften können:

Mißverhältnis zwischen Art, Umfang oder Dauer der Tätigkeit und der zugesagten Altersversorgung; Unüblichkeit einer Versorgungszusage für die jeweilige Tätigkeit; Versorgungszusage an Familienangehörige, während vergleichbare andere Arbeitnehmer keine Zusage erhalten haben. Die Höhe der versprochenen Leistungen sollte dagegen außer Betracht bleiben, weil Vergünstigungen, die über das Maß des Üblichen hinausgehen, keinen Insolvenzschutz genießen. In entsprechender Anwendung des § 7 Abs. 5 S. 3 wird die Insolvenzsicherung auf den angemessenen Teil der zugesagten Leistung beschränkt[64].

Man könnte sich auf den Standpunkt stellen, daß die Mißbrauchsregelung des § 7 Abs. 5 S. 3 ein ausreichendes Instrument enthält, um etwaige Unbilligkeiten zu korrigieren. Außerbetriebliche Gründe beeinflussen jedoch

---

[61] Zu dem Begriff der „tatsächlichen Vermutung" und dessen Bedeutung für die Beweisführung, vgl. BGHZ 59, S. 132, 136 = NJW 1972, S. 1709, 1710.

[62] BGH, LM Nr. 11 zu § 286 ZPO, Nr. 21 zu § 123 BGB; NJW 1980, S. 122; Stein / Jonas / Leipold, § 286 Rdnr. 117; Zöller / Stephan, § 286 Rdnr. 17.

[63] Vgl. BGHZ 59, S. 132, 136; NJW 1966, S. 779; Stein / Jonas / Leipold, § 286 Rdnr. 117.

[64] BGHZ 77, S. 94, 106; BGH, II ZR 222/79 vom 16. 3. 1981, WM 1981, S. 762, 764 = ZIP 1981, S. 759, 762; BGH, II ZR 100/80 vom 4. 5. 1981, WM 1981, S. 786 = ZIP 1981, S. 894.

nicht allein die Höhe der Versorgungsleistung, sondern sind für die Entscheidung, ob überhaupt eine Versorgungszusage erteilt wird, (mit)verantwortlich. Ein Arbeitnehmer oder Nicht-Arbeitnehmer, dessen Versorgungsversprechen auf außerbetrieblichen Gründen beruht, würde zu Unrecht begünstigt, wenn die Zusage als solche geschützt bliebe und nur die Höhe der Versorgungsleistung auf ihre Angemessenheit überprüft würde.

Es ist somit folgendes festzuhalten. Die betriebliche Veranlassung für eine Versorgungszusage ist nicht schon dann gegeben, wenn das versprochene Ruhegeld entsprechend dem Entgeltcharakter der betrieblichen Altersversorgung eine Gegenleistung für die Betriebstreue darstellt, wobei das Vorhandensein anderer Motive unerheblich ist. Es ist darüber hinaus zu verlangen, daß im Zeitpunkt der Erteilung der Zusage das Arbeitsverhältnis oder die Tätigkeit für das Unternehmen den Anlaß und damit den Hauptgrund für das Versorgungsversprechen bilden. Grundsätzlich ist diese kausale Verknüpfung zu vermuten. Wenn sich jedoch aus den Umständen ergibt, daß außerbetriebliche Gründe eine maßgebliche Rolle gespielt haben, muß der Zusageempfänger die nunmehr erschütterte Vermutung beweisen.

d. „zugesagte" Leistungen

Im Hinblick auf den Begriff der Zusage stellen sich folgende klärungsbedürftige Fragen. Welcher Rechtsbegründungsakt liegt dem Versprechen der Altersversorgung zugrunde und welche Personen sind an der Erteilung einer Versorgungszusage beteiligt?

aa. Die Rechtsgrundlage für eine Versorgungszusage

Versorgungsverpflichtungen können auf individuellen Vereinbarungen (Einzelvertrag, vertragliche Einheitsregelung oder Gesamtzusage), auf kollektiven Vereinbarungen (Betriebsvereinbarung, Tarifvertrag) oder auf einer betrieblichen Übung oder dem Grundsatz der Gleichbehandlung beruhen[65]. Mit Ausnahme der beiden letztgenannten Entstehungstatbestände, die im übrigen auch nicht den Begriff der Versorgungszusage erfüllen, sondern dieser gemäß § 1 Abs. 1 S. 2 gleichgestellt werden, weisen die verschiedenen Formen der Rechtsbegründung eine Gemeinsamkeit auf. Es handelt sich um zweiseitige Rechtsgeschäfte, die durch Angebot und Annahme zustandekommen[66].

---

[65] Vgl. hierzu im einzelnen Blomeyer / Otto, Einl. Rdnr. 139 ff.; Heubeck / Höhne, § 1 Rdnr. 42 ff.; Höfer / Abt, ArbGr. Rdnr. 149 ff.

[66] Hinsichtlich der Gesamtzusage umstritten; zweiseitiges Rechtsgeschäft nehmen an: Canaris, RdA 1974, S. 18, 19; Lieb, S. 46 f.; a. A. Hilger, Ruhegeld, S. 52 f.; Säcker, S. 146, 482 f.; Söllner, Einseitige Leistungsbestimmung, S. 32 ff.

Hinsichtlich der Regelung des § 17 Abs. 1 S. 2 ist noch die Einschränkung zu machen, daß der Versorgungszusage nicht eine Betriebsvereinbarung zugrunde liegen kann, weil das Betriebsverfassungsgesetz auf Nicht-Arbeitnehmer grundsätzlich keine Anwendung findet[67] und daß ein Tarifvertrag als Rechtsgrundlage nur für arbeitnehmerähnliche Personen gemäß § 12 a TVG in Betracht kommt[68].

Fraglich ist, ob sich ein Versorgungsanspruch eines Nicht-Arbeitnehmers aufgrund betrieblicher Übung oder aus dem Grundsatz der Gleichbehandlung ergeben kann. Der BGH[69] hat die Anwendung des arbeitsrechtlichen Grundsatzes der Gleichbehandlung auf Organmitglieder von Kapitalgesellschaften grundsätzlich verneint, weil die Dienstverträge weitgehend nach individuellen Gesichtspunkten ausgehandelt würden. Dieser Auffassung ist zuzustimmen und sie läßt sich m. E. dahingehend verallgemeinern, daß sehr häufig im Verhältnis zwischen Arbeitgebern und Nicht-Arbeitnehmern die auf den Einzelfall zugeschnittene Gestaltung des Rechtsverhältnisses vorherrscht. Nur im Ausnahmefall wird man daher die Entstehung, Änderung oder Anpassung einer Versorgungszusage mit einer betrieblichen Übung oder dem Gleichbehandlungsgrundsatz begründen können. Denn die regelmäßige Wiederholung gleichförmiger Verhaltensweisen, die als betriebliche Übung zu einer rechtlichen Bindung führen, bzw. das Verbot sachlich ungerechtfertigter Differenzierungen als Ausfluß des Gleichbehandlungsgrundsatzes kommen bei individuell ausgehandelten vertraglichen Beziehungen in der Regel nicht in Betracht. Selbst wenn dies jedoch der Fall sein sollte, stellt sich die Frage, ob dem Arbeitgeber nicht das Recht zuzubilligen ist, jederzeit von einer früheren Übung oder Gleichbehandlung abzuweichen. Denn im Hinblick auf Personen, wie leitende Angestellte, Organmitglieder oder Selbständige ist das Bedürfnis und die Notwendigkeit nach flexiblen Gestaltungsformen ungleich größer und bedeutsamer als bei Arbeitnehmern.

Letztendlich wird man aber auf den Einzelfall abstellen müssen, ob die genannten Grundsätze nach ihren in Rechtsprechung und Literatur entwikkelten Merkmalen und entsprechend ihrer Zielsetzung ausnahmsweise anwendbar sind.

bb. Die Beteiligten einer Versorgungszusage

Bei einem zweiseitigen Rechtsgeschäft, das nach ganz überwiegender Meinung Voraussetzung für eine Versorgungszusage ist, stehen sich als

[67] Vgl. Dietz / Richardi, § 5 Rdnr. 61; Hanau, Festschrift für G. Müller, S. 177 f.

[68] Vgl. Wiedemann / Stumpf, TVG § 12a Rdnr. 22 ff.

[69] AP Nr. 6 zu § 16 BetrAVG = BB 1979, S. 328 = DB 1979, S. 256; WM 1973, S. 506.

Berechtigte und Verpflichtete regelmäßig unterschiedliche Personen gegenüber. Die Tatsache, daß Zusagender und Zusageempfänger nicht identisch sind, entspricht im übrigen dem allgemeinen Verständnis, daß sich niemand eine Leistung selbst „zusagt". Es ergeben sich folgende Schlußfolgerungen:

(1) Rechtliche Trennung zwischen Berechtigtem und Verpflichteten

Die Personenverschiedenheit setzt zunächst voraus, daß an der Vereinbarung der betrieblichen Altersversorgung unterschiedliche Rechtspersönlichkeiten beteiligt sind[70]. Dies ist zweifelsohne beim Einzelkaufmann nicht der Fall, während die rechtliche Trennung zwischen juristischen Personen und den für sie tätigen Nicht-Arbeitnehmern stets vorliegt. Fraglich ist, wie die Versorgungszusagen an Gesellschafter von Personengesellschaften zu beurteilen sind.

Offene Handelsgesellschaften und Kommanditgesellschaften sind zwar nicht juristische Personen[71], aber rechtlich weitgehend verselbständigt und daher als Übergangsform zur juristischen Person im wesentlichen den gleichen Regelungen unterworfen[72]. Das Recht, selbständig Verbindlichkeiten einzugehen (§ 124 HGB, § 161 Abs. 2 i. V. mit § 124 HGB), umfaßt auch die Erteilung von Versorgungszusagen, so daß sich die Handelsgesellschaften und ihre Gesellschafter als unterschiedliche Rechtssubjekte gegenüberstehen[73].

Schwieriger ist die Rechtslage bei der Gesellschaft bürgerlichen Rechts, die als solche nicht im Rechtsverkehr auftreten und eigene Verbindlichkeiten begründen kann. Berechtigt und verpflichtet werden die Gesellschafter in ihrer gesamthänderischen Verbundenheit. Allerdings besteht eine klare Trennung zwischen dem einzelnen Gesellschafter und seinem Privatvermögen auf der einen Seite und der Gesamthand und dem Gesamthandsvermögen auf der anderen Seite[74]. So ist unbestritten, daß die Gesamthand mit den einzelnen Gesellschaftern wie mit jedem außenstehenden Dritten vertragliche Beziehungen eingehen kann[75]. Die Zugehörigkeit zur Gesamthand steht diesen Drittbeziehungen nicht entgegen, weil lediglich eine Teilidentität gegeben ist.

---

[70] So die allgemeine Meinung in Rechtsprechung und Literatur, vgl. BGHZ 77, S. 94, 100; Blomeyer / Otto, § 17 Rdnr. 65; Höfer / Abt, § 17 Rdnr. 66.

[71] Vgl. BGHZ 34, S. 293, 296; Baumbach / Duden / Hopt, Einl. vor § 105 Anm. 2 C.

[72] RGZ 136, S. 402, 406; Baumbach / Duden / Hopt, § 124 Anm. 3 ff.; Fischer in Großkomm. HGB, § 105 Rdnr. 7.

[73] RGZ 36, S. 60, 63; Baumbach / Duden / Hopt, § 109 Anm. 4 D, § 126 Anm. 6 B; Fischer in Großkomm. HGB, § 105 Rdnr. 46.

[74] Palandt / Thomas, § 705 Anm. 5, § 718 Anm. 1, § 719 Anm. 1; RGRK-v. Gamm, § 718 Rdnr. 1.

[75] BGH, NJW 1983, S. 749 m.w.N.; Palandt / Thomas, § 713 Anm. 1, § 718 Anm. 4 b.

Diese schuldrechtliche Beurteilung gilt für die Erteilung einer Versorgungszusage gleichermaßen. So ist aufgrund des Wortlauts des § 17 Abs. 1 S. 2 nichts dagegen einzuwenden, wenn ein Gesellschafter einer GbR für seine Tätigkeit, die nicht auf dem Gesellschaftsvertrag, sondern auf einem selbständigen Vertragsverhältnis beruht, von der Gesamthand die Zusage einer Altersversorgung erhält. Dem steht auch nicht entgegen, daß die Tätigkeit für ein (fremdes) Unternehmen zu erbringen ist. Denn die Gesamthand betreibt einen von der Geschäfts- und Rechtssphäre der einzelnen Gesellschafter losgelösten Geschäftsbetrieb; dies wird schon aus der Trennung der Vermögensmassen deutlich.

Aus dem Merkmal der Zusage und der daraus abgeleiteten rechtlichen Trennung zwischen Berechtigtem und Verpflichteten ergeben sich somit keine Bedenken gegen eine Einbeziehung der Gesellschafter von Personengesellschaften.

(2) Die Berücksichtigung einer wirtschaftlichen (Teil-)Identität

Über diese rechtliche Personenverschiedenheit hinaus könnte eine wirtschaftliche Trennung in dem Sinne zu verlangen sein, daß der jeweilige Zusageempfänger nicht oder nicht wesentlich an dem Unternehmen des Zusagenden beteiligt sein darf. Für diese Betrachtungsweise gibt jedoch der Begriff der Zusage nichts her. Außerdem müßte man die Frage stellen, bei welchen Beteiligungsverhältnissen eine mögliche wirtschaftliche Identität gegeben ist. Auch insoweit enthält der Wortlaut des § 17 Abs. 1 S. 2 keine unmittelbaren Anhaltspunkte.

IV. Parallelen im Steuer- und Sozialversicherungsrecht

Für die Bestimmung des persönlichen Geltungsbereiches des § 17 Abs. 1 könnten steuer- und sozialversicherungsrechtliche Wertungen bedeutsam sein, wenn sich diese auf das Betriebsrentengesetz übertragen lassen.

Der BGH[76] lehnt einen Vergleich ab, weil sich die Zielvorstellungen des BetrAVG von denen der beiden anderen Rechtsgebiete unterscheiden. Diese Feststellung ist kaum anzuzweifeln. Denn das Betriebsrentengesetz verfolgt als Arbeitnehmerschutzgesetz eine Sicherung der Betriebsrenten gegen Eingriffe durch den Arbeitgeber, die Begründung eines Bestandsschutzes unter bestimmten Mindestvoraussetzungen sowie einen Insolvenzschutz. Demgegenüber ist das Steuerrecht in erster Linie durch fiskalische Zwecke gekennzeichnet; soweit die Steuergesetze auch zur Verfolgung wirtschafts-

[76] II ZR 1980/79 vom 9. 6. 1980, unter I.1. der Gründe, AP Nr. 4 zu § 17 BetrAVG = ZIP 1980, S. 562, 563.

und sozialpolitischer Zwecke eingesetzt werden, geschieht dies nicht zum Schutz der Steuersubjekte untereinander, sondern z. B. zum Zwecke der Wirtschaftslenkung oder der Umverteilung.

Das Sozialversicherungsrecht dient zwar auch der Alters-, Hinterbliebenen- und Invaliditätsversorgung. Die Abgrenzung des schutzwürdigen Personenkreises erfolgt jedoch nach formalisierten Kriterien, die nicht oder nicht ausreichend der Schutzbedürftigkeit des betreffenden Nicht-Arbeitnehmers im Einzelfall Rechnung tragen[77]. Dies zeigt sich z. B. daran, daß Vorstandsmitglieder regelmäßig nicht der Sozialversicherungspflicht unterfallen (§ 3 Abs. 1 a AVG), während GmbH-Geschäftsführer grundsätzlich erst ab einer Beteiligung von 50 % versicherungsfrei werden[78]. Keine Sozialversicherungspflicht besteht für Selbständige, die jedoch ausweislich der Gesetzesbegründung vom Betriebsrentengesetz erfaßt werden können.

Allerdings schließen diese Unterschiede nicht notwendigerweise aus, daß in Einzelfragen bestimmte im Steuer- oder Sozialversicherungsrecht entwickelte Abgrenzungskriterien übernommen werden, wenn die Problematik vergleichbar ist. So ist in der Literatur[79] vertreten worden, das Merkmal des beherrschenden Einflusses auf die Willensbildung der Gesellschaft in Anlehnung an steuerrechtliche Maßstäbe zu bestimmen. Im Sinne einer möglichst einheitlichen Rechtsanwendung sind diese parallelen Wertungen zu begrüßen. Auf die in anderen Rechtsgebieten angewandten Kriterien darf jedoch nur abgestellt werden, wenn die unterschiedlichen Zielsetzungen nicht eine andere Abgrenzung erfordern.

Es bleibt festzuhalten, daß bei der Auslegung und Anwendung des § 17 Abs. 1 S. 2 nicht pauschal auf die Abgrenzungsmethoden im Steuer- und Sozialversicherungsrecht zurückgegriffen werden kann. Im Einzelfall sind die in diesen Rechtsgebieten getroffenen Wertungen zu beachten und bei vergleichbarer Problemlage auf das Betriebsrentenrecht zu übertragen[80].

V. Ergebnis

Die Untersuchung der einzelnen Merkmale des § 17 Abs. 1 S. 2 hat ergeben, daß mit Ausnahme von Einzelunternehmern, die sich selbst eine Versorgungszusage erteilt haben, alle Nicht-Arbeitnehmer von dem persönlichen Geltungsbereich erfaßt sein können. Denn dem Wortlaut zufolge genügt es, wenn Berechtigter und Verpflichteter nicht identisch sind, der

---

[77] Ausführlich hierzu Wiedemann / Moll, RdA 1977, S. 13, 23.

[78] Vgl. BSGE 36, S. 164, 165; BSG, DB 1976, S. 1728; Figge, Zf. 2.3.3.1, 2.3.3.3.

[79] Vgl. Heubeck / Höhne, 1. Aufl., § 17 Rdnr. 89 f.; Höfer, 1. Aufl., § 17 Rdnr. 36 ff.; Rößler, S. 169, 170 - 172.

[80] Im Zweiten Abschnitt wird zu der Frage der Übertragbarkeit steuer- und sozialversicherungsrechtlicher Betrachtungsweisen in einigen Fällen Stellung genommen.

Zusageempfänger eine auf Dauer angelegte Tätigkeit zum Nutzen für das Unternehmen ausgeübt hat und das Versorgungsversprechen aus Anlaß der Tätigkeit gegeben wurde. Letzteres Merkmal führt zu einer Mißbrauchsbeschränkung insoweit, als außerbetriebliche Gründe nur eine untergeordnete Rolle für die Erteilung der Zusage spielen dürfen.

Wie aus den Motiven zu dieser Vorschrift eindeutig hervorgeht, kam es dem Gesetzgeber darauf an, nicht nur arbeitnehmerähnliche Personen, sondern z. B. auch Organmitglieder und Selbständige in den persönlichen Geltungsbereich einzubeziehen, weil diese Personen häufig besonders auf eine betriebliche Altersversorgung angewiesen sind. Dabei zeigt die weite Fassung des § 17 Abs. 1 S. 2 und dessen Begründung sowie die Vorschrift des § 7 Abs. 3, daß der Gesetzgeber sich von einer gewissen Großzügigkeit hat leiten lassen und ausnahmsweise auch Personen schützt, die wegen besonderer Umstände nicht auf den Schutz angewiesen sind.

Der auf den Arbeitnehmerschutz gerichtete Zweck des Betriebsrentengesetzes und die ursprüngliche Stellung des § 17 Abs. 1 hinter den Vorschriften über die Unverfallbarkeit, das Auszehrungsverbot und die Altersgrenze stellen für den Normzweck des § 17 Abs. 1 klar, daß Personen, die nicht auf diese arbeitsrechtlichen Schutzvorschriften angewiesen sind, vom Geltungsbereich des Gesetzes auszuschließen sind. Die Gesetzesbegründung bestätigt diese einschränkende Interpretation und macht deutlich, welcher Leitgedanke den gesamten arbeitsrechtlichen Teil des BetrAVG und damit auch den persönlichen Geltungsbereich kennzeichnet: schützenswert sind allein die Personen, die auf die inhaltliche Ausgestaltung der Versorgungszusage wegen der regelmäßig stärkeren Position ihres Vertragspartners oft keinen oder nur geringen Einfluß nehmen können.

Im folgenden ist zu prüfen, mit Hilfe welcher Lösungsmethode die Schutzbedürftigkeit im Einzelfall festgestellt werden kann. Dabei stellt sich natürlich die Frage, ob der für die Auslegung des § 17 Abs. 1 S. 2 maßgebliche Gesichtspunkt der Vertragsimparität ein taugliches Abgrenzungskriterium darstellt.

B. Lösungsmodelle

I. Meinungsstand vor der Rechtsprechung des BGH

Vor dem Grundsatzurteil des BGH vom 28. 4. 1980[81] wurde zu der Frage des persönlichen Geltungsbereiches des § 17 Abs. 1 S. 2 ein breites Meinungsspektrum vertreten.

---

[81] Bd. 77, S. 94 (weitere Nachweise, s. Einführung FN 5).

1. Auffassungen in der Literatur

Mit unterschiedlicher Begründung wurde von einigen Autoren[82] die Ansicht vertreten, daß Gesellschafter-Geschäftsführer unabhängig vom Umfang ihrer vermögens- oder einflußmäßigen Beteiligung dem Betriebsrentengesetz unterfallen können. Die extreme Gegenposition äußerten Wiedemann / Moll[83], die nur Gesellschafter-Geschäftsführer von Kapitalgesellschaften sowie Kommanditisten bei einer unterhalb 10 % liegenden Beteiligungsquote in die Regelung des § 17 Abs. 1 S. 2 einbeziehen wollen. Der Pensions-Sicherungs-Verein[84] und das überwiegende Schrifttum[85] haben demgegenüber Gesellschafter von Kapitalgesellschaften in den persönlichen Geltungsbereich einbezogen, wenn die vermögensmäßige Beteiligung unterhalb 50 % lag. Weitgehende Übereinstimmung bestand jedoch hinsichtlich der Ausklammerung der persönlich haftenden Gesellschafter[86].

Erwähnenswert ist noch der Vorschlag von Neef[87], der jedem Unternehmer einen Schutz nach dem Betriebsrentengesetz entsprechend der Höhe der Versorgungszusagen an seine Mitarbeiter zubilligen will.

Allerdings bezweifelt er selbst die Zulässigkeit einer Auslegung des Gesetzes in diese Richtung.

Zur Begründung ihrer jeweiligen Auffassung wurde von den Autoren überwiegend der Gedanke des Arbeitnehmer-Schutzgesetzes und das Kriterium der Vertragsimparität genannt[88]. Uneinigkeit bestand hinsichtlich der Auslegung des Begriffs Vertragsparität bzw. -imparität. Während die überwiegende Literaturmeinung auf einen beherrschenden Einfluß des Gesellschafters auf die Gestaltung der Versorgungszusage abstellte[89], beschrieben Wiedemann / Moll[90] das Merkmal Parität mit Gleichgewicht zwischen zwei Verhandlungspartnern, die mit vergleichbaren Verhandlungschancen aus-

---

[82] Ahrend / Förster / Rößler, GmbHR 1975, S. 275, 277; Durchlaub, BB 1977, S. 1509, 1510 f.; Fenge, DB 1975, S. 50, 58; Kiefer / Giloy, § 17 Rdnr. 2; Ortlepp / Willemsen, S. 47.

[83] RdA 1977, S. 13, 21, 24.

[84] Merkblatt 300/M 1/10.76, RdA 1977, S. 34, 35 = BB 1976, S. 1562 = BetrAV 1976, S. 226 = GmbHR 1977, S. 64.

[85] Heubeck / Höhne, 1. Aufl., § 17 Rdnr. 57, 74, 78, 89; Höfer, 1. Aufl., § 17 Rdnr. 37 ff.; Paulsdorff, GmbHR 1977, S. 241, 242 f.; BetrAV 1978, S. 105 f.; Rößler in Perspektiven der betrieblichen Altersversorgung nach dem Betriebsrentengesetz, S. 170 f.

[86] Vgl. Heubeck / Höhne, 1. Aufl., § 17 Rdnr. 78 ff.; PSVaG, Merkblatt 300/M 1/10.76, RdA 1977, S. 34, 35; Paulsdorff, GmbHR 1977, S. 241, 242 f.; BetrAV 1978, S. 105 f.; Wiedemann / Moll, RdA 1977, S. 13, 20; a. A. Höfer, 1. Aufl., § 17 Rdnr. 44.

[87] BB 1978, S. 314, 315.

[88] Ahrend / Förster / Rößler, GmbHR 1977, S. 275, 277; Heubeck / Höhne, 1. Aufl., § 17 Rdnr. 54; Höfer, 1. Aufl., § 17 Rdnr. 24 ff.; Paulsdorff, GmbHR 1977, S. 241 f.

[89] Ebenda.

[90] RdA 1977, S. 13, 21.

gestattet seien und durch gegenseitiges Nachgeben einen angemessenen Interessenausgleich erzielen könnten. Offen blieb dabei, ob das Merkmal Vertragsparität anhand falltypischer Sachverhalte oder unter Berücksichtigung aller Umstände des Einzelfalles zu prüfen sei. Lediglich Höfer[91] nimmt hierzu deutlich Stellung und schlägt eine Negativabgrenzung vor; es sei nicht im Einzelfall auf eine etwa vorliegende Parität oder wirtschaftliche Unabhängigkeit abzustellen, sondern vielmehr zu untersuchen, ob bestimmte Personen typischerweise unter die Schutzbestimmungen des Gesetzes fallen.

2. Rechtsprechung der Instanzengerichte

Die ersten Entscheidungen des Landgerichts Köln[92] stützen sich in erster Linie auf die Untersuchung von Wiedemann / Moll. Als maßgebliches Abgrenzungskriterium wurde das Merkmal der Vertragsparität genannt, das bereits erfüllt sei, wenn der Berechtigte auch ohne Mehrheitsbesitz einen angemessenen Interessenausgleich erzielen könne. Für die Beurteilung des Einzelfalles komme es allein auf die tatsächliche und rechtliche Ausgestaltung des Beschäftigungs- und Gesellschaftsverhältnisses im Zusagezeitpunkt an.

Das Oberlandesgericht Köln[93] hat die Rechtsprechung des Landgerichts im wesentlichen bestätigt. Für die Anwendbarkeit des § 17 Abs. 1 S. 2 sei ein soziales Schutzbedürfnis des Zusageempfängers und eine arbeitnehmerähnliche Position bei Erlangung der Versorgungszusage erforderlich[94]. Personen in beherrschender oder weitgehend unabhängiger Stellung seien als Mitunternehmer anzusehen. Für die Abgrenzung sei der Begriff der Vertragsparität sowie alle Umstände des Einzelfalles heranzuziehen. In Anlehnung an Wiedemann / Moll entschied sich der Senat für eine Beteiligungsquote von 10 % als Orientierungspunkt, um den bloßen Anlage-Gesellschafter vom Mitträger des Unternehmerrisikos abzugrenzen[95].

Zusammenfassend läßt sich sagen, daß die damalige Literatur und Rechtsprechung die Vorschrift des § 17 Abs. 1 S. 2 als eine Erweiterung des Geltungsbereiches gegenüber Satz 1 verstanden hat, den Sinn dieser Ausdeh-

---

91 1. Aufl., § 17 Rdnr. 26.

92 Beschlüsse vom 15. 11. 1976 und 31. 1. 1977, BB 1977, S. 348; Urteile vom 13. 7. 1977, BB 1977, S. 1506 = GmbHR 1977, S. 250; vom 28. 9. 1977, 74 0 199/77 (nicht veröffentlicht); vom 5. 10. 1977, BB 1978, S. 45 = BetrAV 1978, S. 14; Urteile vom 24. 5. 1978, BB 1978, S. 1168 ff.; vom 18. 9. 1978, BetrAV 1979, S. 15; vgl. Überblick bei Paulsdorff, BetrAV 1978, S. 105, 106 und BetrAV 1979, S. 1 f.

93 Vgl. die Übersicht bei Gaul, BetrAV 1980, S. 9 ff. und bei Paulsdorff, BetrAV 1979, S. 1 ff.

94 Urteile vom 7. 6. 1978 – 17 U 101/77, BetrAV 1978, S. 247; 17 U 108/77, BetrAV 1978, S. 249.

95 Urteil vom 5. 9. 1979 – 17 U 13/79, BetrAV 1980, S. 23.

nung auf den Schutzzweck des Gesetzes zurückführte und für die Abgrenzung im Einzelfall auf die Vergleichbarkeit der Verhandlungsposition und der wirtschaftlichen Stellung des Nicht-Arbeitnehmers mit der des Arbeitnehmers abgestellt hat. Diese Betrachtungsweise wird von Blomeyer / Otto[96] als interner Lösungsansatz bezeichnet.

II. Rechtsprechung des BGH

Der Bundesgerichtshof beschreitet in seiner grundlegenden Entscheidung vom 28. 4. 1980[97] einen ganz anderen, entgegengesetzten Weg. Er kommt zwar in Anknüpfung an Entstehungsgeschichte und Gesetzeszweck zu der Ausgangsposition, daß das Betriebsrentengesetz ein Arbeitnehmer-Schutzgesetz sei und sein Schutz auf die Personen begrenzt bleiben müsse, deren Lage im Falle einer Pensionsvereinbarung mit der eines Arbeitnehmers annähernd vergleichbar sei[98]. Der Senat lehnt jedoch eine Normzweckbestimmung und eine Auslegung des § 17 Abs. 1 S. 2 mit Hilfe dieser Kriterien ab[99]. Insbesondere das Merkmal der Vertragsparität sei nicht geeignet, um den Kreis der schutzfähigen Personen zu bestimmen[100]. Der Gesichtspunkt klinge zwar in der Gesetzesbegründung an, habe aber im Wortlaut keinen Niederschlag gefunden. Weiterhin sei eine Unterscheidung nach der Stärke der Verhandlungsposition sachlich nicht immer gerechtfertigt und der Rechtssicherheit abträglich. Denn die Aussicht, eine günstige Versorgungszusage zu erhalten, hänge weitgehend von den Fähigkeiten, Berufserfahrung, fachlichem Ruf sowie von persönlichen und wirtschaftlichen Verbindungen zu den Entscheidungsträgern ab. Schließlich schütze keine noch so gute Verhandlungsposition vor den Folgen der Insolvenz.

Aufgrund dieser Erwägungen wählt der BGH eine andere, von Blomeyer / Otto[101] als externer Lösungsansatz bezeichnete Abgrenzungsmethode. Anknüpfungspunkt ist der sich aus dem Gesetzeswortlaut ergebende Umstand, daß Einzelkaufleute eindeutig nicht unter den Geltungsbereich des BetrAVG fallen. Nur Versorgungsansprüche, die durch eine Fremdtätigkeit verdient worden seien, könnten den Schutz des Gesetzes beanspruchen. Der BGH leitet hieraus den Grundsatz ab, daß Personen, die ihre Leistungen bei natürlicher Betrachtung für das eigene Unternehmen, sei es auch gegenüber einem formalrechtlich selbständigen Unternehmensträger, erbracht hätten, vom Betriebsrentengesetz auszunehmen seien[102]. Um jedoch nicht

[96] § 17 Rdnr. 46, 50 ff.

[97] Bd. 77, S. 94 (weitere Nachweise, s. Einführung FN 5).

[98] Ebenda, S. 97 f.

[99] Ebenda, S. 98 ff.

[100] Ebenda, S. 99 - 101.

[101] § 17 Rdnr. 48.

[102] Bd. 77, S. 94, 101.

nur den Einzelkaufmann und Alleingesellschafter, sondern auch die Mehrheitsgesellschafter vom Geltungsbereich auszuschließen, stellt der Bundesgerichtshof Personen, „die sowohl vermögens- als auch einflußmäßig mit dem Unternehmen, für das sie arbeiten, so sehr verbunden sind, daß sie es als ihr eigenes betrachten können“[103], dem Inhaber eines Einzelunternehmens gleich.

Ausgangspunkt für den BGH ist also der Begriff Fremdtätigkeit, der anhand einer wirtschaftlichen Betrachtungsweise festgestellt wird. Grundsätzlich ist jeder, für ein Unternehmen Tätige vom Betriebsrentengesetz geschützt, soweit er entsprechend seiner wirtschaftlichen Stellung im Unternehmen eine Fremdtätigkeit ausübt. Unerheblich ist nach Ansicht des BGH, wie die Verhältnisse im Zeitpunkt der Zusageerteilung ausgestaltet waren. Entscheidend sei allein, inwieweit das Ruhegeld durch eine Tätigkeit als Arbeitnehmer und inwieweit es durch eine solche als Unternehmer verdient worden sei[104].

In seinen Folgeentscheidungen hat der BGH seine Ausgangsposition um weitere Abgrenzungskriterien ergänzt, auf die im Zusammenhang der Fallgruppenbetrachtung[105] im einzelnen einzugehen ist.

III. Stellungnahmen in der Literatur

Der Pensions-Sicherungs-Verein hat, soweit er sich mit seiner ursprünglichen Auffassung im Widerspruch zum BGH befand, seine Haltung geändert und die vom BGH getroffenen Feststellungen in sein Merkblatt 300/Ml/11.80[106] übernommen.

Eine Reihe von Autoren haben die höchstrichterliche Rechtsprechung zustimmend[107] oder unkritisch zur Kenntnis genommen. So enthalten die Ausführungen von Ahrend / Förster / Rößler[108], Everhardt[109], Heubeck / Heitmann[110], Rauser / Wurzberger[111] und Hennerkes / Binz / Rauser / Wurzberger[112] im wesentlichen nur eine zusammenfassende Darstellung der Rechtsprechung des BGH und der sich daraus ergebenden Folgen, z. B. in steuerlicher Hinsicht[113].

---

103 Ebenda.
104 Seit BGHZ 77, S. 233 Leitsatz c, S. 244 f. ständige Rechtsprechung.
105 Vgl. unten Zweiter Abschnitt.
106 BB 1981, S. 556 f.
107 Vgl. Heubeck / Paulsdorff, § 17 Rdnr. 74 ff.
108 GmbHR 1980, S. 229, 230 ff.
109 BB 1981, S. 681, 682 ff.
110 S. 86 f.
111 DB 1983, S. 551 f.
112 GmbHR 1984, S. 57, 58 f.
113 Vgl. insoweit auch Höfer / Abt, BetrAV 1982, S. 233 und GmbHR 1983, S. 49.

Einige Vertreter in der Literatur folgen dem BGH zwar in der Wahl seines Lösungsansatzes, sind jedoch nicht mit allen Abgrenzungskriterien und Ergebnissen einverstanden. Einigkeit mit dem BGH besteht insoweit, als das Merkmal der Vertragsparität als taugliches Abgrenzungskriterium abgelehnt wird[114]. Dieser Gesichtspunkt sei willkürlich, weil der Schutz einer Person von seiner individuellen, von subjektiven und momentanen Umständen geprägten Verhandlungsstärke abhänge, die im übrigen nachträglich kaum feststellbar sei[115]. Zum Teil kritisch wird demgegenüber die Grenzziehung der noch zulässigen Vermögensbeteiligung bei 50 %[116], die Zusammenrechnung der Kapitalanteile bei einer mehrköpfigen Gesellschafter-Geschäftsführung[117] und die Behandlung der persönlich haftenden Gesellschafter[118] betrachtet.

Nur eine Mindermeinung hegt unmittelbar gegen den Lösungsansatz des BGH Bedenken. In seiner Anmerkung zum Urteil des BGH vom 28. 4. 1980 weist Moll[119] darauf hin, daß die Gesichtspunkte des Schutzbedürfnisses und der Vertragsimparität nicht gänzlich unbeachtlich, sondern zur Bestimmung des generellen typischen Geltungsbereiches herangezogen werden könnten. Deutlicher äußern Blomeyer / Otto[120] ihre Kritik. Sie erachten entgegen dem BGH eine Normzweckbestimmung des § 17 Abs. 1 S. 2 und eine dementsprechende Anwendung der Vorschrift als sinnvoll und notwendig; das Merkmal der Vertragsparität zwinge nicht zu einer Einzelfallprüfung, sondern erlaube auch eine typische Betrachtungsweise. Diesen Gedanken hatte auch Höfer in der 1. Auflage seines Kommentars zum BetrAVG[121] formuliert. In der Neuauflage weisen Höfer / Abt[122] erneut darauf hin, daß die Vertragsparität auch aus dem Umfang der Unternehmensbeteiligung abgeleitet werden könne. Es bleibt jedoch offen, ob die beiden Autoren den Ansatz des BGH im Grundsatz ablehnen.

---

[114] Beitzke, Anm. zu BGH, AP Nr. 1 zu § 17 BetrAVG, Hanau / Kemper, ZGR 1982, S. 123, 129 f.; Hommelhoff / Timm, KTS 1981, S. 1, 7 f.

[115] Hanau / Kemper, ZGR 1982, S. 130; Hommelhoff / Timm, KTS 1981, S. 8.

[116] Beitzke, Anm. zu BGH, AP Nr. 1 zu § 17 BetrAVG; Hommelhoff / Timm, KTS 1981, S. 289, 305 f. schlagen eine differenzierte Betrachtung vor.

[117] Hanau / Kemper, ZGR 1982, S. 133 ff.

[118] Hommelhoff / Timm, KTS 1981, S. 290 - 301.

[119] ZIP 1980, S. 422, 424.

[120] § 17 Rdnr. 50 ff., 98, 101, 115.

[121] § 17 Rdnr. 26 f.

[122] § 17 Rdnr. 63.

IV. Eigener Lösungsvorschlag

1. Kritik an der Abgrenzungsmethode des BGH

Wie die Betrachtung der Entstehungsgeschichte gezeigt hat, bezweckte der Gesetzgeber mit der Schaffung der arbeitsrechtlichen Vorschriften des Betriebsrentengesetzes einen gesetzlichen Mindestsschutz für die Arbeitnehmer, die als sozial schwächere Vertragspartner im Rahmen der freien Vertragsgestaltung auf die Bedingungen der Versorgungszusagen regelmäßig keinen Einfluß nehmen können[123]. Die Begründung des Gesetzgebers zu dem heutigen § 17 Abs. 1 S. 2 läßt keinen Zweifel aufkommen, daß diese Situation der Vertragsimparität und des sozialen Schutzbedürfnisses notwendige Voraussetzung ist, damit auch Nicht-Arbeitnehmer den Schutz und die Vorteile des Gesetzes in Anspruch nehmen können[124].

Wie Hommelhoff / Timm[125] zu Recht feststellen, bildet das Merkmal der Vertragsimparität ein zentrales Regelungselement des Gesetzes, von dem nur dann abgerückt werden darf, wenn die zutage tretenden Ergebnisse nicht mit dem Gebot einer rechtsstaatlichen Rechtsprechung vereinbart werden können. Zweifelhaft ist, ob die Argumente des BGH die Untauglichkeit des Merkmals Vertrags(im)parität als Abgrenzungskriterium stichhaltig begründen.

a. Kritische Würdigung der Einwände des BGH gegen das Merkmal der Vertragsparität

Der vom BGH angeführte Umstand, der Gesichtspunkt der Vertragsparität sei lediglich in der Gesetzesbegründung erwähnt, habe im Wortlaut der Vorschrift aber keinen Niederschlag gefunden[126], steht einer Berücksichtigung dieses Merkmals bei der Bestimmung des Geltungsbereiches nicht entgegen. Denn es ist anerkannt, daß eine Vorschrift im Rahmen ihres möglichen Wortsinns und in Übereinstimmung mit dem Bedeutungszusammenhang des Gesetzes in dem Sinne auszulegen ist, der der Regelungsabsicht des Gesetzgebers und dem Zweck der Norm am ehesten gerecht wird[127]. Es ist vorliegend nicht erkennbar und auch vom BGH nicht behauptet worden, daß § 17 Abs. 1 S. 2, der im übrigen im Laufe des Gesetzgebungsverfahrens keine Änderung erfahren hat, nicht entsprechend der Gesetzesbegründung auszulegen und zu verstehen ist. Es ist vielmehr umgekehrt festzustellen,

---

[123] Vgl. oben die Ausführungen unter A. I.

[124] BT-Drucks. 7/1281, S. 30; vgl. im einzelnen oben A. I. 2.

[125] KTS 1981, S. 1, 6.

[126] BGHZ 77, S. 94, 99.

[127] Larenz, S. 307 ff., 332 f.; Müller, S. 148 ff.

daß für die vom BGH bevorzugte Abgrenzung zwischen Fremd- und Eigentätigkeit außerhalb des Wortlauts der Vorschrift keine Anhaltspunkte ersichtlich sind.

Bedeutsamer erscheint das vom BGH vorgebrachte Argument der fehlenden sachlichen Berechtigung und der Beeinträchtigung der Rechtssicherheit[128]. In der Tat wäre es problematisch, wenn die Verhandlungsstärke einer Person unter Heranziehung aller Einzelfallumstände, wie z. B. Befähigung, Berufserfahrung, persönliche und wirtschaftliche Verbindungen zu den Entscheidungsträgern, geprüft werden müßte. Denn zum einen ist es für den PSVaG oder für die im Streitfall befaßten Gerichte schwierig und nur mit erheblichem Aufwand feststellbar, wie die häufig viele Jahre zurückliegenden Verhältnisse bei Erteilung der Versorgungszusage im einzelnen ausgestaltet waren. Zum anderen ist es kaum zu rechtfertigen, daß ein Facharbeiter, der u. U. wegen seiner Qualifikation die Erteilung einer Versorgungszusage durchsetzen kann, als Arbeitnehmer stets geschützt wird, während dies für einen in vergleichbarer Position befindlichen Geschäftsführer oder Selbständigen zum Ausschluß führen soll.

Der BGH und die ihm folgenden Vertreter in der Literatur verkennen jedoch, daß das Merkmal der Vertragsparität bzw. -imparität sowohl begrifflich als auch in der praktischen Anwendung von den genannten Einzelfallumständen zu lösen ist und statt dessen typische Fallkonstellationen ungleicher Verhandlungsstärke zu bilden sind. Der Geltungsbereich arbeitsrechtlicher Schutzgesetze wird regelmäßig nach schutzwürdigen Personengruppen und nicht nach der Art und Weise des Zustandekommens der Verträge bestimmt[129]. Dieser Grundsatz gilt auch für das Betriebsrentengesetz. Gemäß § 17 Abs. 1 S. 1 wird ohne Ausnahme jeder Arbeitnehmer dem Schutz des Gesetzes unterstellt. Der Gesetzgeber geht davon aus, daß „der Arbeitnehmer in der Regel keinen Einfluß auf ihren Inhalt (gemeint ist der Inhalt der Versorgungszusage) nehmen kann“[130]. Aufgrund dieser typischerweise vorliegenden Vertragsimparität ist diese Personengruppe geschützt, selbst wenn im Einzelfall ein Arbeitnehmer seine Altersversorgung paritätisch ausgehandelt hat. Die Erweiterung des geschützten Personenkreises in § 17 Abs. 1 S. 2 auf bestimmte Nicht-Arbeitnehmer beruht auf der gleichen Grundlage. Der Ansatzpunkt für die Überprüfung der Schutzwürdigkeit eines Nicht-Arbeitnehmers ist nicht die individuelle Ausgestaltung seiner Versorgungszusage, sondern vielmehr die Frage der Zugehörigkeit zu einer Personengruppe, die typischerweise eine schwächere Verhandlungsposition besitzt. Nur in diesem Sinne ist auch die Begründung des Regierungsentwurfs zu verstehen; denn dort heißt es, daß

---

[128] BGHZ 77, S. 94, 99.

[129] Vgl. Blomeyer / Otto, § 17 Rdnr. 53; Wiedemann / Moll, RdA 1977, S. 13, 18.

[130] BT-Drucks. 7/1281, S. 19.

„Satz 2 dem Umstand Rechnung trägt, daß vielfach auch Mitglieder von Gesellschaftsorganen [...] Versorgungszusagen erhalten, auf deren inhaltliche Ausgestaltung sie – wie Arbeitnehmer – wegen der regelmäßig stärkeren Position ihres Vertragspartners oft keinen oder nur geringen Einfluß nehmen können“[131].

Der Vergleich mit dem Arbeitnehmer und das Abstellen auf die „regelmäßig“ stärkere Position machen deutlich, daß das Merkmal der Vertragsparität anhand typischer Sachverhalte zu bestimmen ist. So, wie es für die Anwendbarkeit des § 17 Abs. 1 S. 1 darauf ankommt, daß jemand die typisierten Merkmale des Arbeitnehmerbegriffs erfüllt, ist für die Einbeziehung eines Nicht-Arbeitnehmers entscheidend, ob er zu einer Personengruppe gehört, deren Rechte und Machtbefugnisse regelmäßig nicht ausreichen, um ihre Interessen gegenüber dem Arbeitgeber in gleich starker Position zu vertreten. Wer diese Voraussetzungen erfüllt, fällt unter das Betriebsrentengesetz, auch wenn er ausnahmsweise aufgrund besonderer Umstände seine Versorgungszusage paritätisch ausgehandelt hat. Da es somit nicht auf die Berücksichtigung der Einzelfallumstände ankommt, ist die vom BGH insoweit geäußerte Kritik nicht berechtigt. Ob darüber hinaus das Merkmal der Vertragsparität geeignet ist, typische Fallkonstellationen festzulegen und Abgrenzungsprobleme zu lösen, oder ob insoweit der Lösungsansatz des BGH den Vorzug verdient, ist eine andere noch zu klärende Frage.

Vorher ist auf den letzten Kritikpunkt des BGH einzugehen. Nach seiner Ansicht kann die Vertragsparität schon deshalb kein entscheidendes Merkmal sein, weil eine noch so gute Verhandlungsposition nicht vor den Folgen der Insolvenz des Vertragspartners schütze[132]. Dieses Argument hat der Senat selbst entkräftet, indem er zuvor in den Gründen zutreffend darauf hinweist, daß § 17 Abs. 1 nicht allein oder auch nur vorrangig die Insolvenzsicherung im Auge habe, sondern für sämtliche Regelungen der §§ 1 bis 16 des Betriebsrentengesetzes gelte[133].

Als Zwischenergebnis ist festzuhalten, daß die Einwände des BGH gegen eine Berücksichtigung des Merkmals der Vertragsparität bei der Auslegung des § 17 Abs. 1 S. 2 nicht stichhaltig sind. Dieses wichtige gesetzgeberische Motiv, das die teleologische und systematische Grundlage des Gesetzes bildet, ist daher zumindest ergänzend bei der Bestimmung des persönlichen Geltungsbereiches des BetrAVG heranzuziehen[134].

---

131 Ebenda, S. 30.

132 BGHZ 77, S. 94, 100.

133 Ebenda, S. 97.

134 Auf die Möglichkeit, das Merkmal der Vertragsparität als zusätzliches Abgrenzungskriterium zu berücksichtigen, weist auch Moll, ZIP 1980, S. 422, 424 f. in seiner kritischen Betrachtung der BGH-Rechtsprechung hin.

b. Überprüfung des Lösungsansatzes des BGH

Die vom BGH entwickelte Abgrenzung findet ihren Ausgangspunkt in dem Wortlaut des § 17 Abs. 1 S. 2 und erscheint auf den ersten Blick gut geeignet, die weite Fassung der gesetzlichen Bestimmung sinnvoll einzuschränken und die Rechtssicherheit durch eine klare Grenzziehung zu wahren. Bei näherer Betrachtung ergeben sich jedoch verschiedene Kritikpunkte.

Das Problem der Anwendung des § 17 Abs. 1 S. 2 liegt in seiner extrem weiten Fassung. Es ist daher schon vom Ansatz her zweifelhaft, eine unmittelbar dem Wortlaut zu entnehmende Negativabgrenzung zum Ausgangspunkt für eine restriktive Auslegung der Vorschrift zu wählen und auf weitere Auslegungskriterien, die sich z. B. aus Entstehungsgeschichte, Gesetzeszweck und systematischen Zusammenhängen ergeben, weitgehend zu verzichten. Wenn der BGH feststellt, daß der Einzelkaufmann und ihm wirtschaftlich gleichzustellende Personen nicht unter das Betriebsrentengesetz fallen, hat er über die bloße Wortlautinterpretation wenig weitere Entscheidungshilfe gewonnen.

Der wertungsmäßige Vergleich mit dem Einzelkaufmann erscheint im übrigen als Abgrenzungskriterium wenig geeignet, um den vielfältigen Gestaltungsmöglichkeiten in der Praxis gerecht zu werden. Einige Fälle, die auch der höchstricherlichen Rechtsprechung zur Entscheidung vorgelegen haben, lassen sich kaum mit der Abgrenzungsmethode des BGH lösen. Es bedurfte hier weiterer Hilfskonstruktionen und Ermessenserwägungen, um im Einzelfall die Anwendbarkeit des § 17 Abs. 1 S. 2 zu klären.

- Nach Auffassung des BGH ist ein mit 12 % am Kapital beteiligter Gesellschafter-Geschäftsführer unter bestimmten Umständen als Unternehmer anzusehen[135], während ein mit lediglich 8 % am Kapital beteiligter Gesellschafter-Geschäftsführer stets geschützt wird[136].
- Ein in der Geschäftsführung tätiger Minderheitsgesellschafter wird in den persönlichen Geltungsbereich einbezogen[137], wenn nicht weitere Gesellschafter in der Geschäftsführung vertreten sind und mit ihnen gemeinsam ein beherrschender Einfluß auf die Unternehmensentscheidungen möglich ist[138].
- Ein persönlich haftender Gesellschafter[139] wird unabhängig von der Höhe seiner Kapitalbeteiligung überhaupt nicht, ein sogenannter „angestellter

---

[135] Bd. 77, S. 233 Leitsatz b, S. 241.

[136] Urteil vom 14. 7. 1980 – II ZR 224/79, ZIP 1980, S. 778, 779 = BetrAV 1980, S. 243, 244.

[137] BGHZ 77, S. 94, 102 f.

[138] BGHZ 77, S. 233, 241; Urteil vom 9. 3. 1981 – II ZR 171/79, ZIP 1981, S. 898, 899.

[139] BGHZ 77, S. 233, 237 ff.; Urteil vom 4. 5. 1981 – II ZR 100/80, ZIP 1981, S. 894; Urteil vom 1. 6. 1981 – II ZR 140/80, ZIP 1981, S. 892 f.

Komplementär"[140] bis ca. 10 % und ein Kommanditist[141] bis grundsätzlich 49 % Kapitalbeteiligung als Nicht-Arbeitnehmer geschützt.

- Ein Gesellschafter, der selbst nur Minderheitsanteile besitzt, aber aufgrund eines Stimmbindungsvertrages die Stimmrechte anderer Gesellschafter ausüben kann und auf diese Weise die Mehrheit erreicht, ist ebenfalls vom Betriebsrentengesetz ausgeschlossen[142].

Diese Fälle lassen sich kaum über einen Vergleich mit dem Einzelkaufmann lösen; die Entscheidungen beruhen auf einer wirtschaftlichen Betrachtungsweise, die den Bezug zum (Mit-)Unternehmer herstellt. Diese wirtschaftlichen Erwägungen mögen im Einzelfall durchaus zutreffen und zu einem richtigen Ergebnis führen. Es ist jedoch zu bedenken, daß diese Abgrenzung nicht den anerkannten Grundsätzen der Gesetzesauslegung[143] entspricht, weil der BGH auf eigene, weder im Wortlaut noch in den Motiven niedergelegte Hilfskriterien zurückgreift.

Weiterhin erscheint es angesichts der genannten Entscheidungen zweifelhaft, ob der wertungsmäßige Vergleich mit dem Einzelkaufmann überhaupt einen zuverlässigen Maßstab liefern kann, um nicht nur die Rechtssicherheit, sondern auch die Einzelfallgerechtigkeit zu verwirklichen und dabei stets dem Normzweck des Betriebsrentengesetzes Genüge zu tun. Wie noch die im nächsten Abschnitt folgende Fallgruppenbetrachtung verdeutlichen wird, stößt der Lösungsansatz des BGH insbesondere in Fällen, in denen weniger die vermögensmäßige Beteiligung des Zusageempfängers als besondere gesellschaftsvertragliche Vereinbarungen, Sonderrechte zugunsten des Zusageempfängers und tatsächliche Umstände verschiedener Art zu berücksichtigen sind, auf erhebliche Schwierigkeiten.

2. Das Kriterium der Vertrags(im)parität als notwendiges Korrektiv

Die eingehende Untersuchung von Wortlaut, Entstehungsgeschichte und Normzweck des Betriebsrentengesetzes und des § 17 Abs. 1 hat ergeben, daß das Merkmal der Vertragsparität als wesentliches Regelungselement nicht nur dem Gesetz, sondern auch der Bestimmung des persönlichen Geltungsbereiches zugrunde liegt. Nachdem sich die Kritik des BGH an diesem Kriterium als nicht berechtigt erwiesen hat, liegt es nahe, mit Hilfe des Begriffs der Vertragsparität einen eigenständigen Lösungsansatz zu entwickeln.

Nach der Vorstellung des Gesetzgebers ist eine Vertragsimparität gegeben, wenn der Zusageempfänger auf die inhaltliche Ausgestaltung der Ver-

140 BGHZ 77, S. 233, 239.
141 BGHZ 77, S. 94, 104 f.
142 BGH, ZIP 1980, S. 778, 780 = BetrAV 1980, S. 243, 244.
143 Vgl. Larenz, S. 302 ff., 332 ff.

sorgungszusage wegen der regelmäßig stärkeren Position seines Vertragspartners keinen oder nur geringen Einfluß nehmen kann. Diese Formel gibt zwar einen ersten Anhaltspunkt; sie bedarf jedoch einer weiteren Konkretisierung, um der Praxis eine sichere Handhabung zu ermöglichen und die Erzielung von vernünftigen Ergebnissen zu gewährleisten. Es wurde bereits festgestellt, daß das Vorliegen einer ungleichen Verhandlungsstärke nicht anhand aller Einzelfallumstände, sondern aufgrund typischer Fallkonstellationen zu bestimmen ist. Folgende weitere Fragen bedürfen nun einer Klärung.

- Mit Hilfe welcher Kriterien läßt sich nachweisen, ob ein Zusageempfänger zu einem Personenkreis gehört, der sich in der regelmäßig schwächeren Position befindet?
- Ist die Verhandlungsstärke dieser Personengruppe im allgemeinen oder lediglich in bezug auf die Ausgestaltung der Versorgungszusage entscheidend?
- Kommt es auf die Verhältnisse im Zeitpunkt der Erteilung der Zusage an?

a. Die Bestimmung der Verhandlungsstärke

aa. Vermögensmäßige Beteiligung

In vielen Fällen ist die vermögensmäßige Beteiligung und die daraus fließende Leitungsmacht ein guter Indikator für die Verhandlungsstärke eines Zusageempfängers. Je mehr Kapitalanteile er besitzt, um so stärker wird er seinen Einfluß auf den Inhalt der Versorgungszusage ausüben können. Problematisch ist allerdings die Grenzziehung, d. h. die Festlegung einer Beteiligungsquote, die eine Vertragsparität noch nicht vermuten läßt.

Nach Wiedemann / Moll[144] und ihnen folgend das Landgericht[145] und das Oberlandesgericht Köln[146] bedeutet Vertragsparität die Erzielung eines angemessenen Interessenausgleichs aufgrund vergleichbarer Chancen; dies sei bereits bei einer Kapitalbeteiligung von mehr als 10 % anzunehmen. Nach Auffassung des OLG Köln[147] ist ausschlaggebend, ob die Erfüllung der Versorgungszusage von fremder Unternehmertätigkeit abhänge, also unter einem nicht vom Zusageempfänger zu steuernden Risiko stehe. Ein Anteilsbesitz von über oder unter 10 % sei daher als Orientierungspunkt heranzuziehen, ob der Betreffende bloßer Anlagegesellschafter oder aber Mitträger des Unternehmerrisikos und -handelns sei.

---

[144] RdA 1977, S. 13, 17, 24.
[145] BB 1977, S. 1506; BetrAV 1978, S. 14, 15.
[146] BetrAV 1978, S. 247, 248 und S. 249, 250; BetrAV 1980, S. 23, 26.
[147] BetrAV 1980, S. 23, 26.

Der Senat verbindet in unzulässiger Weise den Begriff der Vertragsparität mit dem später vom BGH zum Kern seines Lösungsansatzes herausgestellten Gesichtspunkt der Mitunternehmerschaft. Die Frage der Verhandlungsstärke ist unabhängig davon zu beurteilen, ob und in welchem Umfang der Betreffende das Unternehmerrisiko (mit-)trägt. Das Betriebsrentengesetz erwähnt weder im Gesetzeswortlaut noch in den Motiven das Unternehmerrisiko oder die Mitunternehmerschaft als Abgrenzungskriterium für die Schutzfähigkeit einer Person. Im übrigen ist es sehr fraglich, ob die Vermutung aufgestellt werden kann, daß eine Beteiligungsquote von mehr als 10 % ein Unternehmerrisiko vermittelt. Im Einzelfall kann in einem großen Unternehmen eine Beteiligung von 8 % bei einem breit gestreuten Kapitalbesitz durchaus ein Unternehmerrisiko und -handeln beinhalten, während z. B. ein mit 15 % beteiligter Kommanditist bei geringem Kapitaleinsatz noch längst nicht als Unternehmer anzusehen ist. Die Bestimmung einer Beteiligungsquote, die den Rückschluß auf eine zumindest gleich starke Verhandlungsposition erlaubt, ist daher unabhängig von den Begriffen Unternehmerrisiko und Mitunternehmerschaft vorzunehmen.

Die Bedeutung der vermögensmäßigen Beteiligung und die Grenzziehung im Einzelfall ist in Anlehnung an die Definition von Wiedemann / Moll allein danach zu bestimmen, ob der Zusageempfänger aufgrund der Stärke seiner Kapitalbeteiligung einen angemessenen Interessenausgleich erzielen kann. Hierzu ist nicht unbedingt erforderlich, daß der Begünstigte der Gegenseite seinen Willen aufzwingen kann. Für das Vorliegen einer Vertragsparität genügt es, wenn das Aushandeln und der Inhalt der Versorgungszusage durch ein gegenseitiges Geben und Nehmen gekennzeichnet sind. Eine Schutzbedürftigkeit ist erst dann gegeben, wenn die Unternehmerseite stark genug ist, um die Ausgestaltung der Altersversorgung einseitig zu bestimmen.

Eine generelle Grenzziehung bei einer Beteiligungsziffer von z. B. 10 %, 25 % oder 50 % läßt sich an dieser Stelle nicht vornehmen. Denn es ist unerläßlich, die jeweilige Gesellschaftsform (Kapital- oder Personengesellschaft), die Tätigkeit des Zusageempfängers (Geschäftsführer oder sonstige Tätigkeit) und andere Begleitumstände (z. B. mehrköpfige Gesellschafter-Geschäftsführung) bei der Festlegung eines Grenzwertes zu berücksichtigen. Eine endgültige Anwort über die Bedeutung der Kapitalbeteiligung in bezug auf die Verhandlungsstärke des Zusageempfängers bleibt daher der sich anschließenden Fallgruppenbetrachtung vorbehalten.

bb. Stimmrechte

Vielfach genügt die Betrachtung der vermögensmäßigen Beteiligung nicht, um Rückschlüsse auf die Verhandlungsstärke ziehen zu können. Dies ist dann der Fall, wenn, wie bei den Personengesellschaften, die Stimmrechte losgelöst von der Kapitalbeteiligung bestehen oder wenn die gesellschaftsvertraglichen Vereinbarungen vom Gesetz abweichende Regelungen enthalten. Da es letztlich auf das Einflußpotential im Unternehmen ankommt, ist unabhängig von den Kapitalanteilen darauf abzustellen, über welche prozentuale Stimmrechtsbeteiligung der begünstigte Gesellschafter verfügt. Es gilt auch hier der Grundsatz, daß der Zusageempfänger nicht vom Betriebsrentengesetz erfaßt wird, wenn aufgrund des Umfanges seiner Stimmrechte die Vermutung besteht, daß der Vertragspartner beim Aushandeln der Versorgungszusage in angemessener Weise auf die Interessen des Zusageempfängers Rücksicht nehmen muß.

cc. Sonstige die Verhandlungsstärke beeinflussende Faktoren

(1) Rechtlich verbindlich geregelte Sonderrechte

Unabhängig von der Höhe der Kapitalbeteiligung oder dem Umfang der Stimmrechte kann die Position eines Zusageempfängers durch besondere Rechte, die entweder im Gesetz geregelt sind (z. B. das Recht zur Geschäftsführung der persönlich haftenden Gesellschafter) oder besonders gesellschaftsvertraglich vereinbart werden (z. B. die alleinige Besetzungsbefugnis einer Geschäftsführerposition), gestärkt werden. Sind diese Rechte für die Unternehmensführung oder die Entscheidungsfindung im Unternehmen von erheblicher Bedeutung, so besteht die Vermutung, daß der begünstigte Zusageempfänger im Falle des Aushandelns einer Versorgungszusage nicht schwach und einem Arbeitnehmer vergleichbar gestellt ist. Zwar vermitteln diese Sonderrechte in der Regel kein unmittelbar erhöhtes Einflußpotential in bezug auf die Vereinbarung einer Altersversorgung. Die Sonderstellung des Zusageempfängers begünstigt dennoch seine Verhandlungsposition, weil die Entscheidungsträger auf Arbeitgeberseite in Anbetracht der besonderen Befugnisse ihres Vertragspartners erhöhte Rücksichtnahme üben werden und im Interesse einer guten Zusammenarbeit zum Wohle des Unternehmens zu einem Entgegenkommen und zu Zugeständnissen bereit sein werden.

In diesen besonders gelagerten Fällen wird ein grundlegender Unterschied zum Lösungsansatz des BGH deutlich. Der BGH hat stets auf die Möglichkeit eines beherrschenden Einflusses abgestellt, um den wertungsmäßigen Vergleich zum Einzelkaufmann herzustellen. Demgegenüber genügt es für die Annahme einer Vertragsparität, wenn der Zusageempfänger zwar kein Mehrheitsgesellschafter ist, aber infolge eines Sonderstatus in die Lage versetzt wird, seine Interessen angemessen zu vertreten und durchzusetzen. Nicht die Beherrschung, sondern die Ausgewogenheit der Verhandlungschancen ist entscheidend. Diese Parität kann nicht immer an der Höhe der Kapitalanteile oder Stimmrechte gemessen werden; die in der Praxis nicht seltenen erheblich vom Gesetz abweichenden Vereinbarungen machen es erforderlich, das Kräfteverhältnis nicht schematisch, sondern unter Beachtung der besonderen Machtstrukturen eigenständig zu beurteilen.

Allerdings ist zu beachten, daß die Situation der Vertragsparität bei der Berücksichtigung von Sonderrechten nur auf eine Vermutung gestützt werden kann. Weiterhin ist die Gefahr gegeben, daß nicht typisierte Sachverhalte, sondern Einzelfallumstände zugrunde gelegt werden. Es ist daher Zurückhaltung geboten und die Annahme einer gleich starken Verhandlungsposition auf bestimmte Ausnahmefälle zu beschränken, wie z. B.

- unentziehbares bzw. nur aus schwerwiegenden Gründen entziehbares Mitwirkungsrecht in der Geschäftsführung
- Recht zur Bestellung eines oder mehrerer Geschäftsführer
- Weisungsrecht gegenüber der Geschäftsführung
- besonderes Zustimmungserfordernis bei Entscheidungen, die allein der Gesellschafterversammlung vorbehalten sind (vgl. z. B. § 119 AktG, § 46 GmbHG).

Die Auswahl dieser nicht abschließend aufgezählten Beispielsfälle orientiert sich an dem Entscheidungspotential, das dem Zusageempfänger bezüglich der Unternehmensführung zusteht. Entscheidend ist, daß wichtige personelle oder sachliche Entscheidungen in einem der Gesellschaftsorgane von dem begünstigten Gesellschafter allein oder zumindest nicht gegen seinen Willen gefällt werden können. Unter diesen engen Voraussetzungen ist die Schlußfolgerung gerechtfertigt, daß das rechtsverbindlich geregelte Sonderrecht betriebsrentenrechtlich eine Situation der Vertragsparität begründet.

(2) Tatsächliche Umstände

Problematisch ist die Berücksichtigung tatsächlicher Umstände, weil deren Nachprüfbarkeit anders als bei den zuvor behandelten Sonderrechten auf erhebliche Schwierigkeiten stößt.

Zunächst ist festzuhalten, daß die vom BGH genannten Gesichtspunkte, wie z. B. Befähigung, fachlicher Ruf, Berufserfahrung etc., außer Betracht bleiben müssen. Zum einen lassen sich diese personen- und situationsbezogenen Momente praktisch nicht als regelmäßig wiederkehrende Sachverhalte erfassen; dies wäre aber erforderlich, um der Rechtssicherheit Rechnung zu tragen und die Gerichte vor langwierigen und nicht ohne Willkür durchführbaren Untersuchungen zu schützen. Zum anderen können diese Begleitumstände auch die Versorgungszusagen von Arbeitnehmern positiv oder negativ beeinflussen; insoweit besteht jedoch kein Zweifel, daß ein

Arbeitnehmer stets geschützt wird. Dies sollte bei einem Nicht-Arbeitnehmer genauso gehandhabt werden.

Es gibt jedoch auch Umstände tatsächlicher Art, die geeignet sind, das Einflußpotential des Zusageempfängers insgesamt zu beeinflussen und zu stärken. Diese Umstände unterscheiden sich u. U. von den gesetzlich oder gesellschaftsvertraglich verankerten Rechten lediglich durch die fehlende Rechtsverbindlichkeit. Als Beispiel läßt sich eine rechtlich unverbindliche, aber regelmäßig gehandhabte Stimmrechtsbindung[148] anführen. Im Hinblick auf die Auswirkung des Stimmrechtspools auf das Einflußpotential des Zusageempfängers ist die unverbindliche, aber praktisch vollzogene Abrede der rechtsverbindlichen Abmachung gleichzusetzen.

Es lassen sich noch weitere Fälle anführen, in denen der Zusageempfänger vielleicht nicht einmal Gesellschafter ist und dennoch als der eigentliche Entscheidungsträger zu betrachten ist. So kann z. B. infolge einer stillen Beteiligung oder aufgrund Hingabe erheblicher Darlehen eine solche wirtschaftliche Abhängigkeit des Unternehmens entstehen, daß der Zusageempfänger über das finanzielle Druckmittel Entscheidungen im Unternehmen und die Erteilung einer Versorgungszusage erzwingen kann. Praktisch bedeutsam ist auch der Fall, daß ein nicht beteiligter Zusageempfänger mittels eines Strohmannes (z. B. über die im Unternehmen nicht aktive Ehefrau) das Unternehmen beherrscht.

Es wäre unbillig, wenn tatsächliche Umstände dieser Art bei der Prüfung des § 17 Abs. 1 S. 2 außer Betracht blieben und die betreffenden Personen vor allem im Insolvenzfall den Schutz des Gesetzes beanspruchen könnten.

Allerdings ist die Durchsetzbarkeit einer tatsächlich bestehenden Machtposition nicht regelmäßig vergleichbar mit einem rechtlich gesicherten Einflußpotential, weil der Begünstigte von dem Wohlwollen der ihn unterstützenden Gesellschafter abhängig ist. Im übrigen bereitet die Nachprüfung tatsächlicher Umstände für die Gerichte größere Schwierigkeiten als die Berücksichtigung rechtsverbindlicher und leicht nachweisbarer Vereinbarungen. Es ist daher folgendes Verfahren vorzuschlagen:

- Grundsätzlich ist der Zusageempfänger als Nicht-Arbeitnehmer im Sinne des § 17 Abs. 1 S. 2 geschützt, wenn er nicht aufgrund der oben geschilderten vermögens- und einflußmäßigen Beteiligung eine die Vertragsparität vermittelnde Position innehat.
- Tatsächliche Umstände sind nur dann zu berücksichtigen, wenn sie geeignet sind, dem Zusageempfänger nicht nur im Einzelfall, sondern generell einen gesteigerten Einfluß zu verschaffen.

---

[148] Vgl. BGH, II ZR 222/79 vom 16. 3. 1981, ZIP 1981, S. 759, 761 – der Senat konnte in diesem Fall die Entscheidung über die Berücksichtigung einer tatsächlichen Stimmrechtsbindung offen lassen.

- Wenn diese tatsächlichen Umstände unstreitig sind oder bewiesen sind, dann läßt sich nach der allgemeinen Lebenserfahrung die Schlußfolgerung ziehen, daß der Zusageempfänger über ein erhöhtes Einflußpotential verfügt. Diese tatsächliche Machtstellung stärkt seine Position im Unternehmen sowohl generell als auch in bezug auf die Vereinbarung einer Versorgungszusage. Prozessual kann der Kausalzusammenhang zwischen den tatsächlichen Umständen und dem erhöhten Einflußpotential mit Hilfe eines Anscheinsbeweises[149] bewiesen werden. Dem Zusageempfänger obliegt der Gegenbeweis, wenn er diesen vermuteten Zusammenhang entkräften will[150].
- Wenn der Zusageempfänger das Vorliegen der tatsächlichen Umstände bestreitet, ist dem Anscheinsbeweis die Grundlage entzogen und der Gegenseite obliegt der Vollbeweis. Diese Folge wird insbesondere in Insolvenzfällen, in denen nicht der Arbeitgeber, sondern der Pensions-Sicherungs-Verein aG Verfahrensgegner ist, diesen vor erhebliche Darlegungs- und Beweisschwierigkeiten stellen. Denn im Regelfall sind dem PSVaG die genauen Machtstrukturen und Einflußverhältnisse in dem betreffenden Unternehmen nicht bekannt, und er hat auch keine Möglichkeit des nachträglichen Einblicks. Hier erscheint es notwendig, nach dem Grundsatz der Zumutbarkeit der Beweisführung die Beweislast dem Vorbehalt zu unterstellen, daß zunächst der Zusageempfänger als nicht beweisbelastete Partei den Sachverhalt darlegt bzw. das Vorliegen der geschilderten tatsächlichen Umstände substantiiert bestreitet[151].

Ein Sonderkomplex im Bereich der tatsächlichen Umstände ist der Problemkreis der familiären Beziehungen. Es stellt sich die Frage, ob die Kapitalanteile und Stimmrechte von nahen Angehörigen einem Zusageempfänger zuzurechnen sind. Dieses Thema wird im folgenden Abschnitt unter der Überschrift Sonderfragen[152] behandelt.

b. Maßgeblichkeit der Verhandlungsstärke in bezug auf die Ausgestaltung der Versorgungszusage

Nach den voranstehenden Ausführungen beantwortet sich die oben gestellte zweite Frage, ob die Verhandlungsstärke allgemein oder lediglich in bezug auf die Vereinbarung der Altersversorgung zu bestimmen ist, scheinbar von selbst. Denn wenn die Position des Zusageempfängers

[149] Vgl. hierzu Baumbach / Lauterbach / Albers / Hartmann, Anh. § 286 Anm. B; Rosenberg / Schwab, § 114 II., S. 661 ff.; Stein / Jonas / Leipold, § 286 Rdnr. 87 ff.; Zöller / Stephan, § 286 Rdnr. 16 f.

[150] BGH NJW 1969, S. 277; Zöller / Stephan, § 286 Rdnr. 16 f.

[151] BGH NJW 1961, S. 826, 828; BGH NJW 1962, S. 2149, 2150; OLG Frankfurt NJW 1974, S. 1473; Huber, MdR 1981, S. 95 ff.; Zöller, § 138 Anm. III.

[152] Vgl. unten 2. Abschnitt, C. IV.

anhand seiner vermögens- und einflußmäßigen Beteiligung sowie etwaigen Sonderrechten ermittelt wird, ist der Umfang der Verhandlungsstärke sowohl generell, als auch für den jeweiligen Einzelfall festgelegt.

Von diesem Regelfall ist jedoch dann eine Ausnahme zu machen, wenn sich eine falltypische Konstellation bilden läßt, die den Rückschluß erlaubt, daß die betreffende Person nicht allgemein, sondern nur in bezug auf einige bestimmte Entscheidungen, wie z. B. der Vereinbarung einer Versorgungszusage, eine regelmäßig vertragsparitätische Position besitzt. Denn die Anwendbarkeit des Betriebsrentengesetzes hängt nicht davon ab, ob der Zusageempfänger die Geschäftspolitik des Unternehmens insgesamt paritätisch mitgestalten kann. Es genügt, wenn zumindest im Hinblick auf die Erteilung der Versorgungszusage eine typischerweise gleich starke Verhandlungsposition feststellbar ist. Diese Betrachtung entspricht auch dem Willen des Gesetzgebers, der in der Begründung des Gesetzentwurfes[153] ausdrücklich auf die Verhandlungsstärke beim Aushandeln der Altersversorgung abstellt. Die praktische Relevanz dieser Frage wird bei der Erörterung des Problemkreises der Zurechnung von Anteilen naher Angehöriger deutlich werden[154].

c. Bedeutung des Zeitpunktes der Erteilung der Versorgungszusage

Wenn es um die Einbeziehung eines Zusageempfängers in den persönlichen Geltungsbereich des BetrAVG geht, stellt sich zwangsläufig auch die Frage, welcher Zeitpunkt für die Beurteilung maßgeblich ist.

Die früher herrschende Auffassung[155] hat auf den Status und die Verhältnisse des Versorgungsberechtigten im Zeitpunkt der Zusage abgestellt. Nach der von Höfer in der ersten Auflage seines Kommentars zum BetrAVG[156] vertretenen – in der Neuauflage[157] jedoch aufgegebenen – Ansicht soll es auf den letzten Status des Versorgungsanwärters bzw. bei einem Versorgungsempfänger auf den Status bei Eintritt des Versorgungsfalles ankommen.

Der BGH ist diesen Ansichten nicht gefolgt. Er hält es für unerheblich, wann die Altersversorgung zugesagt worden ist und wie die Verhältnisse zu dieser Zeit ausgestaltet waren; allein maßgeblich sei, inwieweit das Ruhe-

---

[153] BT-Drucks. 7/1281, S. 30.

[154] Vgl. unten 2. Abschnitt, C. IV.

[155] LG Köln, BB 1978, S. 1523 = BetrAV 1979, S. 15; OLG Köln, BB 1978, S. 1170 = DB 1978, S. 1550 unter II. der Gründe; Gaul, BetrAV 1980, S. 9, 10 m.w.N. zur Instanzenrechtsprechung; PSVaG-Merkblatt 300/M 1/10.76, Zf. 3.2., RdA 1977, S. 34, 35; Wiedemann / Moll, RdA 1977, S. 13, 25.

[156] § 17 Rdnr. 27 i.V. mit § 7 Rdnr. 94 ff.

[157] Höfer / Abt, § 17 Rdnr. 93 ff.

geld durch eine Tätigkeit als Arbeitnehmer oder als Unternehmer verdient worden sei[158]. Soweit Stellungnahmen vorliegen, folgt die neuere Literatur[159] der höchstrichterlichen Rechtsprechung.

aa. Kritik an der Betrachtungsweise des BGH

Die vom BGH vertretene Auffassung ist Folge der Ablehnung des Kriteriums der Vertragsparität und der an diese Stelle gesetzten Abgrenzung zwischen Arbeitnehmer- und Unternehmertätigkeit. Mit der Außerachtlassung der im Zeitpunkt der Erteilung der Versorungszusage maßgeblichen Verhältnisse setzt sich der Senat jedoch in Widerspruch zur Grundkonzeption des Gesetzes und dem erklärten Willen des Gesetzgebers. Es steht außer Frage, daß ein Arbeitnehmer nur dann dem Geltungsbereich des Gesetzes unterfällt, wenn er diesen Status bei Erteilung der Versorgungszusage innehatte und die Zusage gem. § 1 Abs. 1 „aus Anlaß seines Arbeitsverhältnisses" abgegeben wurde. Es ist nicht ersichtlich, warum diese Verknüpfung zwischen Versorgungszusage und Status des Zusageempfängers für die Einordnung der Nicht-Arbeitnehmer unerheblich sein soll. Aus der Begründung des Regierungsentwurfes[160] ergibt sich jedenfalls das Gegenteil.

Ein Beispiel macht deutlich, daß die Vorgehensweise des BGH in bedenklicher Weise das Merkmal der Vertragsparität nicht nur als Abgrenzungskriterium, sondern auch als Leitmotiv des Gesetzes beiseite schiebt. Nach längerer Arbeitnehmer-Tätigkeit erwirbt eine Person die Mehrheitsbeteiligung an dem Unternehmen und erhält alsbald eine Versorgungszusage. Offensichtlich ist diese Altersversorgung mit Rücksicht auf den maßgeblichen Einfluß des Zusageempfängers zustande gekommen; wegen der beherrschenden Stellung im Zeitpunkt der Erteilung scheidet ein Schutz des Begünstigten sowie seiner Versorgungszusage nach dem Merkmal der Vertragsparität aus. Der BGH hingegen unterscheidet lediglich die schutzfähigen Zeiten und erkennt für die Arbeitnehmer-Tätigkeit eine geschützte Versorgungszusage an, obwohl zu dieser Zeit keine Zusage erteilt wurde und ohne die spätere Veränderung des Status auch nicht erteilt worden wäre. Mit Hilfe seiner starken und nach dem Normzweck des Gesetzes nicht schutzwürdigen Verhandlungsposition hat sich der Begünstigte zu Unrecht für frühere Zeiten eine Altersversorgung verschafft.

---

[158] BGHZ 77, S. 233 Leitsatz c, S. 244 ff; seitdem ständige Rechtsprechung.

[159] Everhardt, BB 1981, S. 681, 686; Hanau / Kemper, ZGR 1982, S. 123, 136 f.; Heubeck / Paulsdorff, § 17 Rdnr. 95; Hommelhoff / Timm, KTS 1981, S. 1, 289, 320.

[160] BT-Drucks. 7/1281, S. 30.

bb. Maßgeblichkeit der Verhältnisse bei Erteilung des Versorgungsversprechens

Aufgrund dieser Erwägungen und folgender weiterer Gründe ist der früher herrschenden Ansicht zu folgen und auf die Verhältnisse im Zeitpunkt der Erteilung der Zusage abzustellen.

Die versprochene Altersversorgung beruht nicht zuletzt wegen ihres Entgeltcharakters auf den Gegebenheiten, d. h. der Position und der Tätigkeit des Begünstigten, die zur Zeit des Versorgungsversprechens bestanden. Dieser Zusammenhang wird insbesondere an den Modalitäten der Versorgungsvereinbarung, wie z. B. der Pensionshöhe, deutlich. Wenn der Zusageempfänger dem persönlichen Geltungsbereich unterfällt und der Mißbrauchstatbestand des § 7 Abs. 5 nicht eingreift, wird eine Versorgungszusage von dem Betriebsrentengesetz uneingeschränkt geschützt. Demgegenüber ist der BGH gezwungen, eine in Unternehmerstellung gewährte Zusage auf eine angemessene Höhe zu reduzieren[161]. Hätte der Gesetzgeber in Übereinstimmung mit dem BGH den Zeitpunkt der Zusage und die Stellung des Begünstigten bei Erteilung des Ruhegeldversprechens für unerheblich gehalten, dann hätte es sich aufgedrängt, eine Vorschrift über die Angemessenheit der Pension in das Gesetz aufzunehmen[162]. Das Fehlen einer entsprechenden Vorschrift spricht ebenfalls dafür, daß nach dem Willen des Gesetzgebers auf die Verhältnisse im Zeitpunkt der Zusage abzustellen ist. Schließlich ist in dogmatischer Hinsicht einzuwenden, daß der BGH in bezug auf § 17 Abs. 1 S. 2 nicht mehr über die persönliche Zugehörigkeit zum schutzfähigen Personenkreis, sondern nur noch über schutzfähige Zeiten entscheidet[163].

Besondere Probleme ergeben sich, wenn der Zusageempfänger einmal oder mehrere Male einen Statuswechsel vornimmt, ohne daß jeweils die Versorgungszusage erneuert oder ausdrücklich bestätigt wird. Wie noch im einzelnen dargelegt wird[164], kommt dem Meinungsstreit in diesen Fällen erhebliche praktische Bedeutung zu.

3. Weitere Abgrenzungskriterien

Fraglich ist, ob neben dem Hauptkriterium der Vertragsparität noch weitere Gesichtspunkte herangezogen werden können, um schwierige Abgrenzungsfragen zu erleichtern.

---

[161] BGHZ 77, S. 233, 244 f.

[162] Vgl. Blomeyer / Otto, § 17 Rdnr. 138, die zu Recht einwenden, daß die Herabsetzung der Bezüge dogmatisch nicht gerechtfertigt sei.

[163] Heubeck / Paulsdorff, § 17 Rdnr. 98 a.

[164] Vgl. unten 2. Abschnitt, C.I.

a. Die soziale Schutzbedürftigkeit

Es bietet sich an, auf die Merkmale der sozialen Schutzbedürftigkeit und der Vergleichbarkeit des Nicht-Arbeitnehmers mit dem Arbeitnehmer zurückzugreifen.

Diese Kriterien sind jedoch in dem Prüfungspunkt „Vertragsparität" schon enthalten. Denn entsprechend der Vorstellung des Gesetzgebers ist ein in der regelmäßig schwächeren Position befindlicher Nicht-Arbeitnehmer als schutzbedürftig und einem Arbeitnehmer vergleichbar anzusehen. Im übrigen dürften Bedenken bestehen, die typischerweise bei Arbeitnehmern oder arbeitnehmerähnlichen Personen vorliegenden Merkmale, wie Angewiesensein auf den Verkauf der eigenen Arbeitskraft, persönliche und/oder wirtschaftliche Abhängigkeit, Unfähigkeit zur eigenen Daseinsvorsorge[165], als notwendige Voraussetzungen für den Schutz von Nicht-Arbeitnehmern aufzustellen. Denn der Gesetzgeber wollte ausweislich des Gesetzeswortlautes und der Begründung seines Regierungsentwurfes[166] über den Bereich der arbeitnehmerähnlichen Personen hinaus einen weiteren Personenkreis erfassen. Es geht insbesondere um Personen, wie Organmitglieder und Selbständige, die auf eine betriebliche Altersversorgung besonders angewiesen sind, die aber häufig nicht die den Arbeitnehmer kennzeichnenden Merkmale erfüllen.

b. Wirtschaftliche Abhängigkeit vom Unternehmen

Ein Abstellen auf eine wirtschaftliche Abhängigkeit des Zusageempfängers vom Unternehmen ist ebenfalls abzulehnen. Vielfach besteht bei Nicht-Arbeitnehmern, wie Geschäftsführern, selbständigen Handwerkern, Rechtsanwälten, Steuerberatern etc., eine Situation der Vertragsimparität, ohne daß zugleich eine wirtschaftliche Abhängigkeit feststellbar wäre. Des weiteren sind z. B. Gesellschafter-Geschäftsführer mit einer Minderheitsbeteiligung bei konstant guten Geschäftsergebnissen und entsprechender Gewinnbeteiligung wirtschaftlich unabhängig, ohne daß sie zugleich paritätisch verhandeln. Umgekehrt verschafft eine Mehrheitsbeteiligung kein oder nur ein geringes Einkommen, wenn die Geschäftsentwicklung des Unternehmens schlecht ist, so daß der betreffende Gesellschafter-Geschäftsführer auf eine ausreichende Altersversorgung besonders angewiesen ist. Schließlich hat auch der Gesetzgeber das Merkmal der wirtschaftlichen Abhängigkeit vom Unternehmen nicht als notwendige Voraussetzung angesehen. Denn es heißt lediglich in der Gesetzesbegründung[167], daß dieser Per-

[165] Vgl. Schaub, § 8 II. 3., S. 32 f.; Söllner, § 3 I. 3., S. 19 f.; Wiedemann, Das Arbeitsverhältnis als Austausch- und Gemeinschaftsverhältnis, S. 14 ff.

[166] BT-Drucks. 7/1281, S. 30.

[167] Ebenda.

sonenkreis zur Wahrung des Lebensstandards „meist in besonderem Maße auf die betriebliche Altersversorgung angewiesen ist". Die Abhängigkeit vom Unternehmen und das Angewiesensein auf eine Altersversorgung ist aber nicht ohne weiteres gleichzusetzen. Im übrigen zeigt die Formulierung „meist", daß der Gesetzgeber diesen Gesichtspunkt lediglich als typischen Begleitumstand, nicht aber als notwendige Bedingung für die Anwendbarkeit des § 17 Abs. 1 S. 2 ansieht.

Weitere Abgrenzungskriterien, die neben dem Merkmal der Vertragsparität eine Entscheidungshilfe geben könnten, sind nicht ersichtlich.

4. Prüfungsschema

Abschließend ist ein die bisherigen Überlegungen zusammenfassendes Prüfungsschema aufzustellen, mit dessen Hilfe in der folgenden Fallgruppenbetrachtung sowie in der Praxis eine Abgrenzung der schutzfähigen Personengruppen vorgenommen werden kann.

(1) Abgrenzung anhand des Wortlauts des § 17 Abs. 1 S. 2 BetrAVG

(a) Keine Identität zwischen Berechtigtem und Verpflichteten

(b) Ausübung einer auf Dauer angelegten Tätigkeit zum Nutzen des Unternehmens

(c) Betriebliche Veranlassung

- Fürsorge und Entgeltcharakter des Versorgungsversprechens
- Tätigkeit des Zusageempfängers muß Anlaß, d. h. der Hauptgrund für die Erteilung der Zusage gewesen sein. Grundsätzlich besteht für diesen Kausalzusammenhang eine tatsächliche Vermutung. Wenn jedoch Anhaltspunkte für außerbetriebliche Gründe vorliegen, muß der Zusageempfänger den Beweis erbringen.

(2) Das Kriterium der Vertragsparität bzw. -imparität

Schutzfähig sind lediglich Angehörige von Personengruppen, die aufgrund ihrer Stellung im Unternehmen regelmäßig nicht in der Lage sind, über die Ausgestaltung ihrer Versorgungszusage in gleich starker Position mit der Gegenseite zu verhandeln. Im Einzelfall läßt sich die Position des Zusageempfängers wie folgt bestimmen:

(a) Vermögensmäßige Beteiligung und die sich daraus ergebende Leitungsmacht

(b) Einflußpotential aufgrund von Stimmrechten

(c) Sonstige die Verhandlungsstärke beeinflussende Faktoren

(aa) Rechtsverbindlich geregelte Sonderrechte

(bb) Tatsächliche Umstände, wenn sie geeignet sind, dem Zusageempfänger einen gesteigerten Einfluß zu verschaffen. Für den Zusammenhang zwischen den tatsächlichen Umständen und dem erhöhten Einflußpotential spricht ein Anscheinsbeweis.

Maßgeblich sind die Verhältnisse im Zeitpunkt der Zusageerteilung.

Zweiter Abschnitt

Betrachtung von Fallgruppen unter Berücksichtigung der verschiedenen Arten von Gesellschaften

A. Personen, die am Unternehmen nicht beteiligt sind

Die folgende Untersuchung konzentriert sich in erster Linie auf die Problemfälle, die sich aus der Regelung des § 17 Abs. 1 und den Besonderheiten dieses Gesetzes ergeben. Es würde zu weit führen, wenn in bezug auf alle möglichen Personengruppen eine Einbeziehung in den Geltungsbereich geprüft würde. Dies gilt vor allem für die zahlreichen Fälle und Zweifelsfragen, die den Bereich der Arbeitnehmer und arbeitnehmerähnlichen Personen betreffen. Es handelt sich überwiegend um Abgrenzungsprobleme des allgemeinen Arbeitsrechts, deren Lösung zugleich für das Betriebsrentenrecht verbindlich ist.

I. Mitglied eines Gesellschaftsorgans

1. Geschäftsführung und Vorstand

Die Einordnung der Geschäftsführer und Vorstandsmitglieder ist umstritten. Während die herrschende Meinung[1] die Eigenschaft als Arbeitnehmer ablehnt, weil Organmitglieder Arbeitgeberfunktionen ausübten und nicht persönlich abhängig seien, stellt die Gegenmeinung[2] auf die Nähe zu den leitenden Angestellten ab, betont die Weisungsgebundenheit und zählt daher die Organmitglieder insgesamt oder zumindest bestimmte Gruppen zu den Arbeitnehmern.

Eine Klärung der Streitfrage kann vorliegend dahinstehen. Denn auch wenn die Organmitglieder nicht als Arbeitnehmer angesehen werden, sind sie doch in jedem Fall durch die Regelung des § 17 Abs. 1 S. 2 in den persönlichen Geltungsbereich des Betriebsrentengesetzes miteinbezogen. Ausweislich der Gesetzesmaterialien richtet sich der Satz 2 gerade an „Mitglieder

---

[1] BGHZ 10, S. 187, 191; 12, S. 1, 8; 36, S. 142, 143; WM 1978, S. 1106; Fleck in: Festschrift für Hilger und Stumpf, S. 198 ff., 208; G. Hueck in Festschrift für Hilger und Stumpf, S. 365 ff., 379; MünchKomm-Söllner, § 611 Rdnr. 113.

[2] Vgl. Miller, BB 1977, S. 723, 724 ff.; Schaub, § 14 I. 2., S. 52 f.; Trinkhaus, DB 1968, S. 1756, 1758 ff.

von Gesellschaftsorganen"[3], so daß der Gesetzgeber offenbar die Organmitglieder als Nicht-Arbeitnehmer i. S. des § 17 Abs. 1 S. 2 ansieht[4].

2. Aufsichtsrat und Beirat

Ein weiteres Gesellschaftsorgan ist bei der Aktiengesellschaft der Aufsichtsrat und bei der GmbH fakultativ der Beirat. Von der Rechtsprechung noch nicht entschieden und in der Literatur kaum behandelt ist die Frage, ob Aufsichtsrats- oder Beiratsmitglieder ohne Unternehmensbeteiligung dem Geltungsbereich des § 17 Abs. 1 S. 2 unterfallen. Dies mag daran liegen, daß Pensionszusagen an diese Personen in der Praxis selten vorkommen. Deshalb soll jedoch auf eine Klärung der Einbeziehung von Aufsichtsrats- und Beiratsmitgliedern nicht verzichtet werden.

a. Vorliegen der Voraussetzungen des § 17 Abs. 1 Satz 2 BetrAVG

Einer näheren Prüfung bedarf das Merkmal der Tätigkeit, das eine gewisse Dauer und Kontinuität aufweisen muß[5]. Zweifel ergeben sich aus dem Umstand, daß Aufsichtsratssitzungen gemäß § 110 Abs. 3 AktG einmal im Vierteljahr anberaumt werden sollen und nur einmal im Jahr stattfinden müssen, und die Praxis in der Regel auch so verfährt. Andererseits gehört es zur wesentlichen Pflicht eines Mitglieds des Aufsichtsrats oder Beirats, die Geschäftsführung zu überwachen und auch außerhalb der Sitzungen die Geschäftstätigkeit und die Entscheidungen der Geschäftsführung zu verfolgen. Im übrigen unterscheidet das Gesetz nicht zwischen haupt- und nebenberuflicher Tätigkeit; nach den Gesetzesmaterialien sollen auch Selbständige, wie z. B. Handwerker und Handelsvertreter, geschützt werden, ohne daß es auf den Umfang ihrer Tätigkeit ankommt. Der Wortlaut des § 17 Abs. 1 S. 2 steht somit einer Einbeziehung der Aufsichtsratsmitglieder nicht entgegen.

b. Abgrenzung anhand der Lösungsmodelle

Aufsichtsratsmitglieder, die nicht am Unternehmen beteiligt sind, verfügen regelmäßig nicht über das Einflußpotential, um eine Versorgungszusage paritätisch auszuhandeln. Das einzelne Aufsichtsrats- oder Beiratsmitglied ist zwar während seiner Amtszeit unabhängig, und es übt gemeinsam mit den anderen Mitgliedern des Aufsichtsorgans u. U. beachtliche Kontroll- und Mitwirkungsrechte gegenüber der Geschäftsführung aus. Dies genügt

---

[3] BT-Drucks. 7/1281, S. 30.

[4] So auch Blomeyer / Otto, § 17 Rdnr. 16, 96.

[5] Ohne Begründung stellen demgegenüber Blomeyer / Otto, § 17 Rdnr. 97 f. fest, daß die Tatbestandsvoraussetzungen des § 17 Abs. 1 S. 2 vorliegen.

jedoch nicht, um ohne Gesellschaftsbeteiligung gegenüber den Gesellschaftern die Erteilung einer Versorgungszusage maßgeblich zu beeinflussen. Danach greift § 17 Abs. 1 S. 2 zugunsten der Aufsichtsrats- und Beiratsmitglieder ein.

Der BGH müßte zu dem gleichen Ergebnis kommen, weil diese Personengruppe wertungsmäßig nicht mit dem Einzelkaufmann vergleichbar ist.

Die Einbeziehung von Aufsichtsratsmitgliedern unter § 17 Abs. 1 S. 2 wird demgegenüber von Blomeyer / Otto[6] abgelehnt, weil die Ruhegelder keine existenzsichernde Funktion hätten und es daher an der sozialen Schutzbedürftigkeit fehle. Gegen eine Abgrenzung anhand dieser Merkmale ist unter Verweisung auf die Ausführungen im Ersten Abschnitt[7] einzuwenden, daß das Betriebsrentengesetz nicht voraussetzt, daß die betriebliche Altersversorgung die Existenz des Versorgungsempfängers sichert. Weder der Wortlaut noch die Gesetzesmaterialien geben einen sicheren Hinweis, daß der Schutz eines Nicht-Arbeitnehmers nur im Falle einer wirtschaftlichen Abhängigkeit eingreifen soll. Im übrigen ist kein Grund ersichtlich, die existenzsichernde Funktion der Alterssicherung bei einem Aufsichtsratsmitglied anders als bei einem Vorstandsmitglied oder einem Selbständigen zu beurteilen.

Die Gruppe der Aufsichtsrats- und Beiratsmitglieder, die nicht zugleich Gesellschafter des Unternehmens sind, unterfällt dem Geltungsbereich des BetrAVG. Allerdings ist dem Umfang der Tätigkeit bei der Frage der Angemessenheit der versprochenen Ruhegelder Rechnung zu tragen; in entsprechender Anwendung des § 7 Abs. 5 sind unangemessen hohe Beiträge zu kürzen.

II. Selbständige

Der Gesetzgeber hat in seiner Begründung des Gesetzesentwurfs[8] unmißverständlich klargestellt, daß auch Selbständige, wie z. B. Handwerksmeister und Handelsvertreter, von § 17 Abs. 1 S. 2 erfaßt werden.

Der angesprochene Personenkreis kann sich auf viele Berufe, wie z. B. Steuerberater, Wirtschaftsprüfer, Rechtsanwälte, Architekten, Ingenieure, Statiker, Ärzte, Unternehmensberater, erstrecken. Auf welcher Rechtsgrundlage die für das Unternehmen ausgeübte Tätigkeit beruht, ist unerheblich[9]. Es kann sich um einen Dienst-, Dienstverschaffungs-, Geschäftsbesorgungs-, Werkvertrag etc. handeln[10]. Wichtig ist nur, daß die Merkmale

---

[6] § 17 Rdnr. 97 f.

[7] s. o. B. IV. 3.

[8] BT-Drucks. 7/1281, S. 30.

[9] Vgl. oben 1. Abschn. A. III. 2. d. aa.

[10] Vgl. Heubeck / Paulsdorff, § 17 Rdnr. 72.

des Begriffs Tätigkeit erfüllt sind. Unmaßgeblich ist, ob der jeweilige Zusageempfänger selbst Unternehmer ist oder einen freien Beruf ausübt, solange er nur für ein anderes, fremdes Unternehmen tätig ist und dafür die Versorgungszusage erhält.

Im Einzelfall kann sich die Frage stellen, ob ein Selbständiger sich bereits in wirtschaftlicher Abhängigkeit befindet und daher als arbeitnehmerähnliche Person anzusehen ist. Dies ist nach einer Meinung der Fall, wenn der Selbständige praktisch ausschließlich für ein Unternehmen tätig ist[11]; nach einer anderen Meinung ist ausreichend, wenn er von dem Unternehmen mehr als die Hälfte des Entgelts erhält, das er für seine Erwerbstätigkeit insgesamt bezieht[12]. Eine Entscheidung dieser Streitfrage kann dahinstehen, da der Selbständige – ob nun als Nicht-Arbeitnehmer oder als arbeitnehmerähnliche Person – vom Geltungsbereich des § 17 Abs. 1 erfaßt wird.

III. Familienangehörige

Das Vorhandensein verwandtschaftlicher Beziehungen kann bei der Prüfung des persönlichen Geltungsbereiches des Betriebsrentengesetzes in zweifacher Hinsicht Probleme bereiten. Zum einen stellt sich die Frage, ob und unter welchen Voraussetzungen Arbeitsverhältnisse und Versorgungszusagen zwischen Familienangehörigen betriebsrentenrechtlich anzuerkennen sind. Zum anderen geht es um das Problem der Zurechnung von Anteilen naher Angehöriger bei der Prüfung und Anwendung des § 17 Abs. 1 S. 2, z. B. im Falle von Versorgungszusagen an Gesellschafter-Geschäftsführer, deren Ehepartner oder Kinder über weitere Unternehmensbeteiligungen verfügen[13].

Die an dieser Stelle zu behandelnde erste Frage betrifft das im Arbeitsrecht viel diskutierte Thema der Anerkennung von Arbeitsverhältnissen zwischen Ehegatten und zwischen Eltern und Kindern, wobei hier insbesondere zu prüfen ist, ob sich aus dem Betriebsrentengesetz besondere Anforderungen für die Schutzfähigkeit dieser Personen ergeben.

---

[11] Vgl. Höfer / Abt, § 17 Rdnr. 54; Schaub, S. 35.

[12] So Blomeyer / Otto, § 17 Rdnr. 85, 92.

[13] s. u. C. IV.

1. Vorliegen eines wirksamen Arbeitsverhältnisses

a. Anforderungen im Zivil-, Steuer- und Sozialversicherungsrecht

Die zivilrechtliche Anerkennung der Arbeitsverträge erfordert einen entsprechenden Parteiwillen[14], wobei eine stillschweigende Vereinbarung genügt[15], eine Tätigkeit in persönlich-abhängiger Stellung[16] und eine Entgeltzahlung, wobei bestehende Tarifverträge oder die Ortsüblichkeit zu beachten sind[17]. Als Indizien können die Einsparung einer fremden Arbeitskraft und die Übung in entsprechenden Berufskreisen, einen Arbeitsvertrag abzuschließen, gewertet werden[18].

Die Voraussetzungen einer steuerlichen Anerkennung sind zwecks Verhinderung eines Steuermißbrauchs strenger. Es müssen klare und eindeutige vertragliche Vereinbarungen getroffen und auch tatsächlich durchgeführt werden, damit der Arbeitsvertrag als ernsthaft geschlossen angesehen werden kann[19]. Darüber hinaus wird im Steuerrecht geprüft, ob die Beschäftigung des Ehegatten als Arbeitnehmer wirtschaftlich sinnvoll ist, die Vertragsbeziehungen wie zwischen Fremden geregelt sind, wobei stillschweigende Vereinbarungen in der Regel nicht genügen, und ob das Arbeitsentgelt zum üblichen Zahlungszeitpunkt auf ein Konto des Arbeitnehmers überwiesen wird[20].

Im Sozialversicherungsrecht besteht eine Versicherungspflicht nur dann, wenn der beschäftigte Familienangehörige tatsächlich in den Betrieb des Arbeitgebers eingegliedert ist und dem Weisungsrecht des Inhabers unterworfen ist, ein der Arbeitsleistung angemessenes Arbeitsentgelt regelmäßig gewährt wird, der Geschäftsinhaber für seine Familienangehörigen Lohnsteuer entrichtet und das Arbeitsentgelt als Betriebsausgabe verbucht wird[21]. Im übrigen ist festzustellen, daß das Sozialversicherungsrecht im wesentlichen an die zvilrechtlichen Tatbestände anknüpft und daher trotz Manipulationsgefahr die zwischen den Parteien getroffenen Vereinbarungen über die Beschäftigung und das Entgelt anerkennt[22].

---

[14] BVerfGE 13, S. 290, 301; BGH, DB 1972, S. 240 = NJW 1972, S. 429, 430; Fenn, Die Mitarbeit, S. 55 ff., 62; Schaub, § 36 VII. 3., S. 158.

[15] BGHZ 8, S. 249, 251 = NJW 1953, S. 418; Dersch / Neumann, BUrlG, § 2 Rdnr. 16.

[16] Fenn, DB 1974, S. 1062, 1066.

[17] Vgl. Soergel / Kraft, Rdnr. 19 vor § 611.

[18] Vgl. Schaub, § 36 VII. 3., S. 158.

[19] BVerfGE 13, S. 290, 316 und S. 318, 321; BVerfG, DB 1970, S. 1519, 1521 = BB 1970, S. 995, 996; BFH, DB 1984, S. 167, vgl. auch Regelung in Abschn. 174 a Abs. 1, 4 EStR 1981.

[20] EStR 1981, Abschn. 174 a Abs. 1, 4.

[21] Sog. „Meister-Sohn-Urteil" des BSG, 3 RK 65/55 vom 5. 4. 1956, Bd. 3, S. 30, 35 ff.; Figge, Zf. 2.3.2. ff.; ders., DB 1974, S. 675 f.; Jahn, S. 29 ff.

b. Voraussetzungen für die Anwendung des § 17 Abs. 1 Satz 1 BetrAVG

Der PSVaG orientiert sich in seinem Merkblatt 300/M 2/11.80[23] an den steuerrechtlichen Grundsätzen. Er verlangt einen eindeutigen schriftlichen Vertrag über die zu erbringende Arbeitsleistung, die Einordnung in den Betrieb, das Arbeitsentgelt, den Urlaub und sonstige übliche Bestandteile eines Arbeitsverhältnisses. Darüber hinaus müsse das vereinbarte Entgelt der Höhe nach für die Tätigkeit üblich sein und tatsächlich regelmäßig auf das Konto des Arbeitnehmer-Ehegatten ausgezahlt werden. Auch die Versorgungszusage müsse in der Regel schriftlich erteilt, ernsthaft gemeint und üblich sein.

Es bestehen Bedenken, die im Steuerrecht aufgestellten Maßstäbe auf das Recht der betrieblichen Altersversorgung zu übertragen. Abgesehen davon, daß die strengen Anforderungen der Finanzverwaltung umstritten sind[24] und von der höchstrichterlichen Rechtsprechung nicht ausnahmslos bestätigt worden sind[25], lassen sich die im Steuerrecht und Betriebsrentenrecht jeweils drohenden Mißbrauchsgefahren nicht ohne weiteres vergleichen. Der Anreiz, Steuern zu sparen, ist bei Ausgestaltung eines Arbeitsverhältnisses zwischen engen Familienangehörigen unmittelbar gegeben. Es drängt sich für die Beteiligten geradezu auf, entsprechende Absprachen zu treffen, um die jährlich auf sie zukommende Steuerlast möglichst gering zu halten.

Demgegenüber ist die Eingehung eines Arbeitsverhältnisses und die Zusage einer Altersversorgung hinsichtlich der Schutzvorschriften des BetrAVG nicht von gleichen Anreizen und Erwägungen bestimmt. Es kommt allein eine Mißbrauchsgefahr bezüglich der Insolvenzsicherung in Betracht. Im Regelfall spricht aber keine Vermutung dafür, daß ein Unternehmer seinen Ehepartner oder seine Kindern allein deshalb beschäftigt und eine Altersversorgung zusagt, um sie im Insolvenzfall auf Kosten des PSVaG abzusichern.

Zu den vom PSVaG aufgestellten Voraussetzungen ist im einzelnen folgendes zu sagen. Eine genaue schriftliche Fixierung des Arbeitsvertrages wird nicht einmal nach der Rechtsprechung des BFH[26] als zwingendes Wirksamkeitserfordernis gefordert. Die Üblichkeit des Arbeitslohnes, die vom BFH nicht gefordert wird[27], ist auch im Betriebsrentenrecht keine Bedingung für die Anerkennung des Arbeitsverhältnisses. Schließlich kann es

---

[22] Vgl. Fenn, S. 513 f.; ders., DB 1974, S. 1062, 1112, 1114.

[23] Vgl. Zf. 2.1.1.

[24] Vgl. Fenn, DB 1974, S. 1062, 1067, 1112 ff.

[25] Vgl. z. B. BFH, DB 1983, S. 2013; DB 1984, S. 167.

[26] DB 1962, S. 690; DB 1983, S. 2013.

[27] DB 1984, S. 167.

nicht darauf ankommen, ob die Beschäftigung des Familienangehörigen eine fremde Arbeitskraft einspart. Es unterliegt der Entscheidungsfreiheit des Unternehmers, ob die Einstellung eines Arbeitnehmers wirtschaftlich sinnvoll ist. Außerdem kann auch ein familienfremder Arbeitnehmer überflüssig sein, und personelle Fehlentscheidungen und schlechte Organisation ändern häufig nichts daran, daß die betreffende Person Arbeitsleistungen erbracht hat. Im übrigen würde die tatrichterliche Überprüfung erhebliche Schwierigkeiten bereiten.

Für die Anwendung des § 17 Abs. 1 S. 1 genügt es daher, wenn die im Zivil- und Arbeitsrecht allgemein aufgestellten Anforderungen für die Anerkennung von Arbeitsverträgen mit Familienangehörigen erfüllt sind. Im Hinblick auf bestehende Mißbrauchsgefahren ist zu bedenken, daß die Auswirkungen familiärer Beziehungen bei der Überprüfung der Wirksamkeit der Versorgungszusage berücksichtigt werden können.

2. Vorliegen einer wirksamen Versorgungszusage

Im Gegensatz zu fremden Arbeitnehmern besteht bei Angehörigen-Arbeitnehmern eher die Gefahr, daß die Versorgungszusage aus betriebsfremden Erwägungen erteilt wird. Denn die Zusage einer betrieblichen Altersversorgung verpflichtet die Beteiligten nicht, im Falle der späteren Fälligkeit die Rentenzahlungen auch tatsächlich vorzunehmen. Jeder Arbeitnehmer kann auf seinen Zahlungsanspruch verzichten. Mit einem Angehörigen läßt sich dieses Einvernehmen in der Regel leichter erzielen als mit einem Fremden. Daher bringt die Erteilung einer Versorgungszusage an Familienangehörige in erster Linie Vorteile. Der Unternehmer kann Pensionsrückstellungen vornehmen und dadurch Steuern einsparen; zugleich ist für den Insolvenzfall die Altersversorgung des Angehörigen gesichert. Bei Fälligkeit kann die Auszahlung der Pension nach Absprache mit dem Angehörigen in der Höhe gemindert oder sogar gänzlich eingestellt werden.

Es ist daher angezeigt, die Ernsthaftigkeit von Versorgungszusagen zwischen Familienangehörigen im Rahmen des Merkmals „aus Anlaß eines Arbeitsverhältnisses" zu überprüfen. Entsprechend den oben aufgestellten Kriterien[28] ist eine betriebliche Veranlassung der Versorgungszusage dann gegeben, wenn außerbetriebliche Gründe nur eine untergeordnete Rolle bei der Erteilung des Versorgungsversprechens gespielt haben.

Folgende Umstände können als Beweggründe, die nicht oder nicht maßgeblich ihren Ursprung in dem Arbeitsverhältnis haben, gewertet werden: keine Versorgungszusagen an andere Betriebsangehörige oder zumindest keine Zusagen an Arbeitnehmer in vergleichbarer Position; Unüblichkeit

[28] Vgl. 1. Abschn., A. III. 2. c.

einer Versorgungszusage in anderen vergleichbaren Betrieben; Mißverhältnis zwischen Art, Dauer oder Umfang der Tätigkeit und der versprochenen Altersversorgung. Die Zusage eines unverhältnismäßig hohen Ruhegeldes kann nur bei Vorliegen weiterer außerbetrieblicher Beweggründe die betriebliche Veranlassung in Frage stellen. Ansonsten genügt es, den Schutz des BetrAVG in entsprechender Anwendung des § 7 Abs. 5 auf den angemessenen Teil des Ruhegeldversprechens zu beschränken.

Die Überprüfung der Wirksamkeit der Versorgungszusage unterliegt strengeren Anforderungen und weist Parallelen zu den Voraussetzungen für eine steuerliche Anerkennung auf[29]. Allerdings erscheint es auch hier angesichts der ungleich geringeren Mißbrauchsgefahren nicht gerechtfertigt, die Maßstäbe des Steuerrechts uneingeschränkt zu übernehmen.

Für die Einbeziehung von Familienangehörigen in den persönlichen Geltungsbereich des § 17 Abs. 1 S. 1 ergibt sich damit folgendes: Familienmitarbeit aufgrund gesetzlicher Verpflichtung oder gefälligkeitshalber genügt nicht. Erforderlich ist ein wirksames Arbeitsverhältnis, dessen Anerkennung von dem Vorliegen der allgemeinen im Arbeits- und Zivilrecht aufgestellten Regeln abhängt. Allerdings ist die Ernsthaftigkeit der Versorgungszusage zur Verhinderung eines möglichen Mißbrauchs daraufhin zu untersuchen, ob das Arbeitsverhältnis oder außerbetriebliche Gründe den Anlaß, d. h. den überwiegenden Beweggrund, für das Versorgungsversprechen gebildet haben. Zugunsten des Zusageempfängers wird die betriebliche Veranlassung zunächst vermutet. Wenn jedoch Anhaltspunkte bestehen, daß außerhalb des Betriebes liegende Erwägungen eine maßgebliche Rolle gespielt haben, ist die Vermutung erschüttert und der Zusageempfänger hat die betriebliche Veranlassung zu beweisen.

3. Die Behandlung von Ehegatten-Arbeitnehmern, die in Gütergemeinschaft leben

Es wird vertreten, daß ein als Arbeitnehmer tätiger Ehepartner Gesellschafter oder Mitunternehmer sei, wenn der Betrieb in das Gesamtgut fällt und der Arbeitnehmer-Ehegatte mit seinen Einkünften für die Schulden des Gesamtgutes haftet[30].

Diese Auffassung begegnet erheblichen rechtlichen Bedenken. Der eheliche Güterstand beschneidet nicht die Möglichkeit rechtsgeschäftlicher Vereinbarungen zwischen den Ehepartnern, so daß Ehegatten-Arbeitsverträge auch im Rahmen der Gütergemeinschaft zulässig sind[31].

---

[29] Vgl. BMF-Schreiben vom 4. 9. 1984 – IV B 1 – S 2176 – 85/84, DB 1984, S. 1958 m.w.N. zur Rechtsprechung des BFH; Blümich / Falk, § 6a Rdnr. 62.

[30] PSVaG-Merkblatt 300/M 2/11.80, Zf. 2.2.; Höfer / Abt, § 17 Rdnr. 30.

[31] BFH, BStBl 1959 III, S. 263; OFD Köln, Verf. vom 23. 8. 1965, DB 1965, S. 1303; Blümich / Falk, § 26a, S. 29; Fenn, S. 535.

Die güterrechtlichen Verhältnisse ändern nichts an der gesellschaftsrechtlichen Zugehörigkeit eines Unternehmens oder einer Unternehmensbeteiligung zugunsten eines der beiden Ehepartner[32]. Die sich allein auf familienrechtliche Beziehungen begründende Schuldhaftung genügt nicht, um den beschäftigten Ehepartner als Gesellschafter zu behandeln. Die wirksame Anerkennung eines Arbeitsvertrages wird auch nicht dadurch ausgeschlossen, daß das Arbeitsentgelt in das Gesamtgut fällt und dem Arbeitgeber-Ehegatten dadurch die Mitverfügung erhalten bleibt. Denn es handelt sich auch insoweit um eine Folge des Güterrechts und nicht um die Entscheidung des Arbeitgeber-Ehegatten, sich und seinem Betrieb den gezahlten Lohn zu erhalten und ggf. zu verbrauchen.

Die im Steuerrecht vorgenommene Differenzierung in bezug auf Arbeitsverträge in land- und forstwirtschaftlichen Betrieben und Gewerbebetrieben einerseits und in freien Berufen andererseits[33] beruht nicht auf einer rechtlichen, sondern wirtschaftlichen Betrachtungsweise[34], die sich nicht auf das Betriebsrentenrecht übertragen läßt. Demgegenüber wird im Sozialversicherungsrecht ein versicherungspflichtiges Beschäftigungsverhältnis auch im Falle der Gütergemeinschaft nicht ausgeschlossen[35].

Dem ist uneingeschränkt zu folgen. Denn es besteht ein anzuerkennendes Bedürfnis des Arbeitnehmer-Ehegatten, anläßlich seines Arbeitsverhältnisses kranken-, unfall- und rentenversichert zu sein. Es gibt keinen Grund, ihn gegenüber anderen Arbeitnehmern oder in anderen Güterständen lebenden Arbeitnehmer-Ehegatten zu benachteiligen. Diese Beurteilung gilt grundsätzlich auch im Betriebsrentenrecht.

Wenn die Versorgungszusage von einer Kapital- oder Personengesellschaft erteilt worden ist, wird in erster Linie die Gesellschaft verpflichtet. Die Tatsache, daß der als Gesellschafter beteiligte Ehegatte mittelbar wirtschaftlich betroffen ist oder evtl. als persönlich haftender Gesellschafter für die Erfüllung des Pensionsanspruches einzustehen hat, steht einem berechtigten Interesse des Arbeitnehmer-Ehegatten an einer wirksamen Versorgungsvereinbarung nichts entgegen. In einem einzelkaufmännischen Unternehmen könnte man dagegen den Standpunkt vertreten, daß aufgrund der vollkommenen wirtschaftlichen Einbeziehung des Betriebes in das Gesamtgut keine betriebliche Veranlassung für eine Versorgungszusage besteht. Es ist jedoch zu bedenken, daß der Arbeitnehmer-Ehegatte im Falle eines betriebsrentenrechtlichen Schutzes wie andere Arbeitnehmer die Vorteile des BetrAVG, zum Beispiel die Insolvenzsicherung oder die Anrechnung von

---

32 Fenn, S. 536 f.; Figge, Zf. 2.3.3.5.

33 BFH, BStBl 1959 III, S. 263; OFD Köln, Verf. vom 23. 8. 1965, S. 1303; Blümich / Falk, § 26a, S. 36.

34 Blümich / Falk, § 26a, S. 29.

35 Figge, Zf. 2.3.3.5.

Dienstzeiten bei einem Wechsel der Arbeitsstelle, beanspruchen kann und daß im Falle einer Veräußerung des Betriebes die bis dahin erworbenen Anwartschaftsrechte und Versorgungsansprüche gegenüber dem neuen Inhaber erhalten bleiben.

Der Güterstand der Gütergemeinschaft begründet somit grundsätzlich keine andere Beurteilung der Wirksamkeit des Arbeitsverhältnisses und der Versorgungszusage im Hinblick auf die Einbeziehung von Ehegatten in den Geltungsbereich des BetrAVG. Allerdings ist im Einzelfall sorgfältig zu prüfen, ob der Arbeitnehmer-Ehegatte auch untergeordnete, weisungsabhängige Dienste erbringt oder ob nicht vielmehr beide Ehegatten gleichberechtigt ihren Arbeitsbeitrag für das Gesamtgut leisten oder ihre Tätigkeitsverpflichtung sogar auf einem Gesellschaftsvertrag beruht.

B. Personen, die am Unternehmen vermögens- und/oder einflußmäßig beteiligt sind

I. Einzelunternehmer

Diese Fallgruppe umfaßt die Einzelkaufleute, die sonstigen selbständigen Gewerbetreibenden und die Freiberufler. Es bestand von Anfang an Einigkeit, daß diese Personen nicht vom Geltungsbereich des § 17 Abs. 1 S. 2 erfaßt werden, wenn sie sich selbst, d. h. für ihre Tätigkeit im eigenen Unternehmen, eine Versorgungszusage erteilen[36]. Wie bereits festgestellt[37], ist nach dem Wortlaut des § 17 Abs. 1 S. 2 erforderlich, daß die Tätigkeit für ein fremdes Unternehmen ausgeübt wird und Berechtigter und Verpflichteter der Zusage nicht identisch sind. Der Ausschluß der Einzelunternehmer ist somit ohne Heranziehung weiterer Abgrenzungskriterien nach dem Gesetzeswortlaut offensichtlich gegeben. Ein anderes Ergebnis wäre im übrigen angesichts des Schutzzweckes und der sozialpolitischen Grundkonzeption des Gesetzes nicht vertretbar. Denn, wie der BGH[38] zu Recht ausführt, schließt die Eigenverantwortlichkeit des Unternehmers das Wagnis ein, das eingesetzte Kapital und die Früchte der unternehmerischen Tätigkeit wieder zu verlieren; der Unternehmer dürfe die Folgen eines Fehlschlagens nicht auf die Gesamtheit der die Insolvenzsicherung tragenden Unternehmen dadurch abwälzen, daß er vom PSVaG Versorgungsleistungen verlange, die wirtschaftlich als Unternehmerlohn zu betrachten seien.

---

[36] BGHZ 77, S. 94, 100 f.; OLG Köln, BB 1978, S. 1621 f.; LG Köln, BB 1977, S. 1506; BB 1978, S. 45; Blomeyer / Otto, § 17 Rdnr. 104 m.w.N.; Höfer / Abt, § 17 Rdnr. 66 f.; Wiedemann / Moll, RdA 1977, S. 13, 19.

[37] Vgl. 1. Abschn., A. III. 2. b. cc. und 2. d.

[38] Bd. 77, S. 94, 101.

II. Die Kapitalgesellschaften

1. Die GmbH

Das Einflußpotential eines Gesellschafters in einer GmbH wird in der Regel durch die Höhe seiner Kapitalbeteiligung bestimmt. Daher wird im folgenden zwischen den drei Hauptgruppen, dem Allein-, Mehrheits- und Minderheitsgesellschafter, unterschieden.

a. Der Minderheitsgesellschafter

aa. Der Gesellschafter-Geschäftsführer

(1) Alleiniger Geschäftsführer

Die vielfältigen Gestaltungsmöglichkeiten der Gesellschaftsverhältnisse können das Einflußpotential eines GmbH-Gesellschafters sehr unterschiedlich beeinflussen. Es sind daher neben dem gesetzlichen Normalfall auch die Fälle gesellschaftsvertraglicher Änderungen und die Bedeutung tatsächlicher Umstände zu untersuchen.

(a) Gesetzliches Normalstatut

Die Mitgliedschaftsrechte eines GmbH-Gesellschafters ergeben sich im wesentlichen aus seiner Kapitalbeteiligung, die für die Gewinn- und Verlustanteile und insbesondere für den Umfang seines Stimmrechts, § 47 GmbHG, maßgeblich ist. Es bedarf nun einer Antwort auf die bislang offengebliebene Frage, bis zu welcher Beteiligungsquote die Einbeziehung eines GmbH-Gesellschafter-Geschäftsführers in den persönlichen Geltungsbereich des BetrAVG grundsätzlich anzuerkennen ist.

(aa) Abgrenzung im Steuer- und Sozialversicherungsrecht

Im Sozialversicherungsrecht wird die für die Angestellten-Eigenschaft notwendige persönliche Abhängigkeit abgelehnt, wenn der Gesellschafter-Geschäftsführer nach seiner Kapitalbeteiligung einen so maßgeblichen Einfluß auf die Entscheidungen der Gesellschaft hat, daß er jeden Beschluß, insbesondere ihm nicht genehme Weisungen, verhindern kann[39]. In der GmbH sei dies grundsätzlich bei einer Beteiligung von mindestens 50 v.H.

[39] BSG, BB 1973, S. 753; Die Beiträge 1975, S. 60; WzS 1983, S. 234; Marburger, BlStSozArbR 1983, S. 153, 155; Figge, Zf. 2.3.3.3.

der Fall[40]. Aber auch bei geringerer Kapitalbeteiligung scheide ausnahmsweise eine persönliche Abhängigkeit aus, wenn der Gesellschafter keinem Direktionsrecht unterstehe, z. B. weil er wegen seiner Fachkenntnisse das Unternehmen wesentlich mitleite und weder in der Gestaltung seiner Arbeit noch in der Bestimmung der Arbeitszeit Beschränkungen unterliege[41].

Im Steuerrecht sind Pensionsrückstellungen für Gesellschafter-Geschäftsführer grundsätzlich zulässig[42]. Übt der Begünstigte jedoch eine beherrschende Stellung aus, so war nach der älteren BFH-Rechtsprechung[43] eine Rückstellung nur auf das Alter von 75 zugelassen; nach der neueren Rechtsprechung[44] wird die Pensionszusage an einen beherrschenden Gesellschafter-Geschäftsführer dem Grunde nach anerkannt, wenn die in § 6a EStG normierten Voraussetzungen erfüllt sind und keine gewichtigen Bedenken gegen die Ernsthaftigkeit der Bestimmung des Pensionsalters bestehen. Eine Beherrschung soll vorliegen, wenn der Gesellschafter im Zeitpunkt der Vereinbarung der Altersversorgung allein oder gemeinsam mit den Anteilen naher Angehöriger mehr als 50 v.H. des Kapitals besitzt[45].

(bb) Grenzziehung im Betriebsrentenrecht

Die im Steuer- und Sozialversicherungsrecht entwickelten Kriterien lassen sich nicht ohne weiteres auf die Abgrenzung des persönlichen Geltungsbereiches des BetrAVG übertragen. Die Zielsetzung ist in den beiden Rechtsgebieten jeweils eine andere als im Betriebsrentenrecht. Die von der BFH-Rechtsprechung eingeschränkte Anerkennung der Rückstellungsbildung beruhte auf der Annahme, daß der beherrschende Gesellschafter den Zeitpunkt seines Ruhestandes selbst bestimmen könne und auf diese Weise dem Unternehmen ungerechtfertigte Steuervorteile verschaffen könne[46]. Im Sozialversicherungsrecht wird mit der weiten Auslegung des Merkmals der persönlichen Abhängigkeit eine möglichst umfassende Einbeziehung der Gesellschafter-Geschäftsführer in die Unfall- und Krankenversicherung erstrebt. Diese steuer- und sozialversicherungsrechtlichen Aspekte sind für die Beurteilung der Schutzfähigkeit eines Gesellschafter-Geschäftsführers im Betriebsrentenrecht unerheblich[47]. Ebenso wenig können die im Sozialversicherungsrecht gebildeten Ausnahmetatbestände Berücksichtigung fin-

---

[40] BSG, Die Beiträge 1976, S. 308; weitere Nachweise in FN 39.
[41] BSG, BB 1972, S. 404; BB 1983, S. 2057.
[42] Vgl. Blümich / Falk, § 6a Rdnr. 521 ff.
[43] BFHE 84, S. 557, 565; 93, S. 385, 388; 113, S. 25, 27 f.
[44] BFH, DB 1982, S. 1544.
[45] BFHE 129, S. 550, 552; BFH, DB 1982, S. 1544.
[46] BFHE 84, S. 557, 565; 93, S. 385, 387; Blümich / Falk, § 6a Rdnr. 528 ff.; Wiedemann / Moll, RdA 1977, S. 13, 23.
[47] Heubeck / Höhne, 1. Aufl., § 17 Rdnr. 90; Höfer, 1. Aufl., § 17 Rdnr. 37.

den, weil es sich insoweit um Einzelfallumstände handelt, die bei der typisierten Betrachtungsweise des Merkmals Vertragsparität außer Betracht bleiben müssen.

Trotz dieser Unterschiede weisen die drei Rechtsgebiete eine Gemeinsamkeit auf. Die jeweiligen Rechtsfolgen werden danach bestimmt, welche Machtposition der Gesellschafter-Geschäftsführer kraft seiner Vermögensbeteiligung und den daraus fließenden Rechten in dem Unternehmen einnimmt. Dabei ist von Interesse, daß sowohl das Steuer- als auch das Sozialversicherungsrecht eine grundsätzliche Unterlegenheit und Abhängigkeit des Gesellschafter-Geschäftsführers erst dann annehmen, wenn er weniger als 50 v.H. der Kapitalanteile besitzt. Diese Einschätzung der Machtverhältnisse im Unternehmen könnte ebenfalls für die Abgrenzung im Betriebsrentenrecht bedeutsam sein, auch wenn die Bestimmung des persönlichen Geltungsbereichs von einer anderen Zielsetzung gekennzeichnet ist.

Eine Anknüpfung an die Kriterien des Steuer- und Sozialversicherungsrechts wurde von Wiedemann / Moll[48] und der früheren Rechtsprechung des LG und OLG Köln[49] abgelehnt. Ein Gesellschafter-Geschäftsführer falle nur dann als Nicht-Arbeitnehmer unter die Regelung des § 17 Abs. 1 S. 2, wenn er über eine Beteiligung von weniger als 10 % verfüge; andernfalls sei er Mitunternehmer[50]. Gegen diese Ansicht ist bereits angeführt worden, daß die Verhandlungsstärke sich nicht anhand eines Unternehmerrisikos und einer vermuteten Mitunternehmerschaft bestimmen läßt[51]. Eine weitere Begründung für eine restriktive Grenzziehung geben Wiedemann / Moll[52]. Unter dem Hinweis, daß eine Parität keine beherrschende Stellung voraussetze, führen sie aus, daß die im Aktiengesetz und GmbH-Gesetz geregelten Minderheitsrechte, nämlich bestimmte Auskunfts- und Prüfungsrechte sowie das Verlangen auf Einberufung der Gesellschafterversammlung (§§ 120 Abs. 1, 142 Abs. 2, 163 Abs. 2 AktG, 50 Abs. 1 GmbHG), bereits bei einer Beteiligung von 10 % gegeben seien. Hiergegen ist einzuwenden, daß die genannten Minderheitsrechte nicht ausreichen, um dem Zusageempfänger eine gleich starke Verhandlungsposition zu verschaffen. Denn es kann nicht unterstellt werden, daß die Gegenseite aufgrund der bestehenden Minderheitsrechte zu einer solchen Rücksichtnahme und Entgegenkommen bereit ist, daß der Gesellschafter-Geschäftsführer seine Interessen in angemessener Weise durchsetzen kann.

---

[48] RdA 1977, S. 13, 21, 24.

[49] Vgl. die Nachweise im 1. Abschn. FN 91 - 94.

[50] s. o. 1. Abschn., B. I. 1. und 2.

[51] s. o. 1. Abschn., B. IV. 2. a. aa.

[52] RdA 1977, S. 13, 24.

Möglicherweise trifft diese Hypothese jedoch zu, wenn der Gesellschafter-Geschäftsführer mehr als 25 v.H. der Geschäftsanteile besitzt. In diesem Fall verfügt er über ein erheblich gesteigertes Einflußpotential, denn er kann gemäß § 53 Abs. 2 GmbHG Änderungen des Gesellschaftsvertrages verhindern oder sich gemäß § 60 Nr. 2 GmbHG der Auflösung der Gesellschaft widersetzen. Im Hinblick auf diese besondere Rechtsstellung könnten sich die anderen Gesellschafter veranlaßt sehen, den Wünschen des Gesellschafter-Geschäftsführers beim Aushandeln einer Versorgungszusage in angemessener Weise Rechnung zu tragen. Aber auch für diese These spricht keine hinreichende Wahrscheinlichkeit, weil im Zeitpunkt der Zusage der Altersversorgung nicht absehbar ist, welche satzungsändernden Entscheidungen in Zukunft bevorstehen und wie sich die Meinungsbildung unter den Gesellschaftern vollziehen wird. Anders als z. B. in den Fällen einer Minderheitsbeteiligung unter gleichzeitiger Innehabung von bestimmten Sonderrechten[53] ist hier kein Raum für die Vermutung, daß die Mitgesellschafter regelmäßig bei wichtigen Sach- und/oder Personalentscheidungen von der Zustimmung oder Entscheidung des Zusageempfängers abhängig sind und daher zu besonderem Entgegenkommen in bezug auf die Erteilung einer Versorgungszusage bereit sein werden. Es läßt sich daher nicht der Grundsatz aufstellen, daß Minderheitsgesellschafter schon bei einer Beteiligung von 25 v. H. mit den gleichen Verhandlungschancen ausgestattet sind wie die Gegenseite. Für die hier notwendige grundsätzliche und verallgemeinernde Analyse ist davon auszugehen, daß in der Unternehmenspolitik jede die Passiva und den Ertrag belastende Entscheidung nicht ohne Grund getroffen wird, und daher ein Gesellschafter-Geschäftsführer nicht von seinen Mitgesellschaftern bevorzugt behandelt wird, nur weil er über eine nicht unerhebliche Kapitalbeteiligung verfügt.

Im Ergebnis würde dies bedeuten, daß im gesetzlichen Normalfall erst eine 50 %ige Kapitalbeteiligung eine Parität vermittelt. Dies entspräche weitgehend der Wertung im Steuer- und Sozialversicherungsrecht.

Gegen diese Betrachtungsweise führen Wiedemann / Moll[54] beispielhaft an, daß drei je zu einem Drittel beteiligte Gesellschafter in klassischer Weise gleichgewichtig oder vertragsparitätisch seien. Dieser Behauptung kann bezüglich der Erteilung einer Versorgungszusage nicht zugestimmt werden. Wenn nämlich nur einer der Gesellschafter zugleich Geschäftsführer ist, kann nicht unterstellt werden, daß die beiden anderen bereitwillig dessen Wünsche für eine Altersversorgung erfüllen. Sind zwei oder alle drei Gesellschafter gleichzeitig in der Geschäftsleitung tätig, mag ein abgestimmtes Verhalten wahrscheinlich sein. An dieser Stelle ist jedoch über die Schutzfähigkeit eines Alleingeschäftsführers zu entscheiden.

---

[53] s. o. 1. Abschn., B. IV. 2. a. cc. (1).

[54] RdA 1977, S. 13, 21.

Demzufolge unterfallen Minderheitsgesellschafter in der GmbH, die in der Geschäftsleitung keinen weiteren Gesellschafter an ihrer Seite haben, im gesetzlichen Normalstatut dem Geltungsbereich des Betriebsrentengesetzes. Unbefriedigende Ergebnisse im Einzelfall sind bei der hier notwendigen typisierenden Betrachtungsweise in Kauf zu nehmen. Im übrigen entspricht eine großzügige Abgrenzung durchaus dem Willen des Gesetzgebers[55].

(b) Abweichende Regelungen in der Satzung oder in anderen Verträgen

Der Gesellschaftsvertrag kann gegenüber den Regelungen in § 47 Abs. 1 und 2 GmbHG abweichende Bestimmungen enthalten. Die Mehrheitserfordernisse für die Beschlußfassung in der Gesellschafterversammlung können anders geregelt werden[56]. Weiterhin ist es möglich, in der Satzung z. B. eine Abstimmung nach Köpfen, Mehrstimmrechte oder im Gegenteil stimmrechtslose Geschäftsanteile vorzusehen[57]. Außerhalb der Satzung können einzelne Gesellschafter Stimmbindungsverträge eingehen[58]. Regelungen dieser Art erweitern oder beeinträchtigen das Einflußpotential eines Gesellschafters und wirken sich damit auf die Anwendbarkeit des § 17 Abs. 1 S. 2 aus.

(aa) Die Bestimmung anderer Mehrheitsverhältnisse

Wenn der Gesellschaftsvertrag für das Zustandekommen von Gesellschafterbeschlüssen höhere Mehrheiten, z. B. ¾-Mehrheit oder sogar Einstimmigkeit, voraussetzt, dann läßt sich der Grundsatz, daß jeder Minderheitsgesellschafter vom Betriebsrentengesetz geschützt wird, nicht mehr aufrecht erhalten. Denn ein Gesellschafter, der trotz Minderheitsbeteiligung in der Lage ist, die Beschlußfassung zu verhindern, nimmt eine gegenüber dem gesetzlichen Normalfall erheblich stärkere Position ein. Er kann regelmäßig Kompromisse erzwingen und so zumindest teilweise seine Vorstellungen verwirklichen. Bei dieser Sachlage ist das Einflußpotential des Zusageempfängers erheblich großer, als in dem zuvor geschilderten Fall der Vetoposition bei satzungsändernden Beschlüssen. Denn die Sperrminorität vermittelt ein Mitspracherecht bei allen der Gesellschafterversammlung obliegenden Entscheidungen. Unter diesen Umständen kann nicht die Rede davon

---

[55] Vgl. hierzu BGHZ 77, S. 93, 99 sowie die Ausführungen im 1. Abschn., A. II.

[56] Hachenburg / Schilling, § 17 Rdnr. 5; Scholz / K. Schmidt, § 47 Rdnr. 7.

[57] BGHZ 14, S. 264, 270; Hachenburg / Schilling, § 47 Rdnr. 10; Scholz / K. Schmidt, § 47 Rdnr. 9 ff.

[58] Vgl. zu den Möglichkeiten der Stimmrechtsbindung, Hachenburg / Schilling, § 47 Rdnr. 24 ff.; Scholz / K. Schmidt, § 47 Rdnr. 32 ff.

sein, daß der Gesellschafter auf den Inhalt der Versorgungszusage keinen oder nur einen geringen Einfluß ausüben kann. Denn auch wenn er die Bedingungen der Altersversorgung nicht diktieren kann, ist doch davon auszugehen, daß die Mitgesellschafter angesichts der gegenseitigen Abhängigkeit in bezug auf die Entscheidungsfindung im Unternehmen Entgegenkommen zeigen und die Wünsche des Zusageempfängers in angemessener Weise berücksichtigen werden.

Somit läßt sich für den Fall besonderer, vom Gesetz abweichend geregelter Mehrheitsverhältnisse feststellen, daß Minderheitsgesellschafter, deren Kapitalbeteiligung und Stimmrecht ihnen eine generelle Sperrminorität verschaffen, vom Geltungsbereich des BetrAVG auszunehmen sind.

Die Rechtsprechung hat Fälle dieser Art bisher nicht entschieden. In Anbetracht des Normzwecks des BetrAVG müßte der BGH zum gleichen Ergebnis kommen. Die Begründung dürfte dem Senat jedoch schwerfallen, wenn er auf den wertungsmäßigen Vergleich mit dem Einzelkaufmann abstellt.

(bb) Besondere Stimmrechtsregelungen

Nur ein Minderheitsgesellschafter, der über eine Stimminderheit verfügt, wird vom Betriebsrentengesetz erfaßt. Im Falle abweichender Satzungsbestimmungen, die dem Minderheitsgesellschafter die Mehrheit der Stimmrechte verschaffen, verliert er den Schutz des BetrAVG. Dies gilt gleichermaßen für Stimmbindungsverträge, die einen Gesellschafter-Geschäftsführer in die Lage versetzen, die Stimmrechte anderer Mitgesellschafter auszuüben und auf diese Weise eine einflußmäßige Mehrheit zu erlangen. Voraussetzung ist hierfür, daß der Stimmrechtsführer überhaupt nicht oder aber mit Ausnahme der satzungsändernden Beschlüsse nicht an eine Vorabstimmung im Konsortium gebunden ist.

Grundsätzlich entspricht diese Betrachtung im Ergebnis der höchstrichterlichen Rechtsprechung[59]. Der BGH bewertet einen Aktienbindungsvertrag als ein die Mehrheitsmacht verschaffendes Mittel, das den Stimmrechtsführer als Mitunternehmer qualifiziere[60]. In der gleichen Entscheidung weist der Senat jedoch auf eine Ausnahme hin, die besondere Beachtung verdient. Nach seiner Auffassung unterfallen Minderheitsgesellschafter mit ganz unbedeutender Beteiligung unabhängig vom Hinzutreten

---

[59] BGHZ 77, S. 233, 241; BGH, II ZR 180/79 vom 9. 6. 1980 unter I. 1. und II. 3. der Gründe, ZIP 1980, S. 562, 563 f.; BGH, II ZR 224/79 vom 14. 7. 1980 unter I. 1. und II. 2. und 3. der Gründe, ZIP 1980, S. 778, 779 f.; BGH, II ZR 171/79 vom 9. 3. 1981 unter II. 3. der Gründe, ZIP 1981, S. 898, 899; BGH, II ZR 222/79 vom 16. 3. 1981 unter I. 1. der Gründe, ZIP 1981, S. 759, 760.

[60] Urteil vom 14. 7. 1980, ebenda, ZIP 1980, S. 778, 780.

anderer Umstände stets dem Schutz des BetrAVG[61]. Offenbar sieht der Senat es als nicht gerechtfertigt an, diese Gruppe der Minderheitsgesellschafter unter Zugrundelegung des wertungsmäßigen Vergleichs mit dem Einzelkaufmann als Mitunternehmer anzusehen. In der genannten Entscheidung wirkt sich diese Unterscheidung so aus, daß der betreffende Gesellschafter-Geschäftsführer mit einer anfänglich 8 %igen Beteiligung trotz eines ihm den Mehrheitseinfluß verschaffenden Aktienbindungsvertrages als Nicht-Arbeitnehmer eingestuft wurde, während er in späteren Jahren bei einem auf 28,11 v.H. angestiegenen Kapitalanteil mit Rücksicht auf seine Stellung als Stimmrechtsführer vom BGH als Mitunternehmer angesehen wurde[62]. Wortwörtlich führt der Senat hierzu aus:

> „Damit wäre die Schwelle überschritten gewesen, jenseits deren nach der Rechtsprechung des Senats nicht nur die eigene Beteiligung, sondern die anderer Gesellschafter für die Unternehmereigenschaft dann eine Rolle spielen können, wenn sie zur Ausübung gemeinsamer Mehrheitsmacht befähigen."

Diese Differenzierung überzeugt nicht. Unabhängig von der Höhe seiner eigenen Kapitalbeteiligung war der Zusageempfänger als Vorstandsmitglied und Vertreter eines Familienstammes, für den er autonom in allen laufenden und den meisten wichtigen und grundlegenden Angelegenheiten das Stimmrecht ausüben durfte, im Besitz der „institutionell verfestigten Mehrheitsmacht"[63]. Bei dieser Sachlage kann es keinen Unterschied machen, ob der Gesellschafter-Geschäftsführer zunächst nur über 8 v.H. und später über 28 v.H. der Anteile verfügt.

Abgesehen von diesem besonderen Fall der Berücksichtigung eines Stimmbindungsvertrages sprechen eine Reihe weiterer Gründe gegen die vom BGH vorgenommene Differenzierung. Das Betriebsrentengesetz enthält keinerlei Anhaltspunkte für eine Unterscheidung zwischen bedeutender und unbedeutender Kapitalbeteiligung. Das dem Gesetz zugrunde liegende Regelungselement der Vertragsparität rechtfertigt ebenfalls nicht eine Sonderbehandlung der nur unwesentlich beteiligten Gesellschafter. Selbst wenn man mit dem BGH auf einen wertungsmäßigen Vergleich mit dem Einzelkaufmann abstellt, ergeben sich erhebliche Bedenken. Denn es läßt sich kaum nachvollziehen, daß ein mit 8 v.H. beteiligter Gesellschafter stets schutzwürdig ist, während ein Gesellschafter bei einer Beteiligung von 11,86 v.H. unter bestimmten Voraussetzungen Mitunternehmer sein soll[64]. Dies gilt erst recht, wenn beide – wie im Falle des Aktienbindungsvertrages – letztlich über das gleiche Einflußpotential verfügen[65]. Eine Grenzziehung

---

[61] Ebenda, S. 779; weitere Nachweise in FN 59.

[62] Ebenda, S. 779 f.

[63] Ebenda, S. 780.

[64] So aber der BGH II ZR 180/79 vom 9. 6. 1980 unter II. 2. der Gründe, ZIP 1980, S. 562, 564.

zwischen unerheblicher und erheblicher Kapitalbeteiligung muß unter diesen Umständen willkürlich erscheinen.

Der BGH setzt sich im übrigen in Widerspruch zu seinem für den persönlichen Geltungsbereich aufgestellten Grundsatz, daß kein Grenzwert ohne einen genügenden Anknüpfungspunkt im Gesetz bestimmt werden dürfe[66]. Schließlich stellt die Unterscheidung zwischen zwei Gesellschafter-Geschäftsführern mit geringfügig unterschiedlicher Kapitalbeteiligung aber gleichem Einflußpotential eine sachlich nicht gerechtfertigte Ungleichbehandlung dar.

Aus diesen Gründen sollte auf die Differenzierung zwischen erheblicher und unerheblicher Kapitalbeteiligung verzichtet werden. Jeder Minderheitsgesellschafter ist unabhängig von der Höhe seiner Kapitalbeteiligung vom Geltungsbereich des BetrAVG auszuschließen, wenn er über die Mehrheit der Stimmrechte verfügt. Diese Mehrheitsmacht muß sich nicht notwendigerweise auf satzungsändernde Beschlüsse erstrecken. Ausgehend vom Merkmal der Vertragsparität kann kein Zweifel bestehen, daß bereits eine Stimmrechtsmehrheit bezüglich der Entscheidungen, die im gewöhnlichen Geschäftsbetrieb von der Geschäftsleitung und der Gesellschafterversammlung zu treffen sind, dem Gesellschafter-Geschäftsführer eine Verhandlungsposition verschafft und gewährleistet, die zumindest als paritätisch zu bezeichnen ist.

(c) Vereinbarung von Sonderrechten

Neben dem vermögens- und stimmrechtsmäßigen Einflußpotential können auch bestimmte satzungsmäßig verankerte Sonderrechte eine Situation der Vertragsparität begründen. Bezugnehmend auf die Ausführungen im Ersten Abschnitt[67] läßt sich der Grundsatz aufstellen, daß sich ein Gesellschafter auch bei niedriger Kapitalbeteiligung nicht in der schwächeren Verhandlungsposition befindet, wenn wichtige Personal- und/oder Sachentscheidungen von ihm allein oder zumindest nicht gegen ihn gefällt werden können.

Zu diesen Sonderrechten gehören z. B. das Mitwirkungsrecht in der Geschäftsleitung[68], die Bestellung von Geschäftsführern[69] oder die Wei-

[65] Hinzuweisen ist in diesem Zusammenhang auch auf den in der Praxis durchaus relevanten Fall, daß sämtliche Gesellschafter nur über eine unerhebliche Beteiligung verfügen. Dies trifft z. B. auf größere Wirtschaftsprüfungs- und Steuerberatungsgesellschaften zu, in denen die Anteile jedes Gesellschafters unterhalb 10 % liegen. Es wäre zweifellos eine verfehlte Wertung, diese Personen in den Schutzbereich des BetrAVG einzubeziehen.

[66] BGHZ 77, S. 94, 103.

[67] Vgl. B. IV. 2. a. cc. (1).

[68] RGZ 170, S. 358, 368; Hachenburger / Mertens, § 38 Rdnr. 30; Scholz / Schneider, § 35 Rdnr. 125, § 37 Rdnr. 64.

sungsbefugnisse gegenüber der Geschäftsführung[70], soweit diese Vorzugsrechte nur aus schwerwiegenden Gründen entzogen werden dürfen. Wenn in der GmbH ein Beirat gebildet wird, der die Bestellung und Überwachung der Geschäftsführung übernimmt, begründet die Besetzungsbefugnis dieses Beirats ebenfalls ein solches Vorzugsrecht. Schließlich ist denkbar, daß ein Gesellschafter ein besonderes Veto-Recht in der Gesellschafterversammlung erhält, so daß Beschlüsse nicht gegen seinen Willen zustande kommen können.

Wie diese Beispiele zeigen, muß das jeweilige Sonderrecht so ausgestaltet sein, daß der begünstigte Gesellschafter die Unternehmenspolitik entweder über die wichtigen Personalentscheidungen oder aber in den Sachentscheidungen selbst auf Dauer bestimmen oder erheblich mitbeeinflussen kann. Nur unter diesen Voraussetzungen spricht eine Vermutung dafür, daß der Minderheitsgesellschafter zwar nicht eine bestimmte Versorgungszusage erzwingen kann, daß er aber einen angemessenen Interessenausgleich erzielen kann, weil seine Mitgesellschafter in anderen Angelegenheiten auf ihn angewiesen sind und daher zu einem Entgegenkommen bereit sein werden[71].

(d) Berücksichtigung tatsächlicher Umstände

Sieht man einmal von der Rechtsprechung zur mehrköpfigen Geschäftsführung ab, dann hat der Bundesgerichtshof zu der Frage, ob und in welchem Umfang tatsächliche Umstände für die Einbeziehung eines Zusageempfängers in die Regelung des § 17 Abs. 1 S. 2 berücksichtigt werden können, bisher keine Stellung bezogen. In einem Fall[72], in dem ein Aktienbindungsvertrag ohne rechtliche Verbindlichkeit tatsächlich gehandhabt wurde, konnte der Senat eine Entscheidung wegen des Vorliegens anderer Gründe offen lassen.

Unter engen Voraussetzungen sind tatsächliche Umstände zu beachten, und sie wirken sich auf die Schutzfähigkeit eines Zusageempfängers aus. Da mit Ausnahme der noch zu behandelnden mehrköpfigen Gesellschafter-Geschäftsführung keine spezifischen Besonderheiten für die GmbH bestehen, kann hinsichtlich der Prüfungserfordernisse in vollem Umfang auf die Ausführungen im Ersten Abschnitt[73] verwiesen werden.

---

[69] Hachenburg / Mertens, § 38 Rdnr. 30; Scholz / Winter, § 6 Rdnr. 12, § 14 Rdnr. 17.

[70] Hachenburg / Mertens, § 37 Rdnr. 20; Scholz / Winter, § 14 Rdnr. 17; Scholz / K. Schmidt, § 45 Rdnr. 4.

[71] s. o. 1. Abschn., B. IV. 2. a. cc. (1).

[72] Urteil vom 16. 3. 1981 – II ZR 222/79, unter I. 2. der Gründe, ZIP 1981, S. 759, 761.

[73] B. IV. 2. a. cc. (2).

(e) Ergebnis

Ein Gesellschafter, der im gesetzlichen Normalfall vermögens- und einflußmäßig weniger als 50 v.H. der Stimmrechte besitzt, wird als alleiniger Gesellschafter-Geschäftsführer von § 17 Abs. 1 S. 2 erfaßt. Er fällt jedoch aus dem Geltungsbereich heraus, wenn er aufgrund besonderer Regelungen über die Stimmehrheit verfügt oder durch Sonderrechte begünstigt ist, die ihm einen erheblichen Einfluß auf Personal- und/oder Sachentscheidungen verschaffen. Ausnahmsweise können auch tatsächliche Umstände einen beherrschenden Einfluß begründen.

(2) Zweiköpfige Geschäftsführung

(a) Rechtsprechung

In ständiger Rechtsprechung[74] vertritt der BGH die Auffassung, daß Gesellschafter-Geschäftsführer, die nicht eine Mehrheitsbeteiligung besitzen, auch dann vom persönlichen Geltungsbereich des BetrAVG auszunehmen seien, wenn sie zusammen mit anderen zur Geschäftsführung berufenen Gesellschaftern die Mehrheit erreichen, wobei gänzlich unbedeutende Beteiligungen nicht zu berücksichtigen seien. Zur Begründung führt der Senat an, daß der Zwang zu Kompromissen im Entscheidungsprozeß wegen der wirtschaftlich gleichgerichteten Interessen beider Gesellschafter am finanziellen Erfolg des Unternehmens kein unüberwindbares Hindernis sein werde, wenn es gelte, hinsichtlich der Geschäftsleitung zu einer Übereinstimmung zu gelangen. Gegenüber der Gesellschaft könnten diese Gesellschafter – gerade weil sie zu gemeinsamem Handeln gewissermaßen gezwungen seien – stets ihren Willen zur Geltung bringen[75].

(b) Stellungnahme in der Literatur

Sehr unterschiedlich sind die Reaktionen in der Literatur zu dem vom BGH grundsätzlich verfügten Ausschluß zweier Minderheitsgesellschafter-Geschäftsführer, die zusammen die Anteilsmehrheit besitzen. Das Meinungsspektrum reicht von uneingeschränkter Zustimmung[76] über eine Kritik in einzelnen Punkten[77] bis hin zur deutlichen Ablehnung[78]. Dem BGH

[74] BGHZ 77, S. 233, 241; ZIP 1980, S. 562, 563; ZIP 1980, S. 778, 779; ZIP 1981, S. 759, 760; ZIP 1981, S. 898, 899.

[75] BGHZ 77, S. 233, 241 f.

[76] PSVaG-Merkblatt 300/M 1/11.80, BB 1981, S. 556, 557 unter Zf. 2.11.; Everhardt, BB 1981, S. 681, 684; Heubeck / Paulsdorff, § 17 Rdnr. 86 a.

[77] Ahrend / Förster / Rößler, GmbHR 1980, S. 229, 232; Beitzke, Anm. zum Urteil des BGH AP-Nr. 1 zu § 17 BetrAVG; Blomeyer / Otto, § 17 Rdnr. 115 ff.; Höfer / Abt, § 17 Rdnr. 78 ff.

werden insbesondere folgende Kritikpunkte vorgehalten. Eine Zusammenrechnung der Anteile sei nicht gerechtfertigt, wenn nicht feststehe, wie das Verhältnis der Geschäftsführer zueinander ausgestaltet sei[79], ob sie überhaupt der Gesellschaft ihren Willen aufzwingen könnten[80], ob alle Gesellschafter-Organpersonen gleichwertige Versorgungszusagen erhielten[81] und ob nicht zugunsten eines Minderheitsgesellschafters Umstände zu berücksichtigen seien, die gegen eine Mehrheitsfähigkeit sprächen[82]. Nach Ansicht von Hommelhoff / Timm[83] geht es im übrigen zu weit, einen Minderheitsgesellschafter auch dann vom Schutz des BetrAVG auszuschließen, wenn neben ihm ein Mehrheitsgesellschafter in der Geschäftsführung vertreten sei.

(c) Kritik

Zu dem letztgenannten Punkt ist anzumerken, daß ein Minderheitsgesellschafter in der Tat schutzbedürftig ist, wenn er in der Geschäftsleitung einem Mehrheitsgesellschafter gegenübersteht und ihm auch keine weiteren Sonderrechte zustehen. Denn der Mehrheitsgesellschafter ist allenfalls vorübergehend einem Einigungszwang ausgesetzt; letztendlich kann er aber seinen Willen in der Gesellschafterversammlung durchsetzen und insbesondere für eine Abberufung des Minderheitsgesellschafters sorgen. Allerdings ist fraglich, ob die Rechtsprechung des BGH zur zweiköpfigen Geschäftsführung auch in diesen Fällen gelten soll. Der Leitsatz b) in der Entscheidung vom 9. 6. 1980[84] sowie die dazugehörigen Ausführungen[85] lassen zwar eine weite Deutung zu. Der Zusammenhang, insbesondere der zugrunde liegende Sachverhalt, sprechen jedoch dafür, daß eine Zusammenrechnung der Anteile nur im Falle mehrerer in der Geschäftsführung vertretener und nicht unwesentlich beteiligter Minderheitsgesellschafter in Betracht kommen soll.

Unabhängig davon bestehen jedoch folgende Bedenken gegenüber der höchstrichterlichen Rechtsprechung.

- Die These des BGH läßt sich nicht mehr aus dem wertungsmäßigen Vergleich mit dem Einzelkaufmann entwickeln, sondern beruht auf allgemeinen wirtschaftlichen Erwägungen. Es handelt sich um eine Hypothese, die aufgrund eines tatsächlichen Umstandes, nämlich der gemeinsamen

---

[78] Hanau / Kemper, ZGR 1982, S. 123, 135.
[79] Beitzke, Anm. zum Urteil des BGH AP Nr. 1 zu § 17 BetrAVG.
[80] Ahrend / Förster / Rößler, GmbHR 1980, S. 229, 232.
[81] Höfer / Abt, § 17 Rdnr. 78 a.
[82] Hommelhoff / Timm, KTS 1981, S. 1, 289, 311.
[83] Ebenda, S. 309.
[84] Bd. 77, S. 233.
[85] Ebenda, S. 241 f.

Geschäftsleitung durch mehrere Gesellschafter-Geschäftsführer, ein koordiniertes Verhalten und somit eine gemeinsame beherrschende Stellung unterstellt. Die sogenannte Mitunternehmerstellung wird nicht aus der vermögens- und einflußmäßigen Rechtsstellung, sondern aus tatsächlichen wirtschaftlichen Gesichtspunkten hergeleitet.

- Die Kritik bezüglich der Sonderstellung der nur unwesentlich beteiligten Gesellschafter gilt auch hier. Es ist nicht einzusehen, warum ein mit 8 v.H. beteiligter Gesellschafter nicht mehrheitsfähig sein soll[86], während dies bei einer Beteiligung von 11,86 %[87] ohne Zweifel anzunehmen ist.

  Die Entscheidung des Senates vom 9. 6. 1980 macht deutlich, welche Ungleichbehandlung die höchstrichterliche Rechtsprechung nach sich ziehen kann. Der BGH betrachtet die beiden Gesellschafter-Geschäftsführer aufgrund ihrer Beteiligungen von 11,86 v.H. und 40,93 v.H. als mehrheitsfähig und daher als nicht schutzbedürftig[88]. Wandelt man den Fall dahingehend ab, daß ein Gesellschafter mit 43 v.H. und der andere mit 8 v.H. beteiligt gewesen wäre, müßte der BGH konsequenterweise beide Gesellschafter-Geschäftsführer in den Geltungsbereich des BetrAVG einbeziehen.

- Wenn der BGH es aus Gründen der Rechtssicherheit für geboten hält, bestimmte typische Sachverhalte festzulegen, in denen eine Schutzbedürftigkeit ausnahmslos zu verneinen ist, mag dies gerechtfertigt sein, wenn das Einflußpotential nachweislich im Gesetz oder Gesellschaftsvertrag verankert ist. Diese Begründung versagt jedoch, wenn auf tatsächliche Umstände abgestellt wird. Insoweit ist es nicht zulässig, einen bestimmten Umstand herauszugreifen und hieran wichtige Rechtsfolgen zu knüpfen und die Beachtlichkeit anderer Tatsachen von vornherein auszuschließen.

- Wie schon die in der Literatur erwähnte Kritik angedeutet hat, können verschiedenste Fallkonstellationen in der Praxis gegeben sein, die die vom BGH aufgestellte Vermutung als unwahrscheinlich oder zumindest zweifelhaft erscheinen lassen. So können z. B. die Entscheidungen der Geschäftsführung in beträchtlichem Umfang von Weisungen oder von der Zustimmung der Gesellschafterversammlung oder eines Beirats abhängig gemacht werden; Einzelgeschäftsführungs- und Vertretungsbefugnis machen u. U. ein abgestimmtes Verhalten entbehrlich; es können Bindungen rechtlicher oder tatsächlicher Art zwischen einem Gesellschafter-Geschäftsführer und außenstehenden Gesellschaftern bestehen; erhebliche Meinungsverschiedenheiten zwingen möglicherweise die Gesellschaf-

[86] Urteil vom 14. 7. 1980 unter II. 2. der Gründe, ZIP 1980, S. 778, 779.
[87] Urteil vom 9. 6. 1980, II ZR 180/79 unter II.3. der Gründe, ZIP 1980, S. 562, 564.
[88] Ebenda.

ter-Geschäftsführer zu einer Suche nach anderen Mehrheiten. In diesen Fällen kann nicht mehr von einer gemeinsamen beherrschenden Stellung der beiden Gesellschafter-Geschäftsführer die Rede sein.

Zusammenfassend läßt sich sagen, daß die Rechtsprechung des BGH zur Behandlung der mehrköpfigen Gesellschafter-Geschäftsführer weder in dieser Form noch in ihrer Ausschließlichkeit aufrechterhalten werden kann.

(d) Eigener Vorschlag

Im Hinblick auf die aufgezeigten Schwierigkeiten und Zweifel, schlagen Hanau / Kemper[89] vor, auf eine Sonderbehandlung der mehrköpfigen Gesellschafter-Geschäftsführung zu verzichten und es bei einer Einbeziehung der Minderheitsgesellschafter zu belassen. Dieser Ansicht ist zuzustimmen, wenn man der Abgrenzungsmethode des BGH folgt. Denn der Vergleich mit dem Einzelkaufmann bietet keine Möglichkeit einer differenzierenden Einzelfallbetrachtung. Dieses Problem erkennen offenbar auch Hommelhoff / Timm. Ihnen ist jedoch an einer differenzierenden Betrachtungsweise gelegen, und sie stellen daher die Frage, ob der Minderheitsgesellschafter „einflußmäßig ein paritätisches Einflußpotential besitzt“[90].

Hier liegt in der Tat der richtige Ansatz. Das Merkmal der Vertragsparität bietet die Handhabe, einen tatsächlichen Umstand, der typischerweise den Einfluß eines Gesellschafters stärkt, zu berücksichtigen.

Unter Zugrundelegung dieses Lösungsansatzes ist der Bewertung des BGH grundsätzlich zu folgen. Denn es spricht eine starke Vermutung dafür, daß zwei Gesellschafter-Geschäftsführer die Chance der Mehrheitsfähigkeit nutzen werden, um die Geschäftspolitik des Unternehmens entsprechend ihren Vorstellungen zu beeinflussen. Diese Vermutung gilt erst recht im Hinblick auf die Versorgungszusage; beide werden an einer gut ausgestatteten Altersversorgung interessiert sein und sich gegenseitig in der Durchsetzung dieses Ziels unterstützen. Keine Ausnahme kann für den nur unerheblich beteiligten Minderheitsgesellschafter gemacht werden, weil auch dieser mehrheitsfähig ist und gleichberechtigt an der Entscheidungsfindung in der Geschäftsleitung beteiligt ist.

Entsprechend den oben aufgestellten Grundsätzen[91] muß jedoch dem betroffenen Zusageempfänger im Streitfall die Möglichkeit eingeräumt werden, die Vermutung zu entkräften. Die potentielle Mehrheitsfähigkeit, die den beiden Minderheitsgesellschaftern zu einem beherrschenden Einfluß verhelfen kann, erbringt den Anscheinsbeweis für eine Vertragsparität.

---

[89] ZGR 1982, S. 123, 135.

[90] KTS 1981, S. 1, 289, 309.

[91] Vgl. 1. Abschn., B. IV. 2. a. cc. (2).

Wenn aber der Zusageempfänger konkrete Tatsachen vorträgt und ggf. beweist, die die Möglichkeit eines abweichenden Sachverhalts ergeben, ist der Anscheinsbeweis erschüttert[92]. Hierzu ist erforderlich, daß der betreffende Minderheitsgesellschafter Umstände nachweist, aus denen mit hinreichender Wahrscheinlichkeit gefolgert werden kann, daß die beiden Gesellschafter-Geschäftsführer nicht gemeinsam ihren Willen gegenüber der Gesellschaft durchgesetzt haben oder überhaupt zur Geltung bringen konnten.

Zu weitgehend ist demgegenüber die Forderung von Hommelhoff / Timm[93], die von dem Betroffenen den Gegenbeweis verlangen, „dauerhaft als Minderheit in der Gesellschaft eingemauert zu sein, d. h. ständig einer etablierten Mehrheit der übrigen Gesellschafter gegenüberzustehen". Nur in den seltensten Fällen wird diese Situation gegeben sein und, wie Hommelhoff / Timm[94] wenig später zugeben, nachweisbar sein. Bedenkt man des weiteren, daß ein Alleingesellschafter-Geschäftsführer grundsätzlich bis zu einer Beteiligung von 49 v.H. von der Vorschrift des § 17 Abs. 1 S. 2 erfaßt wird und nicht „eingemauert" ist, sondern stets mehrheitsfähig bleibt, dürfen die Anforderungen in der mehrköpfigen Geschäftsführung nicht überzogen werden. Der hier vorgeschlagene Lösungsweg hat schließlich den Vorteil, daß die Unterscheidung zwischen erheblich und nur unerheblich am Kapital beteiligten Gesellschaftern überflüssig wird, ohne die zuletzt Genannten unangemessen zu benachteiligen. Denn ihnen wird es im Einzelfall leichter fallen, die Vermutung einer beherrschenden Stellung zu entkräften.

(3) Drei- und mehrköpfige Geschäftsführung

Der BGH hat lediglich zu dem Fall Stellung genommen, daß drei Gesellschafter mit gleichen Geschäftsanteilen beteiligt und zugleich Geschäftsführer sind[95]. Bei dieser Sachlage kann nur so entschieden werden, daß alle drei Gesellschafter vom Geltungsbereich des Gesetzes ausgeschlossen werden. Denn bei dieser gleichmäßigen Verteilung von Kapital, Einfluß und Geschäftsführungsbefugnis liegt der Schluß nahe, daß die Gesellschafter in angemessener Weise auf die Wünsche und Interessen ihres Mitgesellschafters Rücksicht nehmen. Dennoch müßte auch hier die Möglichkeit der Geltendmachung eines abweichenden Sachverhalts eröffnet werden. Denn es ist nicht auszuschließen, daß zwei Gesellschafter gegen den Dritten einen Mehrheitsblock bilden.

---

[92] Rosenberg / Schwab, § 114 II. 4., S. 664; Stein / Jonas / Leipold, § 286 Rdnr. 98 m.w.N.

[93] KTS 1981, S. 1, 289, 311 f.

[94] Ebenda, S. 313.

[95] BGHZ 77, S. 233, 242.

Da der BGH lediglich diesen besonders gelagerten Fall der mehrköpfigen Gesellschafter-Geschäftsführung herausgegriffen hat, ist fraglich, ob der Senat die für die zweiköpfige Geschäftsführung aufgestellten Grundsätze für die drei- und mehrköpfige Geschäftsleitung uneingeschränkt fortschreiben will. Zweifelsohne würde eine solche Rechtsprechung auf noch größere Bedenken und Ablehnung stoßen, als dies ohnehin schon der Fall ist. Denn je mehr Personen die Geschicke des Unternehmens leiten, desto geringer ist die Wahrscheinlichkeit, daß die Gesellschafter-Geschäftsführer ausschließlich unter sich eine Mehrheit suchen und der Gesellschaft aufzwingen. Es werden häufiger Fälle auftreten, in denen Gesellschafter-Geschäftsführer versuchen, mit anderen Gesellschaftern ihren Willen durchzusetzen und vielleicht sogar einen nicht genehmen Mitgeschäftsführer abzuberufen.

Es besteht daher erst recht ein Bedürfnis, entsprechend den Grundsätzen zur zweiköpfigen Geschäftsführung die Gegendarstellung und den Gegenbeweis zwecks Entkräftung der Vermutung einer beherrschenden Stellung zuzulassen und die Anforderungen nicht unverhältnismäßig streng anzulegen.

(4) Beteiligung eines Gesellschafter-Prokuristen in der Geschäftsleitung

Ohne nähere Begründung hat der BGH[96] in einer Entscheidung eine Zusammenrechnung der Anteile auch dann bejaht, wenn nur einer der Gesellschafter Geschäftsführer ist und der andere die Stellung eines Prokuristen innehat. Einige Stimmen in der Literatur[97] kritisieren die Gleichbehandlung des Prokuristen, weil dessen Rechtsstellung und Einflußmöglichkeiten wesentlich geringer als die eines Geschäftsführers seien. Man könne auch nicht auf die Ausgestaltung der Prokura im Einzelfall abstellen, weil dies zur Rechtsunsicherheit führe und im Widerspruch zu der vom BGH verworfenen Einzelfallbetrachtung stehe.

Der in der Literatur geäußerten Ansicht kann nicht gefolgt werden. Die Rechtsstellung des Prokuristen kann so ausgestaltet werden, daß sie sich nicht wesentlich von der des Geschäftsführers unterscheidet. Dies gilt insbesondere dann, wenn Gesamtvertretung angeordnet ist. Eine Begünstigung des Prokuristen könnte im übrigen dazu führen, daß vorausschauende Gesellschafter durch die formale Bestellung eines in der Geschäftsleitung tätigen Gesellschafters als Prokuristen die Negativfolgen der Zusammenrechnung vermeiden könnten.

---

[96] Urteil vom 9. 6. 1980 – II ZR 180/79 unter II. 3. der Gründe, ZIP 1980, S. 562, 564, vgl. auch OLG Köln, DB 1986, S. 1063.

[97] Blomeyer / Otto, § 17 Rdnr. 119; Höfer / Abt, § 17 Rdnr. 82a.

Die von der Literatur beanstandeten Nachteile der BGH-Rechtsprechung lassen sich ohne weiteres vermeiden, wenn man auch in den Fällen der Beteiligung eines Gesellschafter-Prokuristen an dem vorgeschlagenen Lösungsweg festhält. Dies bedeutet, daß die auf ein vermutetes Zusammenwirken der in der Geschäftsleitung tätigen Gesellschafter gestützte Anteilszusammenrechnung ausscheidet, wenn der Prokurist einen abweichenden Sachverhalt vorträgt und ggf. beweist. Hierzu genügt es bereits, wenn er nachweist, daß er dem Geschäftsführer untergeordnet ist bzw. war und dieser auch ohne seine Zustimmung handeln und entscheiden konnte.

(5) Zusammenrechnung der Anteile in anderen Fällen

Nicht entschieden ist bisher die Frage, ob eine Zusammenrechnung der Anteile auch dann in Betracht kommt, wenn lediglich ein Gesellschafter in der Geschäftsleitung vertreten ist und ein oder mehrere andere Gesellschafter in anderer Stellung für das Unternehmen tätig sind. In der Literatur wird dies von Blomeyer / Otto und Höfer / Abt[98] verneint. Laut dem geltenden Merkblatt des PSVaG[99] nimmt auch der Verein keine Zusammenrechnung der Anteile in diesen Fällen vor.

Dieser Bewertung ist m. E. zu folgen. Die Tätigkeitsbereiche der Gesellschafter sind so verschieden, daß für die Vermutung eines möglichen oder sogar notwendigen Zusammenwirkens keine ausreichende Grundlage vorhanden ist. Dies gilt auch bezüglich des Aushandelns einer Altersversorgung. Denn der Inhalt einer Versorgungszusage knüpft regelmäßig an die jeweils ausgeübte Tätigkeit an, so daß eine Gleichbehandlung nicht in Betracht kommt und daher vermutlich von den Gesellschaftern auch nicht erzwungen wird.

Wenn sich jedoch im Einzelfall aufdrängt, daß die Gesellschafter eine Mehrheitsfähigkeit zu ihren Gunsten ausgenutzt haben, besteht noch die Möglichkeit, über das Merkmal „aus Anlaß der Tätigkeit" der Versorgungszusage den Schutz des BetrAVG zu versagen. Ein solcher Fall, in dem eine gemeinsame beherrschende Stellung die Erteilung des Ruhegeldversprechens als ein außerbetrieblicher Grund beeinflußt haben kann, liegt z. B. vor, wenn neben den Gesellschaftern kein weiterer Betriebsangehöriger eine Zusage erhalten hat.

bb. Tätigkeit außerhalb der Geschäftsführung

Nicht jeder GmbH-Gesellschafter hat die Stellung eines Geschäftsführers inne; ein Gesellschafter kann auch Mitglied eines Beirats sein, in sogenann-

[98] Ebenda.

[99] 300/M 1/11.80, Zf. 2.1.1.

ter Drittbeziehung zu dem Unternehmen stehen oder als Arbeitnehmer tätig sein[100]. Im letztgenannten Fall ist der betriebsrentenrechtliche Schutz gemäß § 17 Abs. 1 S. 1 stets gewährleistet, ohne daß es auf die vermögensmäßige Beteiligung oder sonstige Einflußmöglichkeiten ankommt.

(1) Tätigkeit als Arbeitnehmer

(a) Bestehen eines Arbeitsverhältnisses

Gesellschaftsrechtliche Beziehungen sowie die Begründung eines Arbeitsverhältnisses schließen sich nicht gegenseitig aus[101]. Unerheblich ist insoweit die vom Steuerrecht vorgenommene Qualifizierung der Entgelte an Arbeitnehmer-Gesellschafter. Die gesellschafts- und arbeitsrechtliche Bewertung unterliegt nicht derselben Zielsetzung wie die steuerlichen Wertungen[102]. Bedeutsam ist hingegen der Inhalt der Satzung. Erbringt ein Gesellschafter Leistungen aufgrund gesellschaftsvertraglicher Verpflichtungen, scheidet eine entsprechende Tätigkeit aufgrund eines Arbeitsverhältnisses aus[103]. Auf eine genaue Trennung zwischen den gesellschaftsrechtlichen und den arbeitsrechtlichen Beziehungen ist daher zu achten. Hinsichtlich der Anforderungen an den Abschluß eines wirksamen Arbeitsvertrages sind keine strengeren Maßstäbe anzulegen als bei den nicht am Kapital beteiligten Arbeitnehmern. Es genügt allerdings nicht allein der u. U. schriftlich erklärte Parteiwille, ein Arbeitsverhältnis zu begründen. Entscheidend ist, ob die Tätigkeit auch materiell die Kriterien erfüllt, die für die Arbeitnehmereigenschaft Voraussetzung sind[104].

Bei der Überprüfung dürften sich in erster Linie Zweifel in bezug auf das Merkmal der persönlichen Abhängigkeit ergeben. Denn hier gibt es keine allgemein gültige Definition, sondern lediglich Indizien, wie Weisungsgebundenheit, Fremdbestimmtheit von Ort und Zeit der Arbeitsleistung, arbeitsorganisatorische Abhängigkeit[105], wobei alle Umstände des Einzelfalles zu berücksichtigen sind[106]. Zu Recht wird kritisiert, daß diese Kriterien sowie die wenig faßbare Verkehrsanschauung häufig nichtssagend sind, denn auch bei Selbständigen oder aufgrund gesellschaftsvertraglicher Verpflichtung Tätigen lassen sich diese Merkmale, die im übrigen noch recht

---

[100] Vgl. Höfer / Abt, § 17 Rdnr. 21.

[101] Münchkomm-Söllner, § 611 Rdnr. 27; Schaub, § 36 IV, S. 155 f.; Soergel / Kraft, vor § 611 Rdnr. 37.

[102] Vgl. BAG, 3 AZR 278/71 vom 10. 3. 1972, AP Nr. 156 zu § 242 BGB Ruhegehalt, mit Anm. von Weitnauer; BAG, BB 1972, S. 1005 = DB 1972, S. 1486.

[103] Hueck / Nipperdey, Bd. I, S. 46 f., FN 27; Molitor, DB 1957, S. 165.

[104] Hueck, DB 1962, S. 1366.

[105] Vgl. Söllner, Arbeitsrecht, S. 27 f.; MünchKomm-Söllner, § 611 Rdnr. 130 ff.

[106] BGH, LM Nr. 1 zu § 335 HGB, LAG Bremen, AP Nr. 1 zu § 611 BGB Arbeitsverhältnis und Gesellschaftsverhältnis.

großzügig ausgelegt werden, im Einzelfall feststellen[107]. Dies gilt vor allem auch für Arbeitnehmer-Gesellschafter, deren Weisungsgebundenheit zwar nicht auszuschließen ist, deren tatsächliche Unterordnung jedoch insbesondere bei steigender Kapitalbeteiligung fraglicher wird.

Um dennoch Feststellungen hinsichtlich der Arbeitnehmer-Eigenschaft treffen zu können, ist es notwendig, auf eine Vielzahl typischer Details abzustellen. Nach der Rechtsprechung des BAG[108] kommt es u. a. auf den Umfang der Weisungsgebundenheit, die Unterordnung unter andere im Dienste des Geschäftsherrn stehende Personen, die Bindung an feste Arbeitszeiten, die Rechtspflicht zum regelmäßigen Erscheinen, die Pflicht, die gesamte Arbeitskraft zur Verfügung zu stellen, auf den Ort der Erledigung der Tätigkeit, die Form der Vergütung, die Frage der Abführung von Steuern und Sozialversicherungsbeiträgen oder der Gewährung von Urlaub an. Dabei besteht in der Rechtsprechung des BAG und auch des BSG[109] zunehmend die Tendenz die persönliche Abhängigkeit großzügig zu bejahen.

Bei dieser Sachlage ist es denkbar, daß auch ein mit über 40 v.H. am Kapital beteiligter Minderheitsgesellschafter die Voraussetzungen der Arbeitnehmer-Eigenschaft erfüllt. Die Ernsthaftigkeit des Arbeitsvertrages wird jedoch einer um so genaueren Prüfung unterliegen, je höher die vermögens- und einflußmäßige Beteiligung ausfällt[110].

Die Tatsache, daß GmbH-Gesellschafter trotz erheblicher Kapitalbeteiligung als Arbeitnehmer dem Geltungsbereich des BetrAVG unterfallen können, erweist sich als ein weiteres Argument, die Vorschrift des § 17 Abs. 1 S. 2 großzügig auszulegen und grundsätzlich nur Mehrheitsgesellschafter vom Betriebsrentengesetz auszunehmen. Denn ein als Arbeitnehmer tätiger Minderheitsgesellschafter mit erheblichen Kapitalanteilen, der unter die Regelung des § 17 Abs. 1 S. 1 fällt, darf nicht besser stehen als ein anderer Minderheitsgesellschafter, der als Nicht-Arbeitnehmer zu qualifizieren ist.

(b) Betriebliche Veranlassung der Versorgungszusage

Wenn einem GmbH-Gesellschafter der Nachweis des Vorliegens eines Arbeitsverhältnisses gelingt, heißt dies noch nicht, daß auch jede ihm erteilte Versorgungszusage dem Schutz des BetrAVG unterfällt. Entsprechend dem im Ersten Abschnitt vorgeschlagenen Prüfungsschema[111] ist im

---

[107] Vgl. Lieb, Arbeitsrecht, § 1 I.1., S. 1; MünchKomm-Schwerdtner, § 621 Rdnr. 6.

[108] BAGE 19, S. 324, 330 = AP Nr. 26 zu § 611 BGB Abhängigkeit; MünchKomm-Schwerdtner, § 621 Rdnr. 6; Soergel / Kraft, vor § 611 Rdnr. 11 m.w.N.; Söllner, Arbeitsrecht, S. 20.

[109] Vgl. Urteil vom 23. 9. 1982, ZIP 1983, S. 103.

[110] So auch Blomeyer / Otto, § 17 Rdnr. 19; Höfer / Abt, § 17 Rdnr. 21.

[111] Vgl. B. IV. 4.; im einzelnen zu diesem Prüfungspunkt, vgl. 1. Abschn., A. III. 2. c.

Einzelfall zu untersuchen, ob das Versorgungsversprechen den notwendigen Fürsorge- und Entgeltcharakter erkennen läßt und ob das Arbeitsverhältnis Anlaß, d. h. Hauptgrund für die Erteilung der Zusage gewesen ist.

Versorgungszusagen, die nicht unter das Betriebsrentengesetz fallen, sind beispielsweise Kaufpreisrenten oder sog. betriebliche Versorgungsrenten, zu deren Zahlung sich die verbleibenden Gesellschafter u. U. aus sittlichen Gründen verpflichtet fühlen[112].

Die Vermutung der betrieblichen Veranlassung ist erschüttert, wenn aufgrund besonderer Anhaltspunkte der Verdacht besteht, daß außerbetriebliche Gründe maßgebend für das Versorgungsversprechen waren.

Dies ist z. B. der Fall, wenn kein anderer Arbeitnehmer des Betriebs oder zumindest keiner in vergleichbarer Position eine Versorgungszusage erhalten hat oder wenn für die jeweilige Tätigkeit üblicherweise keine Altersversorgung versprochen wird[113]. Greift die Vermutung der betrieblichen Veranlassung nicht mehr Platz, obliegt dem Zusageempfänger der Beweis, daß sein Arbeitsverhältnis dennoch Hauptgrund für die Erteilung der Versorgungszusage gewesen ist.

(2) Vereinbarung einer sog. Drittbeziehung

Minderheitsgesellschafter können schließlich zu dem Unternehmen in eine Drittbeziehung treten, d. h. wie andere nicht beteiligte Außenstehende ein Vertragsverhältnis, z. B. einen Dienst- oder Werkvertrag, eingehen. So kann beispielsweise ein Architekt mit einem Bauunternehmen, an dem er beteiligt ist, eine langfristige Vereinbarung schließen, wonach er in einem bestimmten Umfang für das Unternehmen tätig wird und seine Dienste als Architekt erbringt.

Vertragliche Beziehungen dieser Art vermitteln dem Gesellschafter die Stellung eines Nicht-Arbeitnehmers, wenn folgende Bedingungen erfüllt sind[114]. Es müssen die Merkmale des § 17 Abs. 1 S. 2, so wie sie im Ersten Abschnitt[115] definiert worden sind, vorliegen. Wenn dies der Fall ist, wird der Minderheitsgesellschafter grundsätzlich vom Geltungsbereich des § 17 Abs. 1 S. 2 erfaßt.

Ein betriebsrentenrechtlicher Schutz scheidet hingegen aus, wenn der Minderheitsgesellschafter aufgrund besonderer Vereinbarungen (z. B. Stimmbindungsvertrag) einflußmäßig über eine Parität oder sogar Mehrheit

---

[112] Vgl. Herrmann / Heuer, Anm. 1350 zu § 5 EStG; Höfer / Abt, Arb.Gr. Rdnr. 83 ff.

[113] Ausführlich hierzu, 1. Abschn., A. III. 2. c.

[114] Vgl. hierzu Höfer / Abt, § 17 Rdnr. 85 f., 71 ff.

[115] Vgl. A. III.

der Stimmrechte verfügt oder wenn ihm Sonderrechte eingeräumt werden, die ihn in die Lage versetzen, an den wichtigen Personal- und Sachentscheidungen maßgeblich mitzuwirken[116]. Mit Ausnahme der Besonderheiten, die sich aus der mehrköpfigen Gesellschafter-Geschäftsführung ergeben, gelten hier die gleichen Erwägungen wie beim Gesellschafter-Geschäftsführer.

(3) Mitgliedschaft im Beirat

Da die Schutzfähigkeit von Aufsichtsratsmitgliedern bereits behandelt worden ist[117], bedarf es an dieser Stelle nur noch einiger Ergänzungen, die sich aus der gleichzeitigen Gesellschafterstellung des Beiratsmitgliedes ergeben. Wenn die Mitgliedschaft im Beirat entsprechend den aktienrechtlichen Vorschriften geregelt ist, bestehen grundsätzlich keine Bedenken, einen in diesem Organ vertretenen Minderheitsgesellschafter genau so zu behandeln, wie einen Gesellschafter-Geschäftsführer.

Allerdings ist dem Merkmal der betrieblichen Veranlassung besondere Beachtung zu schenken. Anders als beim Geschäftsführer ist der Umfang der Tätigkeit in der Regel gering; aus diesem Grunde und wegen der häufig beträchtlichen Vergütungen werden Versorgungszusagen in der Praxis normalerweise nicht erteilt. Erhält jedoch ein Beiratsmitglied, das zugleich Gesellschafter ist, ein Versorgungsversprechen, sollte dem Hauptgrund für die Zusage nachgegangen werden. Wenn anderen Beiratsmitgliedern, insbesondere den Nicht-Gesellschaftern, keine Versorgungszusage erteilt worden ist, ist die Vermutung der betrieblichen Veranlassung erschüttert. Dies gilt auch bei einem krassen Mißverhältnis zwischen Umfang und Dauer der Tätigkeit und den zugesagten Versorgungsleistungen.

b. Der Mehrheitsgesellschafter

aa. Gesetzliches Normalstatut

Nach ganz herrschender Meinung[118] unterfällt der Mehrheitsgesellschafter unabhängig davon, welche Position er im Unternehmen einnimmt, nicht dem persönlichen Geltungsbereich des BetrAVG. Die Rechtsprechung[119] begründet den Ausschluß mit dem wertungsmäßigen Vergleich zum Ein-

116 Vgl. Prüfungsschema, 1. Abschn., B. IV. 4. Zf. (2) (b) und (c) sowie im einzelnen B. IV. 2. a. bb. u. cc.

117 s. o. A. I. 2.

118 Vgl. Blomeyer / Otto, § 17 Rdnr. 109 m.w.N.; Hanau / Kemper, ZGR 1982, S. 123, 132; Heubeck / Höhne, § 17 Rdnr. 86; Höfer / Abt, § 17 Rdnr. 74; Hommelhoff / Timm, KTS 1981, S. 1, 289, 304; PSVaG-Merkblatt 300/M 1/11.80, Zf. 2.2.1 f., BB 1981, S. 556, 557.

119 BGHZ 77, S. 94, 102.

zelkaufmann. Das gleiche Ergebnis ergibt sich bei der Anwendung des Merkmals der Vertragsparität[120]. Der Mehrheitsgesellschafter übt beherrschenden Einfluß aus und befindet sich daher in der stärkeren Verhandlungsposition. Ebensowenig kommt eine Anwendbarkeit des § 17 Abs. 1 S. 1 in Betracht. Aufgrund der vermögens- und einflußmäßigen Stellung ist eine echte Weisungsgebundenheit oder persönliche Abhängigkeit und damit das Vorliegen eines Arbeitsverhältnisses nicht denkbar.

bb. Der mit 50 v.H. am Kapital beteiligte Gesellschafter

Besondere Aufmerksamkeit wird in jüngster Zeit der Insolvenzsicherung des mit 50 v.H. am Kapital beteiligten Gesellschafter-Geschäftsführers gewidmet. Diese Frage hat – auch wenn sie bisher nicht ausdrücklich höchstrichterlich entschieden wurde – offenbar erhebliche praktische Relevanz. Ausführlich setzt sich daher Schmidt / Diemitz[121] und in einer Entgegnung Höfer / Abt[122] mit den Kernaussagen der BGH-Rechtsprechung auseinander. Entgegen der Auffassung des PSVaG[123] und der bisherigen Literaturmeinung[124] vertreten beide Autoren[125] den Standpunkt, daß es wünschenswert sei, den genau zur Hälfte beteiligten Gesellschafter-Geschäftsführer in den Geltungsbereich des Gesetzes einzubeziehen. Unterschiedlich fällt jedoch die Analyse der BGH-Entscheidungen aus. Schmidt-Diemitz[126] ist der Ansicht, daß der BGH den Begriff „Mehrheitsgesellschafter" in seinem eigentlichen Sinne verwende und den „50 %-Gesellschafter" gerade noch schützen wolle. Mit durchaus beachtlichen Argumenten vertreten Höfer / Abt[127] die Gegenmeinung.

Zu dem Meinungsstreit ist diesseitig anzumerken, daß bei konsequenter Anwendung des Lösungsansatzes des BGH nur eine echte Mehrheitsbeteiligung zum Ausschluß führen kann. Denn ein nur zur Hälfte beteiligter Gesellschafter verfügt nicht über einen beherrschenden Einfluß und wäre daher wertungsmäßig nicht einem Einzelkaufmann vergleichbar. Diese Abgrenzung stünde jedoch in klarem Widerspruch zum Normzweck des BetrAVG und zu der Begründung des Gesetzgebers bezüglich des Anwendungsbereiches des § 17 Abs. 1 S. 2[128]. Danach steht außer Zweifel, daß eine

---

[120] So auch Blomeyer / Otto, § 17 Rdnr. 109.

[121] DB 1985, S. 1573 f.

[122] DB 1985, S. 2185.

[123] Merkblatt 300/M 1/11.80, Zf. 2.1.1., BB 1981, S. 556, 557.

[124] Blomeyer / Otto, § 17 Rdnr. 110; Everhardt, BB 1981, S. 681, 684; Hommelhoff / Timm, KTS 1981, S. 1, 289, 305.

[125] Schmitz-Diemitz, DB 1985, S. 1573 f.; Höfer / Abt, DB 1985, S. 2185.

[126] DB 1985, S. 1573 f.

[127] DB 1985, S. 2185.

[128] Vgl. BT-Drucks. 7/1281, S. 30.

Person mit einem die Parität begründenden Einflußpotential keinesfalls einem Arbeitnehmer vergleichbar ist und daher die Vorteile eines Arbeitnehmerschutzgesetzes weder benötigt noch verdient.

Es ist daher in Anwendung der hier vertretenen Abgrenzung anhand des Merkmals der Vertragsparität eine Schutzfähigkeit des mit 50 v.H. am Kapital beteiligten Gesellschafter zu verneinen und jede andere Ansicht als unvereinbar mit dem Gesetzeszweck abzulehnen. Der Begriff Mehrheitsgesellschafter bezieht sich im folgenden auf jeden Gesellschafter, der 50 v.H. und mehr der Kapitalanteile besitzt.

cc. Abweichende Regelungen in der Satzung oder in anderen Verträgen

(1) Minderung des Einflusses

Wenn in der Satzung andere Mehrheits- oder Stimmrechtsverhältnisse geregelt sind, ergeben sich möglicherweise neue Beurteilungsmaßstäbe für die Schutzfähigkeit des Mehrheitsgesellschafters.

Die Vereinbarung einer qualifizierten Mehrheit nimmt dem geringer beteiligten Mehrheitsgesellschafter die Möglichkeit eines beherrschenden Einflusses. Dies ändert jedoch nichts an der Tatsache, daß gegen seinen Willen keine Entscheidung fällt und daher das Merkmal der Vertragsparität weiterhin zu bejahen ist. Entscheidend geschwächt ist der Einfluß des Mehrheitsgesellschafters demgegenüber, wenn ihm einflußmäßig, z. B. wegen geringer Stimmrechte, lediglich die Position eines Minderheitsgesellschafters zukommt[129]. Unter diesen Umständen ist es nicht gerechtfertigt, dem betreffenden Gesellschafter den Schutz des Betriebsrentengesetzes zu versagen und ihn schlechter zu behandeln als einen echten Minderheitsgesellschafter.

Die Rechtsprechung hat sich zu diesen Fallkonstellationen noch nicht geäußert. Um der Einzelfallgerechtigkeit zu genügen, müßte im Ergebnis wie hier dargestellt entschieden werden. Ob und inwieweit jedoch die Rechtsprechung bereit ist, im Rahmen ihres Lösungsansatzes besondere Umstände zu berücksichtigen, läßt sich nur schwer vorhersagen[130]. Auch die Literatur hat noch nicht zu den genannten Ausnahmetatbeständen konkret Stellung bezogen. Es wird lediglich in Frage gestellt, ob sich die Berücksichtigung besonderer Umstände ohne Schwierigkeiten mit dem gesetzlich vorgesehenen und vom PSAaG betriebenen Beitragsverfahren vereinbaren

---

[129] Zu den Möglichkeiten besonderer Regelungen bezüglich des Stimmrechts und der Abstimmungsmodalitäten, vgl. oben die Ausführungen zum Minderheitengesellschafter unter B. II. 1. a. aa. (1) (b).

[130] Ähnlich Blomeyer / Otto, § 17 Rdnr. 111.

läßt[131]. Das Prinzip der Selbstveranlagung des Arbeitgebers (§ 11 Abs. 2) und der summarischen Festlegung der Beitragsbemessungsgrundlage (§ 10 Abs. 3) erfordert jedoch nicht zwingend eine allein am gesetzlichen Normalfall orientierte Auslegung nach festehenden schematischen Kriterien[132]. Denn das Veranlagungsverfahren liegt nicht verbindlich fest, daß den darin erfaßten Personen ohne Nachprüfung ihrer Schutzbedürftigkeit im Insolvenzfall eine Pension zu zahlen ist. Weiterhin hat der Arbeitgeber die Möglichkeit, beim PSV rückzufragen, ob bestimmte Versorgungszusagen in die Beitragsmeldung aufzunehmen sind. Im Streitfall kann sogar eine Feststellungsklage erhoben werden. Es besteht also kein Grund, auf jegliche „Analyse im Einzelfall"[133] zu verzichten.

(2) Einschränkung der Machtbefugnisse in Teilbereichen

Hinsichtlich der Rechtsstellung des Minderheitsgesellschafters ist festgestellt worden, daß die Einräumung bestimmter Sonderrechte dazu führen kann, daß die Verhandlungsposition des Gesellschafters erheblich gestärkt wird, weil die Mitgesellschafter im Bewußtsein ihrer Abhängigkeit vom Zusageempfänger mehr Rücksichtnahme üben und den Wünschen des Minderheitsgesellschafters entgegenkommen werden[134]. Fraglich ist, ob diese Sachlage als Kehrseite zur Folge hat, daß Mehrheitsgesellschafter ausnahmsweise schutzfähig sind.

(a) Vorschlag von Hommelhoff / Timm

In ihrer ausführlichen Kommentierung der Rechtsprechung des BGH vertreten Hommelhoff / Timm[135] die Auffassung, daß ein Gesellschafter mit einer Kapitalbeteiligung von über 50 v. H. ausnahmsweise schutzwürdig sei, wenn

- objektiv die Besetzungskompetenz für die Geschäftsführer-Position nicht in seiner Hand gelegen habe bzw. objektiv das Einflußpotential gegenüber der Geschäftsführung (Weisungsrecht nach § 37 GmbHG) bei einer anderen Person gelegen habe
- sowie auch tatsächlich die Position als Großgesellschafter sich nicht auf die Personalpolitik oder auf die laufende Geschäftsführung in der Gesellschaft ausgewirkt habe.

Wenn der Mehrheitsgesellschafter diese Umstände nachweise, sei die wertungsmäßige Gleichstellung mit dem Einzelkaufmann nicht gerechtfertigt.

---

[131] Ebenda; Heubeck / Paulsdorff, § 17 Rdnr. 77.
[132] So offenbar aber Paulsdorff in Heubeck, § 17 Rdnr. 77.
[133] Heubeck / Paulsdorff, § 17 Rdnr. 77.
[134] s. o. 2. Abschn., B. II. 1. a. aa. (1) (c).
[135] KTS 1981, S. 1, 289, 307.

(b) Eigene Meinung

Der Vorschlag von Hommelhoff / Timm wirft erneut die Frage auf, ob mit dem Lösungsansatz des BGH eine am Normzweck des BetrAVG orientierte Abgrenzung überhaupt möglich ist. In den geschilderten Ausnahmefällen mag es richtig sein, daß der Mehrheitsgesellschafter wertungsmäßig einem Einzelkaufmann nicht mehr gleichgestellt werden kann. Dies besagt jedoch noch nicht, daß er einem Arbeitnehmer vergleichbar sozial schutzbedürftig ist und daher in den Geltungsbereich des Gesetzes einzubeziehen ist. Die Einschränkung des Einflusses in Teilbereichen, wie z. B. Besetzungs- und Weisungsbefugnis gegenüber der Geschäftsführung, genügt noch nicht als Nachweis, daß der betreffende Mehrheitsgesellschafter regelmäßig die schwächere Verhandlungsposition besitzt. Nach dem Sinn und Zweck des Betriebsrentengesetzes ist jedoch allein entscheidend, ob die Stellung eines Gesellschafters so ausgestaltet ist, daß für das Aushandeln einer Versorgungszusage die Vermutung aufgestellt werden kann, daß der Gesellschafter auf den Inhalt des Ruhegeldversprechens keinen oder nur geringen Einfluß nehmen konnte.

Für eine solche Vermutung ist in den Beispielen von Hommelhoff / Timm nicht der geringste Anhalt gegeben. Kraft seiner Mehrheitsbeteiligung ist der Gesellschafter weiterhin in der Lage, Beschlüsse in der Gesellschafterversammlung nach seinem Willen zu erzwingen. Insbesondere hat er die Möglichkeit, eine ihm günstige Versorgungszusage durchzusetzen. Insoweit ist seine Verhandlungsposition durch die zugunsten anderer Gesellschafter bestehenden Sonderrechte keineswegs beeinträchtigt. Es zeigt sich, daß der wertungsmäßige Vergleich mit dem Einzelkaufmann in diesen Fällen irrelevant ist und zu einer Fehlbeurteilung führt. Der Lösungsansatz des BGH erweist sich als zu abstrakt und ungenau; der Vergleich mit dem Einzelkaufmann knüpft an außerhalb des BetrAVG liegende Maßstäbe an und läuft daher immer wieder Gefahr, die besonderen Anforderungen des Betriebsrentenrechts nicht zu berücksichtigen.

Für die Einbeziehung des Mehrheitsgesellschafters in den persönlichen Geltungsbereich läßt sich daher die Schlußfolgerung ziehen, daß eine Beschneidung seines Einflusses in Teilbereichen nicht genügt, wenn ihm bezüglich der Vereinbarung einer betrieblichen Altersversorgung seine beherrschende Stellung erhalten bleibt. Eine Anwendung des § 17 Abs. 1 S. 2 kommt daher nur in Betracht, wenn die Rechtsstellung des Mehrheitsgesellschafters einflußmäßig der Stellung eines Minderheitsgesellschafters entspricht, weil – wie unter (1) dargestellt – der Umfang der Stimmrechte weniger als 50 v.H. ausmacht.

dd. Mitbestimmte GmbH

Wenn eine GmbH als Großunternehmen mehr als 2 000 Arbeitnehmer beschäftigt, unterliegt sie der Mitbestimmung nach dem Mitbestimmungsgesetz gemäß § 1 Abs. 1 MitbestG. Die Gesellschaft muß gemäß § 6 MitbestG einen Aufsichtsrat bilden, der sich je zur Hälfte aus Vertretern der Anteilseigner und der Arbeitnehmer zusammensetzt. Diese sog. paritätische Mitbestimmung könnte zur Folge haben, daß ein Mehrheitsgesellschafter seinen beherrschenden Einfluß verliert. Der Aufsichtsrat ist nach dem Mitbestimmungsgesetz mit erheblichen Rechten ausgestattet, zu denen insbesondere die Bestellung und Abberufung der Geschäftsführer (§§ 30, 31 MitbestG i. V. mit §§ 84, 85 AktG) sowie die Bestimmung, daß bestimmte Arten von Geschäften nur mit seiner Zustimmung vorgenommen werden dürfen (§ 25 Abs. 1 Nr. 2 MitbestG i. V. mit § 101 Abs. 4 S. 2 AktG), gehören. Eine verweigerte Zustimmung kann nur mit einem Zustimmungsbeschluß durch die Gesellschafterversammlung, der eine Mehrheit von ¾ der abgegebenen Stimmen benötigt, entbehrlich gemacht werden.

Trotz dieser starken Position des Aufsichtsrates behält jedoch der Mehrheitsgesellschafter die Möglichkeit, den kraft seiner Kapitalbeteiligung bestehenden Einfluß ausreichend zur Geltung zu bringen. Denn die die Anteilseigner vertretenden Aufsichtsratsmitglieder werden durch Mehrheitsbeschluß der Gesellschafterversammlung gewählt. Die gewählten Arbeitgebervertreter dürfen im Falle der Uneinigkeit den Vorsitzenden des Aufsichtsrates wählen, § 7 Abs. 2 MitbestG; dieser wiederum besitzt bei Pattentscheidungen ein doppeltes Stimmrecht. Die Kapitalseite wird sich also letztendlich immer durchsetzen können, so daß die Wahrung der Interessen der beherrschenden Gesellschafter gewährleistet bleibt[136].

c. Der Alleingesellschafter

Es besteht wie beim Einzelkaufmann Einigkeit, daß eine Einbeziehung dieser Personengruppe dem Schutzzweck des Gesetzes zuwiderläuft und daher Alleingesellschafter vom Geltungsbereich des Gesetzes auszuklammern sind[137]. Es ist unerheblich, welcher Lösungsansatz gewählt wird, weil trotz unterschiedlicher Begründung die Ergebnisse stets gleich sind.

Eine Einbeziehung des Alleingesellschafters kommt auch dann nicht in Betracht, wenn es sich um eine mitbestimmte GmbH handelt[138] oder der

---

[136] So auch Blomeyer / Otto, § 17 Rdnr. 107; Hommelhoff / Timm, KTS 1981, S. 1, 289, 304.

[137] BGHZ 77, S. 94, 101; Ahrend / Förster / Rößler, GmbHR 1980, S. 229, 232 f.; Blomeyer / Otto, § 17 Rndr. 106; Höfer / Abt, § 17 Rdnr. 74; PSVaG-Merkblatt 300/M 1/11.80, Zf. 2.2.1, BB 1981, S. 556, 557.

Alleingesellschafter in nicht geschäftsführender Position tätig ist. Im letzteren Fall bleibt der Alleingesellschafter unabhängig von der Art seiner Tätigkeit stets in der Lage, Weisungen zu erteilen und die Geschäftsführung seinem Willen zu unterwerfen.

d. Ergebnis

Im gesetzlichen Normalfall wird der mit weniger als 50 v.H. beteiligte Minderheitsgesellschafter grundsätzlich geschützt. Eine Ausnahme greift im Falle der mehrköpfigen Gesellschafter-Geschäftsführung ein, wenn die Gesellschafter-Geschäftsführer zusammen über die Mehrheit der Anteile verfügen. Es wird vermutet, daß diese Gesellschafter aufgrund der gemeinsamen Geschäftsführung und dem Zwang zu Kompromissen sich auf eine bestimmte Geschäftspolitik einigen und ihren Willen gegenüber der Gesellschaft auch in bezug auf die Erteilung einer Versorgungszusage durchsetzen können. Diese Vermutung kann jedoch nach den Regeln über den Anscheinsbeweis erschüttert werden, wenn der Zusageempfänger Tatsachen vorträgt und ggf. beweist, die eine andere Sachlage wahrscheinlich machen und daher einen betriebsrentenrechtlichen Schutz begründen können.

Wenn ein GmbH-Gesellschafter ein Arbeitsverhältnis eingegangen ist oder als Mitglied des Beirats tätig ist, wird er von der Vorschrift des § 17 Abs. 1 erfaßt, soweit nicht Anhaltspunkte für außerbetriebliche Gründe vorliegen, die eine Prüfung der betrieblichen Veranlassung („aus Anlaß der Tätigkeit") der Versorgungszusage erfordern.

Die Abgrenzung anhand des Kriteriums der Vertragsparität ermöglicht eine weitgehende Berücksichtigung der Auswirkungen besonderer gesellschaftsvertraglicher oder sonstiger vertraglicher Regelungen auf die Rechtsstellung des einzelnen Gesellschafters. So kann sich im Einzelfall ein Ausschluß des Minderheitsgesellschafters, der über die Mehrheit der Stimmrechte oder sonstige, die Vertragsparität begründende Sonderrechte verfügt, oder eine Einbeziehung des Mehrheitsgesellschafters, dessen Rechtsstellung einflußmäßig der eines Minderheitsgesellschafters entspricht, ergeben.

2. Die Aktiengesellschaft

In Rechtsprechung[139] und Literatur[140] wird die Rechtslage bei den Kapitalgesellschaften einheitlich beurteilt; für die Schutzfähigkeit des Aktionärs

---

[138] Es gelten hier die gleichen Gründe wie beim Mehrheitsgesellschafter, vgl. B. II: 1. b. dd.

[139] BGHZ 77, S. 94, 101 ff.; BGH, II ZR 224/79 vom 14. 7. 1980, ZIP 1980, S. 778, 779; BGH, II ZR 222/79 vom 16. 3. 1981, ZIP 1981, S. 759 ff.

[140] Blomeyer / Otto, § 17 Rdnr. 106 ff.; Höfer / Abt, § 17 Rdnr. 74; Hommelhoff / Timm, KTS 1981, S. 1, 289, 314 f.

sollen sich gegenüber dem GmbH-Gesellschafter keine Unterschiede ergeben.

Dieser Beurteilung ist insoweit zuzustimmen, als die veränderten Verhältnisse bei der Aktiengesellschaft bezüglich Kompetenzverteilung zwischen Vorstand, Aufsichtsrat und Hauptversammlung sich nicht auf die Frage der Einbeziehung eines Aktionärs in den persönlichen Geltungsbereich des Betriebsrentengesetzes auswirken. Die obligatorische Einrichtung des Aufsichtsrats und dessen Zuständigkeiten (vgl. §§ 84, 111 AktG) führen zwar zu einer Einschränkung der Entscheidungsbefugnisse von Vorstand und Hauptversammlung. Ein Aktionär, der über die Mehrheit der Stimmrechte verfügt, kann jedoch in den Aufsichtsratwahlen die Zusammensetzung des Aufsichtsrats maßgeblich beeinflussen (vgl. §§ 119 Abs. 1 Nr. 1, 133 Abs. 1 AktG) und auf diese Weise indirekt die Besetzung und Geschäftspolitik des Vorstands steuern. Dem steht nicht die Weisungsunabhängigkeit des Aufsichtsrats entgegen. Es ist davon auszugehen, daß ein Mehrheitsaktionär Personen seines Vertrauens auswählt, die sich nicht zuletzt im Hinblick auf ihre Wiederwahl an die Vorstellungen des Mehrheitsaktionärs im wesentlichen halten werden. Im übrigen begründet der beherrschende Einfluß in der Hauptversammlung eine Vertragsparität, die sich auch bei der Erteilung einer Versorgungszusage auswirkt.

Einer uneingeschränkten Anwendung der für die GmbH aufgestellten Grundsätze könnte jedoch folgender Umstand entgegenstehen. Bei Aktiengesellschaften mit zahlreichen Publikumsaktionären genügt im Einzelfall weniger als die Hälfte aller Stimmrechte, um eine Beherrschung der Gesellschaft zu ermöglichen[141]. Dies hängt damit zusammen, daß der Streubesitz in der Regel nicht vollständig in der Hauptversammlung vertreten ist. In diesen Fällen könnte es geboten sein, eine Mehrheitsbeteiligung schon unterhalb 50 v. H. anzusiedeln. Schwierigkeiten bereitet jedoch die genaue Festlegung der Beteiligungsquote, die typischerweise einen beherrschenden oder zumindest paritätischen Einfluß vermittelt. In einem Fall mögen bereits 45 v. H., in einem anderen Fall erst 48 v. H. oder 49 v. H. Kapitalbesitz genügen.

Es ist daher vorzuziehen, die Grenzziehung bei 50 v. H. beizubehalten. Wenn im Einzelfall konkrete Anhaltspunkte bestehen, daß ein starker Minderheitsaktionär wegen einer Vielzahl von Publikumsaktionären beherrschenden Einfluß ausüben konnte, kann diese Sachlage als ein tatsächlicher Umstand, der zum Ausschluß des betreffenden Gesellschafters führt, berücksichtigt werden. Es ist insoweit auf die Ausführungen im Ersten Abschnitt[142] zu verweisen. Im Ergebnis ist festzuhalten, daß mit Ausnahme des letztgenannten Punktes die zur Schutzfähigkeit des GmbH-Gesellschaf-

---

141 Geßler / Hefermehl / Eckardt / Kropf, § 133 Rdnr. 38.

142 Vgl. B. IV. 2. a. cc. (2).

ters getroffenen Feststellungen für die Einbeziehung eines Aktionärs in den persönlichen Geltungsbereich des BetrAVG gleichermaßen gelten.

III. Die Personengesellschaften

Im Mittelpunkt der folgenden Erörterung steht der persönlich haftende Gesellschafter, dessen Schutzfähigkeit überwiegend abgelehnt wird. Es ist der Frage nachzugehen, ob die Begründung für den Ausschluß aus dem BetrAVG berechtigt ist. Soweit dies nicht der Fall ist, ist zu prüfen, unter welchen Voraussetzungen eine Einbeziehung unter die Regelung des § 17 Abs. 1 S. 2 in Betracht kommt. Weiterhin ist auf die Stellung des Kommandististen sowie auf die Besonderheiten der GmbH & Co. KG einzugehen.

1. Der persönlich haftende Gesellschafter in der OHG

a. Gesetzliches Normalstatut

Der BGH[143] führt verschiedene Gründe an, die nach seiner Auffassung die Gleichstellung des persönlich haftenden Gesellschafters mit dem Einzelkaufmann rechtfertigen. Diese Personengruppe leite in Selbstorganschaft den Gewerbebetrieb ihrer Gesellschaft; die Entziehung der Geschäftsführungs- und Vertretungsbefugnis richte sich nicht nach arbeits- oder dienstrechtlichen, sondern nach gesellschaftsrechtlichen Grundsätzen; das Gesetz sehe die Personengesellschaft als Arbeits- und Haftungsgemeinschaft an; der Gewinn sei zugleich Gegenwert für die Kapitaleinlage wie für die Arbeitsleistung; wegen der unbeschränkten persönlichen Haftung werde die vermögens- und risikomäßige Beteiligung des persönlich haftenden Gesellschafters nicht durch die Höhe seiner Kapitalbeteiligung bestimmt; schließlich sei es wenig sinnvoll, wenn eine vom PSVaG zu tragende Versorgungsrente wegen der fortdauernden Haftung des Gesellschafters nach § 128 HGB im Ergebnis ganz oder teilweise den Gesellschaftsgläubigern zufiele. Das überwiegende Schrifttum folgt der Rechtsprechung des BGH[144].

aa. Die Bedeutung der Selbstorganschaft

Das Recht zur Geschäftsführung und Vertretung ist für den persönlich haftenden Gesellschafter im Gesetz (§§ 114, 125 HGB) angeordnet, und es

---

[143] Bd. 77, S. 233, 236 ff.

[144] Ahrend / Förster / Rößler, GmbHR 1980, S. 229, 232; Blomeyer / Otto, § 17 Rdnr. 130 ff.; Everhardt, BB 1981, S. 681, 683; Hanau / Kemper, ZGR 1982, S. 123, 132; Hennerkes / Binz / Rauser / Wurzberger, GmbHR 1981, S. 57, 58; Heubeck / Paulsdorff, § 17 Rdnr. 82; Wiedemann / Moll, RdA 1977, S. 13, 21.

kann nur unter erschwerten Voraussetzungen, nämlich aus wichtigem Grund, entzogen werden. Hinzukommt, daß die von den Gesellschaftern zu fassenden Beschlüsse gemäß § 119 Abs. 1 HGB der Einstimmigkeit bedürfen. Diese gesetzlich gesicherte Rechtsstellung begründet in der Tat einen starken Einfluß, der dem Gesellschafter zwar nicht – wie einem Mehrheitsgesellschafter in der GmbH – eine beherrschende Position vermittelt, der aber genügt, um die Gesellschafter einer gegenseitigen Abhängigkeit auszusetzen. Die Entscheidungsfindung und die Festlegung der Geschäftspolitik ist nicht ohne die Berücksichtigung der Vorstellungen jedes einzelnen Gesellschafters denkbar. Bei dieser Sach- und Rechtslage ist davon auszugehen, daß die Gesellschafter sich paritätisch gegenüberstehen und der Zusageempfänger beim Aushandeln einer Versorgungszusage einen angemessenen Interessenausgleich erzielen kann.

Da jedoch der Gesellschaftsvertrag die Geschäftsführung und Vertretung sowie die Beschlußfassung abweichend vom Gesetz regeln kann, hängt eine etwaige Schutzfähigkeit des persönlich haftenden Gesellschafters davon ab, ob auch die weiteren Argumente des BGH einer Anwendbarkeit des § 17 Abs. 1 entgegenstehen.

bb. Die Personengesellschaft als Arbeits- und Haftungsgemeinschaft

Als weiteres wesentliches Argument wird vorgebracht, daß sich die Rechtsverhältnisse der Gesellschafter untereinander nach unternehmens- und gesellschaftsrechtlichen Gesichtspunkten, nicht aber nach arbeits- und dienstrechtlichen Prinzipien richteten[145]. Diese starke Betonung der gesellschaftsrechtlichen Komponente ist ein wesentlicher Grund, daß die herrschende Meinung[146] den persönlich haftenden Gesellschafter als Mitunternehmer ansieht, dem keine betrieblichen Gegenleistungen für fremdbestimmte und fremdnützige, sondern Gewinnanteile für eigenbestimmte und eigennützige Leistungen zustehen[147].

Mit dieser Betrachtung ist ein für das Verständnis des Betriebsrentengesetzes grundlegendes Problem angesprochen: Ist die genaue Grenzziehung zwischen Arbeits- und Dienstvertragsrecht einerseits und Gesellschaftsrecht andererseits auch für die Auslegung und Anwendung des BetrAVG verbindlich? Auf den ersten Blick ist dies zweifellos der Fall. Das Betriebsrentengesetz ist ein Arbeitnehmerschutzgesetz, dessen Geltungsbereich nur auf Personen zu erstrecken ist, die ähnlich wie Arbeitnehmer für ein Unternehmen tätig sind und daher schutzbedürftig sind. Dies kann nicht für Per-

[145] Vgl. BGHZ 77, S. 233, 237; Wiedemann / Moll, RdA 1977, S. 13, 20.
[146] A.a.O. (FN 144).
[147] Wiedemann / Moll, RdA 1977, S. 13, 20.

sonen gelten, deren Tätigkeitsverpflichtung auf dem Gesellschaftsvertrag beruht und die damit gewissermaßen „auf der anderen Seite“ stehen.

Es ist jedoch zu berücksichtigen, daß diese rechtlich abstrakte Betrachtung mit der Wirklichkeit nicht immer in Einklang steht. Nicht jeder Gesellschafter-Geschäftsführer einer OHG erbringt seine Arbeitsleistung allein im Hinblick auf den erwarteten Unternehmergewinn. Denn der Gewinnanspruch richtet sich zunächst nach dem Kapitalanteil des Gesellschafters, § 121 Abs. 1 HGB. Wenn der Gesellschafter-Geschäftsführer nur über eine geringe Beteiligung verfügt und die Ertragslage der Gesellschaft schlecht bis mittelmäßig ist, steht der Unternehmergewinn außer Verhältnis zu der erbrachten Tätigkeit. Aus diesem Grunde wird sehr häufig eine besondere, gewinnunabhängige Tatigkeitsvergütung vereinbart[148]. Eine solche Regelung wird man insbesondere dann finden, wenn nicht alle Gesellschafter in der Geschäftsführung tätig sind. Auch wenn der Abschluß eines Anstellungsvertrages von der Rechtsprechung aus rechtsdogmatischen Gründen abgelehnt wird[149], kann doch bei wirtschaftlicher Betrachtungsweise kein Zweifel bestehen, daß Tätigkeitsvergütung und Gewinnanteil wie beim Gesellschafter-Geschäftsführer in der GmbH voneinander zu trennen sind und der persönlich haftende Gesellschafter nicht lediglich für die erwartete Gewinnbeteiligung tätig wird.

Baumbach / Duden[150] sind daher der Auffassung, daß die Vereinbarung über eine Tätigkeitsvergütung Dienstvertrag sein könne, mindestens aber dienstvertragsähnlich sei. Zu Recht weisen sie darauf hin, daß der geschäftsführende Gesellschafter Dritten gegenüber ähnlich einem Arbeitnehmer behandelt werde, wenn z. B. im Falle der Arbeitsunfähigkeit der Schädiger das „Gehalt“ des Gesellschafters fortzahlen müsse[151].

In ähnlicher Weise könnte bei der Anwendung des Betriebsrentengesetzes verfahren werden. Weder der Wortlaut des § 17 Abs. 1 S. 2 noch die Motive des Gesetzgebers stehen dem entgegen. Wichtig ist nur, daß Berechtigter und Verpflichteter nicht identisch sind. Diese Identität ist jedoch nicht gegeben, weil die Gesellschaft zur Zahlung der Tätigkeitsvergütung verpflichtet ist[152].

Ein Gesellschafter-Geschäftsführer, der unabhängig von seiner Beteiligung am Gewinn und Verlust für seine Arbeitsleistung eine im Anstellungsvertrag vereinbarte Tätigkeitsvergütung erhält, unterscheidet sich in bezug

---

[148] Vgl. BGHZ 17, S. 301; Baumbach / Duden / Hopt, § 110 Anm. 3A; Fischer in Großkomm. HGB, § 14 Anm. 13.

[149] Vgl. RGZ 142, S. 14, 18; BGHZ 44, S. 40, 41; BGH, DB 1973, S. 1368, 1369.

[150] § 111, Anm. 3 C.

[151] So auch die Argumentation des BGH, BB 1954, S. 1080; BB 1966, S. 1411.

[152] Vgl. Baumbach / Duden / Hopt, § 110 Anm. 1 F, § 124 Anm. 6 B; Fischer in Großkomm. HGB, § 114 Anm. 17.

auf seine wirtschaftliche Stellung nicht von dem GmbH-Gesellschafter-Geschäftsführer, der ebenfalls ohne Rücksicht auf seine Gewinn- und Verlustbeteiligung für seine Tätigkeit entlohnt wird. Es kann dem BGH daher nicht gefolgt werden, wenn er generell die Bezüge als durch Unternehmertätigkeit und Kapitaleinsatz erzieltes Einkommen qualifiziert[153]. Dieses Argument versagt im übrigen auch dann, wenn der persönlich haftende Gesellschafter über keinen positiven Kapitalanteil verfügt.

Schließlich spricht die Begründung des Gesetzgebers zum Anwendungsbereich des § 17 Abs. 1 S. 2 für eine von arbeits- und gesellschaftsrechtlichen Gesichtspunkten losgelöste Betrachtung. Die Erweiterung des persönlichen Geltungsbereiches auf Nicht-Arbeitnehmer diente dem Zweck, Personen, die „zur Wahrung ihres Lebensstandards meist in besonderem Maße auf die betriebliche Altersversorgung angewiesen sind"[154], ebenfalls zu schützen. Dieser Normzweck läßt deutlich die an wirtschaftliche Verhältnisse anknüpfende Sicherungsfunktion der betrieblichen Altersversorgung erkennen. Der persönlich haftende Gesellschafter bedarf im Einzelfall dieses Schutzes ebenso wie der GmbH-Gesellschafter. Denn häufig unterscheiden sich beide wirtschaftlich nicht voneinander; dies zeigt sich ganz deutlich in Fällen, in denen ein Unternehmen von der Rechtsform der OHG oder KG in die der GmbH umgewandelt wird, ohne daß sich an den wirtschaftlichen Verhältnissen etwas ändert. Im übrigen ist zu bedenken, daß ein persönlich haftender Gesellschafter im Zeitpunkt der Gewährung der Altersversorgung nicht mehr der „Arbeitsgemeinschaft" angehört und häufig sogar ganz aus der Gesellschaft ausgeschieden ist. Die gesellschaftsrechtliche Komponente tritt im Ruhestand in den Hintergrund oder hat sogar keine Bedeutung mehr. In dieser Zeit ist jedoch der persönlich haftende Gesellschafter auf die Altersversorgung und den Schutz des Gesetzes angewiesen.

cc. Die unbeschränkte persönliche Haftung als Unternehmereigenschaft

Die risikomäßige Beteiligung rückt den persönlich haftenden Gesellschafter nach Ansicht des BGH in die Nähe des Einzelkaufmanns. Das Haftungsrisiko übernehme der Gesellschafter in aller Regel nur im Hinblick auf Gewinnerwartungen, die höher als vergleichbare Arbeitnehmereinkommen liegen, und insoweit einen Ausgleich für das Verlustwagnis bieten sollen[155].

Auch diese Begründung vermag nicht zu überzeugen[156]. Weder der Vergleich mit dem Einzelkaufmann noch die hier bevorzugte Abgrenzungs-

[153] BGHZ 77, S. 233, 238.
[154] BT-Drucks. 7/1281, S. 30.
[155] BGHZ 77, S. 233, 238.
[156] Kritisch hierzu auch Hommelhoff / Timm, KTS 1981, S. 1, 289, 296 ff.

methode anhand des Merkmals der Vertragsparität rechtfertigen den Ausschluß einer Person wegen der persönlichen Haftung. Zwar muß auch der Einzelkaufmann mit seinem Privatvermögen für die Unternehmensverbindlichkeiten einstehen. Hierin liegt jedoch nicht der Ansatz für eine Ausklammerung aus dem Schutzbereich des BetrAVG. Maßgeblich ist vielmehr, daß Einzelkaufleute und ihnen vergleichbare Personen so sehr vermögens- und einflußmäßig mit dem Unternehmen verbunden sind, daß sie es als ihr eigenes betrachten können[157]. Diesen Zusammenhang vermag die persönliche Haftung nicht zu begründen. Sie begünstigt lediglich den Gesellschaftsgläubiger, ohne daß zugleich der persönlich haftende Gesellschafter behaupten könnte, es handele sich um *sein* Unternehmen. Ebenso wenig spielt der Umstand der persönlichen Haftung eine Rolle, wenn man auf den Gesichtspunkt der Vertragsparität abstellt. Denn die Bestimmung der Verhandlungsstärke und des Einflußpotentials eines Zusageempfängers hängt nicht von einer irgendwie gearteten Haftung ab.

Die Auffassung des BGH, das Verlustrisiko werde im Hinblick auf höhere Gewinnerwartungen übernommen und rechtfertige eine Behandlung als Unternehmer, führt zu einer Diskriminierung des persönlich haftenden Gesellschafters. Für den geschäftlichen Erfolg und die Gewinnerwartung ist die rechtliche Einbindung eines Unternehmers in die Gesellschaftsform der OHG oder der GmbH in aller Regel unerheblich. Das Haftungsrisiko wird daher von Unternehmern nach Möglichkeit vermieden, so daß in der Praxis der ganz überwiegende Teil der Unternehmen in der Form der GmbH geführt wird. Die Wahl der Beibehaltung einer Personengesellschaft beruht häufig auf äußeren Zwängen, wie höhere Kreditwürdigkeit, größeres Vertrauen der Gläubiger.

Wenn die ohnehin beträchtlichen Nachteile der unbeschränkten Haftung auch im Betriebsrentenrecht negativ zu Buche schlügen, würde die Entscheidung für die Personengesellschaft zu Unrecht weiter erschwert. Ein Unternehmer wird verständlicherweise wenig Neigung haben, die persönliche Haftung zu riskieren und darüber hinaus gegenüber dem wirtschaftlich gleichgestellten GmbH-Gesellschafter betriebsrentenrechtlich, insbesondere im Insolvenzschutz, benachteiligt zu werden. Schließlich ist gegen die Argumentation des BGH anzuführen, daß persönlich haftende Gesellschafter nicht nur als Geschäftsführer, sondern auch in Drittbeziehung für ein Unternehmen tätig werden können. Wenn unter diesen Umständen ein Ruhegeld versprochen wird, dürfte eine Einbeziehung des Gesellschafters in den Geltungsbereich des BetrAVG wohl kaum mit dem Hinweis auf die persönliche Haftung in Abrede gestellt werden. Das Haftungsrisiko ist somit nicht geeignet, einen Ausschluß des persönlich haftenden Gesellschafters von der Regelung des § 17 Abs. 1 zu begründen.

---

[157] BGHZ 77, S. 94, 101.

dd. Die Alimentierung von Konkursgläubigern durch den PSVaG

In Rechtsprechung[158] und Literatur[159] wird fast einhellig die Auffassung vertreten, daß im Falle eines Insolvenzschutzes für den persönlich haftenden Gesellschafter die Gesellschaftsgläubiger wegen der fortdauernden Haftung auf den pfändungsfreien Betrag der Pension Zugriff nehmen könnten. Diese „Alimentierung“ sei jedoch nicht Zweck der Insolvenzsicherung, so daß auch aus diesem Grunde ein Schutz des persönlich haftenden Gesellschafters abzulehnen sei.

Gegen die herrschende Meinung lassen sich verschiedene Einwände erheben. Es bestehen Bedenken, mit dem Argument der „Alimentierung“ eine Zugriffsmöglichkeit der Gesellschaftsgläubiger abzulehnen. Die Versorgungsansprüche des Gesellschafters sind Teil seines Privatvermögens und unterliegen daher wie jeder andere Vermögensgegenstand dem Zugriff durch die Gläubiger. Im Falle des Fortbestehens der OHG bestünde kein Zweifel, daß ein Gesellschaftsgläubiger in die Ruhegeldansprüche des Gesellschafters vollstrecken könnte. Durch die Beitragszahlungen an den PSVaG ist dessen Einstandspflicht begründet, ohne daß sich irgendwelche Einschränkungen aus dem Gesetz ergeben. Die Rechtslage ist nicht anders zu beurteilen, als wenn die OHG als Arbeitgeber für ihren Gesellschafter eine private Lebensversicherung abgeschlossen hätte. Die Auszahlung dieser Versicherung kann nicht mit Hinweis auf eine Alimentierung der Gesellschaftsgläubiger verweigert werden. Schließlich hat die Auffassung der herrschenden Meinung zur Folge, daß auch den Privatgläubigern nicht unerhebliche Beträge vorenthalten werden, ohne daß insoweit von einer Alimentierung die Rede sein könnte.

Weiterhin lassen sich verschiedene Fälle aufzählen, in denen trotz der persönlichen Haftung eine Einstandspflicht des PSVaG gegeben ist. Der BGH nennt selbst den „angestellten Komplementär“[160], der ausnahmsweise dem BetrAVG unterfallen solle und für den somit auch ein Insolvenzschutz eingreifen würde. Ein insolvenzgesicherter Versorgungsanspruch steht im übrigen persönlich haftenden Gesellschaftern zu, die vor dem Wechsel in die Gesellschafterstellung als Arbeitnehmer unverfallbare Ruhegeldansprüche erworben haben. Hier ist eine Zugriffsmöglichkeit durch die Gläubiger stets gegeben[161].

---

[158] BGHZ 77, S. 233, 238 f.

[159] Ahrend / Förster / Rößler, GmbHR 1980, S. 229, 233; Blomeyer / Otto, § 17 Rdnr. 132; Höfer / Abt, § 17 Rdnr. 69; Wiedemann / Moll, RdA 1977, S. 13, 19. Einschränkend dagegen Hommelhoff / Timm, KTS 1981, S. 1, 289, 300 f.

[160] BGHZ 77, S. 233, 239; von Interesse ist in diesem Zusammenhang die Entscheidung des LG Köln vom 20. 3. 1985, DB 1985, S. 1579 f., das dem Kriterium der persönlichen Haftung keine allein entscheidende Bedeutung beimessen will.

[161] So auch Wiedemann / Moll, RdA 1977, S. 13, 25, die in diesem Fall dem Schutz der betrieblichen Altersversorgung den Vorrang einräumen.

Es ist anzumerken, daß nicht jeder persönlich haftende Gesellschafter im Insolvenzfall für die Verbindlichkeiten der Personengesellschaft einzustehen hat. Nach der neuesten höchstrichterlichen Rechtsprechung haftet der ehemalige persönlich haftende Gesellschafter grundsätzlich nicht für solche Ansprüche aus Dauerschuldverhältnissen der Gesellschaft, die erst nach fünf Jahren fällig werden, nachdem sein Ausscheiden aus der Gesellschaft im Handelsregister eingetragen worden ist[162]. Tritt der Konkurs erst nach Ablauf dieser Frist ein, besteht keine Zugriffsmöglichkeit der Gesellschaftsgläubiger auf die Versorgungsansprüche des ausgeschiedenen Gesellschafters. Aber auch im Insolvenzfall, der innerhalb der 5-Jahres-Frist entsteht, endet die Einstandspflicht des ehemaligen Gesellschafters nach Ablauf der fünf Jahre, so daß der Gesellschafter seine Versorgungsansprüche spätestens ab diesem Zeitpunkt gegenüber dem PSVaG uneingeschränkt geltend machen kann.

Schließlich ist der herrschenden Meinung entgegenzuhalten, daß eine „Alimentierung" in der Praxis die Ausnahme sein dürfte, weil vielfach der PSVaG mit Gegenansprüchen die Aufrechnung erklären kann. In aller Regel besteht eine Zahlungspflicht des PSVaG nicht nur für die Pension des persönlich haftenden Gesellschafters, sondern auch für eine Reihe weiterer von der OHG zugesagter Betriebsrenten. Aufgrund des gesetzlichen Forderungsübergangs gemäß § 9 Abs. 2 erwirbt der PSVaG die Versorgungsansprüche der Pensionäre gegen die in Konkurs geratene Gesellschaft. Für diese Forderungen haften gemäß § 128 HGB auch die persönlich haftenden Gesellschafter[163]. Aus dem Merkmal „Arbeitgeber" kann nicht abgeleitet werden, daß nur ein Forderungsübergang gegenüber der Gesellschaft gemeint sei[164]. Der PSVaG hat somit die Möglichkeit, den persönlich haftenden Gesellschafter für die Pensionsverpflichtungen der OHG in Anspruch zu nehmen. Er kann vor allem gegenüber dem eigenen Versorgungsanspruch des ehemaligen Gesellschafters innerhalb der pfändungsfreien Grenzen der §§ 850 ff. ZPO die Aufrechnung erklären. Ein über § 394 BGB hinausgehendes Aufrechnungsverbot besteht nicht. Wie der BGH[165] zu Recht ausführt, wird dem Versorgungszweck der Rente durch die im Gesetz geregelten Pfändungsgrenzen ausreichend Rechnung getragen.

---

[162] BGH, II ZR 50/82, vom 19. 5. 1983, ZIP 1983, S. 813, 815 f. = DB 1983, S. 1437, 1439; II ZR 207/81 vom 19. 5. 1983, ZIP 1983, S. 817, 818 = DB 1983, S. 1714; II ZR 49/82 vom 19. 5. 1983, ZIP 1983, S. 819, 820 = DB 1983, S. 1440, 1442; II ZR 129/81 vom 19. 5. 1983, ZIP 1983, S. 821 = DB 1983, S. 2096; BAG, 3 AZR 1263/79 vom 3. 5. 1983, DB 1983, S. 1259 = NJW 1983, S. 2283; vgl. hierzu in der Literatur, Koch, NJW 1984, S. 833, 835 f.; Priester / K. Schmidt, ZIP 1984, S. 1064, 1065; Ulmer, BB 1983, S. 1865 ff.; Wiesner, ZIP 1983, S. 1032 f.

[163] BGH, II ZR 50/82 vom 19. 5. 1983, ZIP 1983, S. 813, 814; Blomeyer / Otto, § 9 Rdnr. 54; Höfer / Abt, Arb.Gr. Rdnr. 505.

[164] Ebenda, a. A. Ulmer / Wiesner, ZHR 1980, S. 393, 416.

[165] Ebenda.

Die befürchtete Alimentierung der Gesellschaftsgläubiger ist daher normalerweise ausgeschlossen. Im übrigen ist zu bedenken, daß die Aufrechnungslage den persönlich haftenden Gesellschafter auch begünstigt. Wenn eine Einbeziehung des Gesellschafters in den persönlichen Geltungsbereich des BetrAVG und eine Einstandspflicht des PSVaG verneint würde, stünde sich der persönlich haftende Gesellschafter deutlich schlechter, weil er ohne Gegenforderung den Ansprüchen des PSVaG ausgesetzt wäre. Diese Begünstigung des PSVaG bzw. diese Benachteiligung des persönlich haftenden Gesellschafters ist ungerechtfertigt und daher abzulehnen.

Fraglich ist, ob der persönlich haftende Gesellschafter darüber hinaus für seinen eigenen Versorgungsanspruch haftet und dem PSVaG auch insoweit das Recht der Aufrechnung zusteht. Der BGH[166] lehnt dies ab; der persönlich haftende Gesellschafter sei lediglich Gläubiger und nicht zugleich auch als sein eigener Arbeitgeber Schuldner der ihm versprochenen Versorgungsrente. Es fehle an einer Forderung der Gesellschaft gegen ihn, die auf den PSVaG übergehen könnte. Gegen diese Wertung bestehen Bedenken. Rechtsgrund für den Versorgungsanspruch des Gesellschafters ist nicht das Gesellschaftsverhältnis, sondern eine zwischen Gesellschaft und Gesellschafter ausgehandelte Versorgungszusage. Die Ruhegeldverpflichtung begründet eine Rechtsbeziehung, wie sie auch von der OHG mit Arbeitnehmern und sonstigen Dritten eingegangen wird[167]. Anders als bei Forderungen aus dem Gesellschaftsverhältnis haften daher die Mitgesellschafter nach § 128 HGB. Die Zahlungsverpflichtung der Mitgesellschafter kürzt sich allerdings um den eigenen Verlustanteil des den Versorgungsanspruch geltend machenden Gesellschafters. Aufgrund der Regelung des § 128 HGB kann der persönlich haftende Gesellschafter also Gläubiger und mittelbar Schuldner in einer Person sein. Der Verlustanteil ist natürlich um so größer, je weniger (zahlungsfähige) Mitgesellschafter in Anspruch genommen werden können: Bei einer KG mit nur einem Komplementär trifft diesen die Haftung oder das Verlustrisiko für seine eigene Forderung sogar in vollem Umfang.

Der Ansicht des BGH, es fehle an einer Forderung der Gesellschaft, die auf den Träger der Insolvenzsicherung übergehen könne, kann ebenfalls nicht gefolgt werden. Denn § 9 Abs. 2 ordnet nicht einen Forderungsübergang von Gesellschaftsforderungen, sondern vielmehr einen Übergang von Ansprüchen der Versorgungsberechtigten gegen die Gesellschaft an. Wenn im Insolvenzfall der Ruhegeldanspruch des persönlich haftenden Gesellschafters auf den PSVaG übergeht, bleibt seine Haftung gemäß § 128 HGB insoweit bestehen, wie er aufgrund der pro rata-Erstattungspflicht im

---

[166] Ebenda.

[167] Vgl. zu den sog. Drittgläubigerforderungen der Gesellschafter, Baumbach / Duden / Hopt, § 128 Anm. 7; Fischer in Großkomm. HGB, § 128 Anm. 43 ff.

Innenverhältnis der Gesellschafter verpflichtet wäre, einen Teil der Forderung zu tragen. Dem PSVaG steht daher in Höhe dieses Verlustanteils eine Gegenforderung zu, mit der er die Aufrechnung erklären kann.

Es ist somit festzuhalten, daß der von der herrschenden Meinung erhobene Einwand der Alimentierung der Gesellschaftsgläubiger nicht berechtigt ist und eine Verneinung der Einstandspflicht des PSVaG sogar zu unbilligen Ergebnissen führt.

ee. Ergebnis

Im gesetzlichen Normalfall besteht kein Schutz des persönlich haftenden Gesellschafters durch die Bestimmungen des Betriebsrentengesetzes. Die notwendige Selbstorganschaft vermittelt ihm eine ausreichend starke Position, um auch in bezug auf das Aushandeln einer Versorgungszusage einen angemessenen Interessenausgleich erzielen zu können. Die weiteren von der herrschenden Meinung angeführten Gründe gegen eine Einbeziehung des persönlich haftenden Gesellschafters in den Geltungsbereich des BetrAVG sind jedoch als nicht stichhaltig zurückzuweisen.

b. Vom Gesetz abweichende Ausgestaltung des Gesellschaftsverhältnisses

Die Rechtsprechung erkennt lediglich in einem Ausnahmefall einen Insolvenzschutz für einen persönlich haftenden Gesellschafter an. Es handelt sich um den sog. „angestellten Komplementär", der bei wirtschaftlicher Betrachtungsweise im Innenverhältnis wie ein Angestellter gegenüber den die Gesellschaft beherrschenden Kommanditisten gebunden ist[168]. Konsequenterweise müßte der BGH diese Ausnahme auch für den „angestellten Gesellschafter in der OHG" gelten lassen.

Im Schrifttum wird nur vereinzelt zu den Möglichkeiten einer Einbeziehung des persönlich haftenden Gesellschafters in die Regelung des § 17 Abs. 1 Stellung genommen. Hommelhoff / Timm, die die Rechtsprechung des BGH zu der Rechtsstellung des persönlich haftenden Gesellschafters sehr kritisch betrachten[169], bejahen einen Schutz des persönlich Haftenden, wenn dessen Stellung augenfällig gegenüber den anderen Gesellschaftern abfalle und er lediglich über einen Kapitalanteil von 10 v.H. und weniger verfüge[170]. Nach der Auffassung von Höfer / Abt[171] ist der persönlich haftende Gesellschafter, der von der Geschäftsführung und Vertretung ausge-

---

[168] BGHZ 77, S. 233, 239.
[169] KTS 1981, S. 1, 289, 290 ff.
[170] Ebenda, S. 294, 300.
[171] § 17 Rdnr. 70, 71 ff.

schlossen ist, aber noch nicht als Arbeitnehmer anzusehen ist[172], in den Geltungsbereich einzubeziehen, wenn Kapitalbeteiligung und Stimmrecht unter 50 v.H. liegen.

aa. Der persönlich haftende Gesellschafter als Geschäftsführer

Die Prüfung des gesetzlichen Normalfalls hat gezeigt, daß der Schutz des persönlich haftenden Gesellschafters an den gesetzlichen Geschäftsführungs- und Vertretungsregeln sowie an dem Einstimmigkeitserfordernis für Gesellschafterbeschlüsse scheitert. Es stellt sich die Frage, ob im Falle abweichender gesellschaftsvertraglicher Bestimungen eine andere Beurteilung möglich ist. Eine Vertragsimparität zu Lasten des persönlich haftenden Gesellschafters ist denkbar, wenn die Bestellung und Abberufung der Geschäftsführer der Gesellschafterversammlung vorbehalten bleibt, ohne daß es auf einen wichtigen Grund ankommt, und wenn die Gesellschafterbeschlüsse mit Mehrheit gefaßt werden können. Unter diesen Umständen nähert sich die Stellung des persönlich haftenden Gesellschafters der des GmbH-Gesellschafters. Im einzelnen ist wie folgt abzugrenzen:

(1) Die Regelung der Geschäftsführung und Vertretung

Im Gesellschaftsvertrag kann ohne weiteres bestimmt werden, daß nicht sämtliche Gesellschafter zur Geschäftsführung berufen sind, sondern die Gesellschafterversammlung über Bestellung und Abberufung entscheidet, ohne daß für die Entziehung der Geschäftsführungsbefugnisse ein wichtiger Grund vorliegen muß[173]. Bei dieser Sachlage ist die Stellung des Gesellschafter-Geschäftsführers erheblich geschwächt und entspricht dem Einflußpotential eines GmbH-Gesellschafter-Geschäftsführers. Die sich im gesetzlichen Normalfall aus der Selbstorganschaft ergebenden besonderen Machtbefugnisse sind praktisch aufgehoben. Ein Ausschluß des persönlich haftenden Gesellschafters läßt sich unter diesen Umständen nicht mehr mit dem Hinweis auf die Geschäftsführungs- und Vertretungsrechte begründen. Der jeweilige Zusageempfänger kann vielmehr verlangen, nicht anders als ein Gesellschafter-Geschäftsführer in der GmbH behandelt zu werden.

---

[172] Vgl. hierzu auch Wiedemann / Moll, RdA 1977, S. 13, 21.

[173] Baumbach / Duden / Hopt, § 114 Anm. 2A, § 117 Anm. 5B, § 125 Anm. 3 ff.; Fischer in Großkomm. HGB, § 114 Anm. 8, § 117 Anm. 8, § 125 Anm. 11.

(2) Die Abstimmungsverhältnisse

Weiterhin bedarf es einer vom Gesetz abweichenden Regelung über das Zustandekommen der Gesellschafterbeschlüsse. Nur wenn in der Satzung anstelle der in § 119 Abs. 1 HGB vorgesehenen Einstimmigkeit ein Mehrheitserfordernis für die Abstimmungen geregelt ist, kann der einzelne Gesellschafter überhaupt potentiell Minderheit sein und demzufolge eine schwächere Verhandlungsposition besitzen. Es ist auch hier auf einen Vergleich mit der GmbH abzustellen. Schutzfähig ist ein Gesellschafter dann, wenn er kraft seines Stimmrechts weder beherrschenden Einfluß ausüben noch das Zustandekommen von Gesellschafterbeschlüssen, z. B. durch ein Veto-Recht, verhindern kann. Die Abgrenzung im Einzelfall richtet sich nach der Regelung der Mehrheitsverhältnisse (einfache oder qualifizierte Mehrheit) und der Festlegung der Stimmrechte (Abstimmung nach Köpfen oder Kapitalanteilen, Mehrstimmrechte etc.). Entscheidend ist – wie in der GmbH –, ob der persönlich haftende Gesellschafter lediglich die Minderheit der Stimmrechte besitzt.

Nicht akzeptabel ist demgegenüber der Vorschlag von Hommelhoff / Timm[174]. Die Beschreibung des relevanten Einflußpotentials ist unpräzise; es ist nicht erkennbar, anhand welchen Maßstabs sich die Feststellung treffen ließe, daß die Stellung eines persönlich haftenden Gesellschafters „augenfällig gegenüber den anderen Gesellschaftern abfällt“[175]. Es fehlt hier an der für die Rechtssicherheit erforderlichen eindeutigen Abgrenzungsformel. Unverständlich erscheint auch die von Hommelhoff / Timm geforderte Höchstgrenze bei einer Kapitalbeteiligung von 10 v.H.[176]. Wenn, wie die beiden Autoren richtig feststellen, das Merkmal der unbeschränkten persönlichen Haftung kein Grund ist, den persönlich haftenden Gesellschafter als Mitunternehmer anzusehen, ist es nur konsequent, seine Rechtsstellung betriebsrentenrechtlich nicht anders zu beurteilen als die des GmbH-Gesellschafters.

(3) Ergebnis

Der persönlich haftende Gesellschafter kann dem Schutz des Betriebsrentengesetzes unterfallen, wenn der Gesellschaftsvertrag folgende Abweichungen vom Gesetz enthält. Die Selbstorganschaft ist dahingehend einzuschränken, daß über Bestellung und Abberufung der Geschäftsführer die Gesellschafterversammlung entscheidet, und die Abberufung auch ohne wichtigen Grund wirksam ist. In der Gesellschafterversammlung genügt für das Zustandekommen der Beschlüsse die Mehrheit der Stimmen. Bei Vorlie-

---

174 KTS 1981, S. 1, 289, 302.

175 Ebenda.

176 Ebenda, S. 300, 302.

gen dieser Voraussetzungen greifen die im gesetzlichen Normalfall bestehenden Bedenken nicht mehr durch. In betriebsrentenrechtlicher Sicht unterscheidet sich die Rechtsstellung und Verhandlungsstärke des persönlich haftenden Gesellschafters nicht von der des GmbH-Gesellschafters. Für die Beurteilung der Schutzfähigkeit kommt es daher auf die oben aufgestellten Abgrenzungsmaßstäbe an[177]; dies gilt insbesondere für die Berücksichtigung von Sonderrechten und tatsächlichen Umständen, wie z. B. der mehrköpfigen Gesellschafter-Geschäftsführung.

Diese Lösung hat nicht nur den Vorteil, daß betriebsrentenrechtliche Nachteile für persönlich haftende Gesellschafter vermieden werden. Es wird darüber hinaus eine einheitliche Betrachtung der verschiedenen Fallgruppen mit Hilfe der gleichen Abgrenzungskriterien erreicht.

bb. Tätigkeit außerhalb der Geschäftsführung

Gesellschafter einer Personengesellschaft können ausnahmsweise als Arbeitnehmer für ihr Unternehmen tätig sein[178]. Wichtig ist, daß die zu erbringenden Arbeitsleistungen nicht auf dem Gesellschaftsvertrag, sondern auf einem gesonderten Arbeitsverhältnis beruhen[179]. Darüber hinaus ist entscheidend, ob der Gesellschafter seine Arbeit in persönlicher Abhängigkeit und Weisungsgebundenheit geleistet hat[180]. Wenn es sich nicht gerade um Fälle der Mitarbeiterbeteiligung handelt, werden diese Merkmale nur selten vorliegen, auch wenn der jeweilige Gesellschafter von der Geschäftsführung ausgeschlossen ist. Nur wenn das Gesellschaftsverhältnis so ausgestaltet ist, daß nicht eine gegenseitige Abhängigkeit, sondern Mehrheitsverhältnisse mit unterschiedlich starken Gesellschaftern prägend sind, besteht die ernsthafte Möglichkeit arbeitsvertraglicher Beziehungen und damit betriebsrentenrechtlichen Schutzes gemäß § 17 Abs. 1 S. 1.

Eine Einbeziehung von persönlich haftenden Gesellschaftern als Nicht-Arbeitnehmer in die Regelung des § 17 Abs. 1 S. 2 kommt schließlich dann in Betracht, wenn zwischen der Personengesellschaft und dem Gesellschafter sogenannte Drittbeziehungen, wie z. B. Dienst- oder Werkverträge, bestehen. Eine Schutzfähigkeit ist jedoch wie beim Gesellschafter-Geschäftsführer nur möglich, wenn der Gesellschaftsvertrag die unter Zf. aa. geschilderten Abweichungen vom Gesetz enthält. Denn lediglich unter diesen Voraussetzungen ist eine Vertragsimparität denkbar, die eine Einbeziehung in den

---

177 Vgl. 2. Abschn., B. II. 1.

178 LAG Bremen, AP Nr. 1 zu § 611 BGB Arbeits- und Gesellschaftsverhältnis mit Anm. von G. Hueck; Blomeyer / Otto, § 17 Rdnr. 17; Heubeck / Höhne, § 17 Rdnr. 34 ff.; Höfer / Abt, § 17 Rdnr. 18 ff.; G. Hueck, DB 1962, S. 1363, 1364 ff.; Hueck / Nipperdey, Bd. I, S. 46, FN 27; Soergel / Kraft, vor § 611 Rdnr. 37.

179 Nachweise im 1. Abschn., FN 50.

180 LAG Bremen, a.a.O. (FN 178); Höfer / Abt, § 17 Rdnr. 23 f.

Geltungsbereich des BetrAVG zuläßt. Hinsichtlich der weiteren Anforderungen, die bei Drittbeziehungen zu beachten sind, ist auf die Ausführungen zum Minderheitsgesellschafter in der GmbH zu verweisen[181].

In Zweifelsfällen ist stets zu beachten, daß neben der Prüfung der Arbeitnehmer- oder Nicht-Arbeitnehmer-Eigenschaft im Sinne von § 17 Abs. 1 das Merkmal der betrieblichen Veranlassung der Versorgungszusage eine weitere Differenzierung und Abgrenzung erlaubt, um der Altersversorgung von bestimmten Personen den Schutz des BetrAVG zu versagen.

2. Der Gesellschafter in der Gesellschaft bürgerlichen Rechts (GbR)

a. Grundsätzliche Bemerkungen

Während die Handelsgesellschaften OHG und KG kraft gesetzlicher Bestimmung (§§ 124, 161 Abs. 2 HGB) eine rechtliche Selbständigkeit besitzen, wird bei der Gesellschaft bürgerlichen Rechts ausschließlich die Gesamthandsgemeinschaft, d. h. die Gesellschafter in ihrer gesamthänderischen Verbundenheit, aus Rechtsgeschäften berechtigt und verpflichtet[182]. Dieser Unterschied könnte sich auf die Schutzfähigkeit von Gesellschaftern einer GbR auswirken.

Zunächst ist unter Verweisung auf die Ausführungen im Ersten Abschnitt[183] festzuhalten, daß keine die Anwendbarkeit des § 17 Abs. 1 S. 2 ausschließende Identität zwischen den jeweils Berechtigten und Verpflichteten einer Versorgungszusage besteht. Fraglich ist, ob die fehlende rechtliche Selbständigkeit des GbR aus anderen Erwägungen einen Ausschluß der Gesellschafter erfordert. In bezug auf eine andere Form der Gesamthandsgemeinschaft, der ehelichen Gütergemeinschaft, wird vertreten, daß die Eheleute wegen der vermögensmäßigen Verflechtung ihrer jeweiligen Güter regelmäßig als Mitunternehmer anzusehen seien[184]. Diese Beurteilung kann jedoch – soweit ihr überhaupt zu folgen ist[185] – nicht auf die Rechtsverhältnisse in der GbR übertragen werden. Es besteht anders als bei Ehegatten eine rechtliche Trennung der Vermögensmassen, nämlich dem Gesamthandsvermögen und dem Privatvermögen der Gesellschafter. Dies wird schon daran erkennbar, daß die Haftung der Gesellschafter durch Abrede mit einem Dritten auf das Gesellschaftsvermögen beschränkt werden

181 s. o. B. II. 1. a. bb. (2).

182 BGB-RGRK-v. Gamm, vor § 705 Rdnr. 4; MünchKomm-Ulmer, vor § 705 Rdnr. 11; Palandt / Thomas, § 705 Anm. 5,7.

183 Vgl. A. III. 2. d. bb.

184 PSVaG Merkblatt 300/M 2/11.80, Zf. 2.2; Höfer / Abt, § 17 Rdnr. 30.

185 Vgl. im einzelnen hierzu 2. Abschn., A. III. 3.

kann[186]. Die gesellschaftsrechtliche Struktur der GbR ist somit gegenüber den Personengesellschaften des Handelsrechts nicht so verschieden, daß eine unterschiedliche Behandlung der jeweiligen Gesellschafter von vornherein geboten wäre[187].

b. Anwendbarkeit des § 17 Abs. 1 BetrAVG

Nach dem gesetzlichen Normalstatut erfolgt die Geschäftsführung gemeinschaftlich und nur unter Zustimmung aller Gesellschafter, §§ 709 Abs. 1, 714 BGB; sie ist nicht beschränkt auf bestimmte Geschäfte oder Handlungen[188]. Die zwingende Beteiligung an der Geschäftsführung verleiht dem Gesellschafter der GbR eine noch stärkere Position, als sie der persönlich haftende Gesellschafter in OHG und KG besitzt. Es steht daher außer Zweifel, daß die Gesellschafter der GbR regelmäßig ihre Interessen paritätisch vertreten können und daher vom Geltungsbereich des BetrAVG auszuschließen sind.

Wie in der OHG sind jedoch abweichende gesellschaftsvertragliche Bestimmungen weitgehend zulässig und in der Praxis auch anzutreffen. Wenn der Gesellschaftsvertrag Regelungen vorsieht, die den Mindestanforderungen für den betriebsrentenrechtlichen Schutz eines Gesellschafter-Geschäftsführers in der OHG entsprechen[189] bestehen keine Bedenken, den Gesellschafter-Geschäftsführer einer GbR ebenfalls zu schützen.

Wenn in der GbR ein Gesellschafter von der Geschäftsführung ausgeschlossen ist, kann er als Arbeitnehmer gemäß § 17 Abs. 1 S. 1 oder bei einer Drittbeziehung gemäß § 17 Abs. 1 S. 2 dem Geltungsbereich des Gesetzes unterfallen. Angesichts der weitreichenden Entscheidungsbefugnisse der geschäftsführenden Gesellschafter sind die Mitwirkungsbefugnisse eines außenstehenden Gesellschafters erheblich reduziert; aufgrund seines geringen Einflußpotentials ist davon auszugehen, daß er sich in der schwächeren Verhandlungsposition befindet und daher – soweit hinsichtlich der Arbeitnehmerstellung Zweifel bestehen – zumindest ein Schutz gemäß § 17 Abs. 1 S. 2 gegeben ist.

3. Die Kommanditgesellschaft

a. Der Komplementär

Die Vorschrift des § 161 Abs. 2 HGB verweist auf die für die OHG geltenden Bestimmungen, soweit nicht etwas Besonderes geregelt ist. Die Rechts-

[186] BGB-RGRK-v. Gamm, § 718 Rdnr. 9; Palandt / Thomas, § 714 Anm. 3c.
[187] Vgl. hierzu auch MünchKomm-Ulmer, vor § 705, Rdnr. 11 f.
[188] Palandt / Thomas, Anm. 2 vor § 709.
[189] s. o. B. III. 1. b.

stellung des Komplementärs entspricht der des persönlich haftenden Gesellschafters in der OHG. Für den gesetzlichen Normalfall gilt daher, daß der Komplementär vom persönlichen Geltungsbereich des Betriebsrentengesetzes ausgeschlossen ist.

Diese Gleichbehandlung läßt sich im Falle abweichender gesellschaftsvertraglicher Vereinbarungen, die für den Gesellschafter in der OHG einen betriebsrentenrechtlichen Schutz zur Folge haben können, nicht uneingeschränkt aufrecht erhalten. Denn das Einflußpotential des Komplementärs ist insoweit stärker, als die Kommanditisten gemäß § 164 HGB von der Geschäftsführung und gemäß § 170 HGB sogar zwingend von der organschaftlichen Vertretung[190] ausgeschlossen sind und ihnen auch nur geringe Kontrollrechte zustehen. Diese Besonderheiten der KG wirken sich vor allem dann aus, wenn nur ein Komplementär vorhanden ist. Unter diesen Umständen läßt sich eine im Gesellschaftsvertrag vorgesehene Abberufung eines Gesellschafter-Geschäftsführers praktisch nicht durchsetzen, weil infolge der notwendigen Selbstorganschaft eine Entziehung der Vertretungsbefugnis des persönlich haftenden Gesellschafters nicht möglich ist[191]. Der Entscheidungsspielraum des Komplementärs kann lediglich beschränkt werden, in dem ein oder mehrere Kommanditisten als Geschäftsführer bestellt werden und ihnen Vollmacht oder Prokura zwecks Vertretung der Gesellschaft eingeräumt werden. Dies ändert jedoch nichts an der Alleinvertretungsberechtigung des Komplementärs, weil er als einziger persönlich haftender Gesellschafter nicht an die Mitwirkung eines Kommanditisten gebunden werden kann[192].

Die zwingende Beteiligung des einzigen Komplementärs an der Vertretung der Gesellschaft begründet eine Sonderstellung, auch wenn der Gesellschafter nur über eine geringe Kapitalbeteiligung verfügt und für das Zustandekommen der Gesellschafterbeschlüsse eine Mehrheit genügt. Die Kommanditisten sind darauf angewiesen, daß der Komplementär ihre Interessen nach außen angemessen vertritt; weiterhin können sie auf den persönlich haftenden Gesellschafter nicht verzichten, wenn sie ihre Gesellschaftsform beibehalten wollen. Aufgrund dieser Umstände besteht eine Vermutung, daß der Komplementär beim Aushandeln einer Versorgungszusage einen angemessenen Interessenausgleich erzielen kann, d. h. eine vertragsparitätische Position besitzt.

Eine Ausnahme besteht im Falle des sog. angestellten Komplementärs. Für diese Personengruppe erkennt sogar der BGH[193] eine Anwendbarkeit

---

190 Vgl. Baumbach / Duden / Hopt, § 170 Anm. 1.

191 BGH, II ZR 33/67 vom 9. 12. 1968, Bd. 51, S. 198, 200 = JZ 1969, S. 469 f.; Baumbach / Duden / Hopt, § 127 Anm. 1 C; Fischer in Großkomm. HGB, § 127 Anm. 4; abweichend Wiedemann, Anm. zum Urteil des BGH vom 9. 12. 1968, JZ 1969, S. 470, 471, der eine Entziehung mit Übergangsregelung für möglich hält.

192 Vgl. KG, JW 1939, S. 424, 425; Baumbach / Duden / Hopt, § 170 Anm. 2 A.

des § 17 Abs. 1 S. 2 an, weil hier nicht der Komplementär, sondern die Kommanditisten den beherrschenden Einfluß ausüben und sie sich lediglich des persönlich haftenden Gesellschafters bedienen, um ein eigenes Haftungsrisiko auszuschließen. Als typische Indizien werden folgende Umstände gewertet: kein oder nur geringes Einflußpotential des Komplementärs im Innenverhältnis, Weisungsgebundenheit, keine oder nur geringe Kapitalbeteiligung, Zusage der Haftungsfreistellung.

Keine Bedenken bestehen gegen eine Anwendung der für die OHG aufgestellten Grundsätze, wenn mehrere Komplementäre beteiligt sind und im Gesellschaftsvertrag bestimmt ist, daß auch den Kommanditisten Geschäftsführungsbefugnis und Vollmacht zur Vertretung eingeräumt werden kann. Anders als in der OHG ist zwar nach wie vor ein Gefälle zwischen der rechtlichen Stellung der persönlich haftenden Gesellschafter und der Kommanditisten gegeben. Wenn jedoch der Gesellschaftsvertrag der KG die im Hinblick auf eine Schutzfähigkeit des Gesellschafters der OHG geschilderten Regelungen enthält, kann die Einbeziehung eines Komplementärs unter die Regelung des § 17 Abs. 1 S. 2 gerechtfertigt sein. Denn bei der Beteiligung mehrerer Komplementäre besteht die Möglichkeit, einen persönlich haftenden Gesellschafter abzuberufen und durch einen anderen zu ersetzen. Die Rechtsstellung und das Einflußpotential des Komplementärs entspricht den Verhältnissen in der OHG. Es gelten die zur OHG gemachten Ausführungen[194].

b. Der Kommanditist

aa. Stellung nach dem gesetzlichen Normalstatut

Nach den Bestimmungen der §§ 164, 170 HGB ist der Kommanditist von Geschäftsführung und Vertretung ausgeschlossen, so daß für ihn nur eine Tätigkeit als Arbeitnehmer oder in einer Drittbeziehung zu dem Unternehmen in Betracht kommt. Die Möglichkeit arbeitsrechtlicher Beziehungen zwischen der KG und dem Kommanditisten ist allgemein anerkannt[195]. Bei der Abgrenzung im Einzelfall ist insbesondere bedeutsam, ob die Tätigkeit Bestandteil der gesellschaftsvertraglichen Verpflichtungen ist, wie die Vergütung geregelt ist und ob sich die Tätigkeit mit der anderer Arbeitnehmer vergleichen läßt. Wenn hinsichtlich der Arbeitnehmereigenschaft eines Kommanditisten Zweifel bestehen, dürfte in vielen Fällen die Regelung des § 17 Abs. 1 S. 2 eingreifen, so daß für die Anwendbarkeit des BetrAVG die Abgrenzung zwischen Arbeitnehmer und Nicht-Arbeitnehmer vielfach offenbleiben kann.

---

193 Bd. 77, S. 233, 239; vgl. auch LG Köln, DB 1985, S. 1579 f.

194 s. o. B. III. 1.

195 BGHZ 77, S. 94, 104; G. Hueck, DB 1962, S. 1363, 1364 ff.; Wiedemann / Moll, RdA 1977, S. 13, 21 f.

Zwei Punkte sind allerdings im Hinblick auf die Vorschrift des § 17 Abs. 1 S. 2 klärungsbedürftig. In allen Angelegenheiten, die über den gewöhnlichen Betrieb des Handelsgewerbes hinausgehen, ist nach herrschender Auffassung[196] ein einstimmiger Beschluß sämtlicher Gesellschafter erforderlich. Dieses Einstimmigkeitserfordernis begründet jedoch kein erhebliches Einflußpotential des Kommanditisten, das zur Bejahung des Merkmals Vertragsparität führen könnte. Denn die Mehrzahl der Entscheidungen wird von der Geschäftsleitung gefällt, die auch die Geschäftspolitik im wesentlichen bestimmt und die die Beschlüsse der Gesellschafterversammlung vorbereitet. Dem Votum der Kommanditisten kommt daher in der Regel mehr kontrollierende als mitentscheidende Funktion zu.

Fraglich ist, wie sich eine Mehrheitsbeteiligung am Kapital auf die Position des Kommanditisten im Unternehmen auswirkt. Rechtlich bleibt der Umfang des Einflußpotentials unberührt, weil nach dem Gesetz das Stimmrecht nicht von der Vermögensbeteiligung abhängt. Es kann daher nicht der Auffassung von Höfer / Abt[197] gefolgt werden, die bei einer mehrheitlichen Kapitalbeteiligung eine entsprechende Leitungsmacht unterstellen. Als tatsächlicher Umstand könnte jedoch die Kapitalbeteiligung Bedeutung erlangen, z. B. in Fällen, in denen das Unternehmen nachweislich in erheblichem Umfang von ihrem stärksten Kapitalgeber abhängt. In Anwendung der im Ersten Abschnitt[198] zum Merkmal Vertragsparität entwickelten Abgrenzungskriterien besteht hier eine Vermutung, daß die Mitgesellschafter ihre rechtliche Vormachtstellung nicht geltend machen, sondern in Kenntnis ihrer finanziellen Abhängigkeit den Interessen und Wünschen des Kommanditisten beim Aushandeln einer Versorgungszusage entgegenkommen.

Mit Ausnahme des letztgenannten Falles, in dem der betreffende Gesellschafter allerdings den Gegenbeweis zwecks Entkräftung der Vermutung führen darf, läßt sich grundsätzlich feststellen, daß der Kommanditist als Arbeitnehmer oder als Nicht-Arbeitnehmer im Sinne des § 17 Abs. 1 S. 2 dem Betriebsrentengesetz unterfällt.

bb. Abweichende gesellschaftsvertragliche Vereinbarungen

Ein Kommanditist, der aufgrund der Satzung oder eines Gesellschafterbeschlusses zum Geschäftsführer mit Prokura bestellt worden ist, wird als Nicht-Arbeitnehmer gemäß § 17 Abs. 1 S. 2 geschützt, soweit er nicht die Mehrheitsanteile am Kapital besitzt. Verfügt er demgegenüber über eine Mehrheitsbeteiligung, ist auch ohne entsprechendes Stimmrecht in der

---

196 RGZ 158, S. 302, 307; Baumbach / Duden / Hopt, § 164 Anm. 1 B; Schilling in Großkomm. HGB, § 164 Anm. 5 m.w.N.

197 § 17 Rdnr. 72.

198 B. IV. 2. cc. (2).

Regel eine so starke Stellung im Unternehmen gegeben, daß eine Anwendung des § 17 Abs. 1 S. 2 ausscheidet. Hier vermitteln die Entscheidungsbefugnisse in der Geschäftsführung gemeinsam mit der Kapitalstärke eine paritätische Verhandlungsposition.

Soweit der Kommanditist vermögens- und einflußmäßig Minderheitsgesellschafter ist und keine Sonderrechte, wie z. B. unentziehbare Mitwirkung in der Geschäftsleitung oder das Recht zur Bestellung der Geschäftsführer, besitzt, unterfällt er unabhängig von der Art seiner Tätigkeit im Unternehmen grundsätzlich dem persönlichen Geltungsbereich des Betriebsrentengesetzes. Dies ergibt sich schon aus einem Vergleich mit dem persönlich haftenden Gesellschafter, der unter diesen Umständen betriebsrentenrechtlichen Schutz beanspruchen könnte[199]. Die von Hommelhoff / Timm[200] geäußerte Ansicht, der Kommanditist sei Mitunternehmer, wenn er gesellschaftsintern mit den Komplementären auf einer Stufe stehe und sein Kapitalanteil mehr als 10 v. H. betrage, ist abzulehnen. Denn auch beim persönlich haftenden Gesellschafter ist eine Schutzfähigkeit nicht von vornherein ausgeschlossen, wenn seine Beteiligungsquote oberhalb 10 v. H. liegt[201]. Wenn allerdings aufgrund gesellschaftsvertraglicher Abrede die Rechtsstellung des Kommanditisten ähnlich der des Komplementärs im gesetzlichen Normalfall ausgestaltet wird, dann ist er ohne Berücksichtigung seiner Kapitalbeteiligung vom BetrAVG auszuschließen.

Besondere tatsächliche Umstände, wie z. B. die mehrköpfige Gesellschafter-Geschäftsführung, sind entsprechend den im Ersten Abschnitt und beiden Kapitalgesellschaften erarbeiteten Grundsätzen zu berücksichtigen.

4. Die GmbH & Co. KG

Diese in der Praxis aus haftungs- und steuerrechtlichen Gründen sehr beliebte Gesellschaftsform unterscheidet sich auch in betriebsrentenrechtlicher Hinsicht erheblich von der gesetzestypischen KG. Die Aufnahme einer GmbH als persönlich haftende Gesellschafterin und die damit verbundene Koppelung einer Kapitalgesellschaft mit einer Personengesellschaft macht eine eigenständige Betrachtung der für die GmbH & Co. KG tätigen Gesellschafter notwendig.

a. Die GmbH mit eigenem Geschäftsbetrieb

Wenn die GmbH ein von der KG deutlich getrenntes Unternehmen führt und ein GmbH-Gesellschafter für seine Tätigkeit in der GmbH eine Versor-

[199] s. o. 2. Abschn., D. III. 1. b.
[200] KTS 1981, S. 1, 289, 303.
[201] s. o. B. III. 1. b. aa. (1) und (2).

gungszusage erhält, dann richtet sich die Anwendbarkeit des § 17 Abs. 1 ausschließlich nach den Kapital- und Stimmrechtsverhältnissen in der GmbH. Eine etwaige Zugehörigkeit des GmbH-Gesellschafters als persönlich haftender Gesellschafter oder als Kommanditist in der KG ist unbeachtlich, wenn nicht die KG zugleich Anteile an der GmbH besitzt. Diese Betrachtung entspricht heute allgemeiner Auffassung[202]. Entscheidend ist jedoch, daß die GmbH einen von der KG unterscheidbaren wirtschaftlich selbständigen Geschäftsbetrieb unterhält, und der Zusageempfänger Dienstleistungen für diese Unternehmenstätigkeit der GmbH erbracht hat und hierfür eine Versorgungszusage erhalten hat[203].

b. Die GmbH ohne eigenen Geschäftsbetrieb

Diese in der Praxis wesentlich bedeutsamere Fallkonstellation ist in der rechtlichen Würdigung komplizierter. Aufgrund der Tatsache, daß eine Kapital- und eine Personengesellschaft zu einer atypischen KG verbunden sind und der durch eine Versorgungszusage begünstigte Gesellschafter möglicherweise an beiden Gesellschaften beteiligt ist, lassen sich die jeweils zur KG und zur GmbH erarbeiteten Grundsätze nicht ohne weiteres anwenden. Im übrigen sind die Erscheinungsformen der GmbH & Co. KG vielfältig (z. B. nicht personengleiche GmbH & Co., echte oder personengleiche GmbH & Co., wechselseitig beteiligte GmbH & Co., GmbH & Co. als Publikumsgesellschaft etc.[204]), so daß eine schematische Betrachtung schwierig wird.

aa. Rechtsprechung und Literatur

Ursprünglich wurde in der Literatur[205] und in der erstinstanzlichen Rechtsprechung[206] der Standpunkt vertreten, daß ein Gesellschafter-Geschäftsführer, der zugleich an GmbH und KG beteiligt sei, unabhängig von der Höhe seiner Beteiligung als Unternehmer anzusehen sei[207]. Als Begründung wurde u. a. angeführt, daß es nicht vertretbar sei, einen Gesellschafter-Geschäftsführer einer GmbH & Co. KG zu schützen, während er in gleicher Position bei einer OHG oder KG als Unternehmer behandelt werde.

---

[202] BGHZ 77, S. 233, 240; II ZR 180/79 vom 9. 6. 1980, ZIP 1980, S. 562, 563 f.; Blomeyer / Otto, § 17 Rdnr. 129; Everhardt, BB 1981, S. 681, 684 f.; Heubeck / Paulsdorff, § 17 Rdnr. 90; Höfer / Abt, § 17 Rdnr. 91; Hommelhoff / Timm, KTS 1981, S. 1, 289, 314.

[203] BGH, ebenda, ZIP 1980, 562, 564.

[204] Vgl. Baumbach / Duden / Hopt, Anh. § 177a Anm. I 3.

[205] Vgl. Paulsdorff, GmbHR 1977, S. 241, 242 f.

[206] LG Köln, Urteil vom 13. 7. 1977, GmbHR 1977, S. 250 = BB 1977, S. 1506.

[207] So auch der PSVaG in seinem Merkblatt 300/M 1/10.76 Zf. 2.2.3, RdA 1977, S. 34, 35.

Dieser Ansicht ist der BGH nicht gefolgt. In einer Entscheidung vom 9. 6. 1980[208] hat der Senat den Kläger für die Zeit, in der er mit einer Beteiligung von 5,8 v.H. als persönlich haftender Gesellschafter tätig war, vom Geltungsbereich des BetrAVG ausgeschlossen, während er für einen späteren Zeitraum, in dem eine GmbH die Stellung des persönlich haftenden Gesellschafters übernommen hatte, und der Kläger Minderheitsgesellschafter der GmbH war, einen Insolvenzschutz bejaht hat. Zur Begründung führt er in einem anderen zwischen den gleichen Parteien und am gleichen Tag ergangenen Grundsatzurteil[209] aus, daß die gleichzeitige Beteiligung an KG und Komplementär-GmbH in Verbindung mit der Geschäftsführereigenschaft ihrem Inhaber allein noch keine so starke kapital- und einflußmäßige Stellung innerhalb der Gesellschaften gebe, wie sie notwendig wäre, wenn seine Alters- und Invaliditätssicherung dem vollen Unternehmerrisiko unterworfen bleiben solle. Beide Gesellschaften seien als Unternehmensträger wie eine wirtschaftliche Einheit zu betrachten, wobei das Schwergewicht eindeutig bei der KG liege. Für den Schutz des Geschäftsführers der Komplementär-GmbH komme es wesentlich auf die verhältnismäßige Höhe seines Kommanditanteils zuzüglich der mittelbaren Beteiligung aufgrund der Mitgliedschaft in der GmbH und das hierdurch bedingte Maß an unternehmerischer Leitungsmacht an[210]. Eine unmittelbare Beteiligung an der KG sei nicht notwendig, wenn der Gesellschafter bereits aus seiner indirekten Beteiligung die Kapital- und Stimmehrheit besitze[211].

Diese Betrachtung und Berechnungsmethode des BGH ist in der Literatur überwiegend unkritisch zur Kenntnis genommen worden[212]. Lediglich Blomeyer / Otto[213] äußern Bedenken an dieser rein numerischen Gewichtung der Anteile des Gesellschafter-Geschäftsführers, weil diese nicht oder nicht genügend berücksichtige, welche Leitungsmacht die Beteiligung tatsächlich verkörpere.

bb. Kritik und eigener Lösungsvorschlag

(1) Betrachtung einiger Beispiele

Die Berechnungsmethode des BGH ist unter folgender Prämisse zutreffend. Für beide Gesellschaften findet eine gemeinsame Gesellschafterversammlung statt, und der Gesellschaftsvertrag sieht vor, daß sich das Stimmrecht der Gesellschafter entsprechend der vom BGH vorgenommenen

---

[208] II ZR 180/79, ZIP 1980, S. 562.

[209] BGHZ 77, S. 94, 104 f.

[210] Ebenda, S. 105.

[211] BGHZ 77, S. 233, 240 f.

[212] Vgl. Heubeck / Paulsdorff, § 17 Rdnr. 87 ff.; Höfer / Abt, § 17 Rdnr. 87 ff.; Hommelhoff / Timm, KTS 1981, S. 1, 289, 313 f.

[213] § 17 Rdnr. 127.

Gewichtung errechnet. Dieser Sachverhalt hat offenbar der Entscheidung des Senates vom 28. 4. 1980 zugrunde gelegen[214].

Die Urteilsgründe[215] und spätere Entscheidungen[216] sind jedoch so zu verstehen, als wolle der Senat in allen Fällen, in denen die GmbH keinen eigenen Geschäftsbetrieb unterhält, die gleichen Grundsätze zugrundelegen. Hiergegen bestehen Bedenken, weil die Zusammenrechnung des BGH vielfach nicht das wahrhaftige Einflußpotential des Gesellschafters widerspiegelt. Einige Beispiele verdeutlichen dies:

1.	Unmittelbare Beteiligung an der KG	10 %
	Unmittelbare Beteiligung an der GmbH	60 %
	Beteiligung der GmbH an der KG	60 %
	Gesamtbeteiligung des Gesellschafter-Geschäftsführers an der KG nach BGH: 10 % + 60 % von 60 % =	46 %
2.	Keine Beteiligung an der KG	
	Unmittelbare Beteiligung an der GmbH	75 %
	Beteiligung der GmbH an der KG	50 %
	Gesamtbeteiligung nach BGH: 75 % von 50 %	37,5 %

3. An der GmbH & Co. KG sind insgesamt nur 2 Gesellschafter beteiligt; die jeweiligen Beteiligungen setzen sich wie folgt zusammen:

	Gesellschafter-Geschäftsführer A		Gesellschafter B
Anteile an KG	30 %		10 %
Anteile an GmbH	40 %		60 %
Anteile der GmbH an KG	60 %		60 %
Gesamtbeteiligung nach BGH: 30 % + 40 % v. 60 % =	54 %	10 % + 60 % v. 60 % =	46 %

In diesen Beispielen entspricht die nach der Methode des BGH errechnete kapitalmäßige Beteiligung keineswegs den tatsächlichen Machtverhältnissen, wenn nicht ausnahmsweise der Gesellschaftsvertrag ein dieser Berechnung entsprechendes Stimmrecht vorsieht. In den unter Zf. 1 und 2 genannten Beispielen sind die Geschäftsführer rein numerisch zwar Minderheitsgesellschafter. In Wahrheit verfügen sie jedoch über den beherrschenden oder

---

[214] BGHZ 77, S. 94, 105.

[215] Ebenda.

[216] Vgl. BGHZ 77, S. 233, 240 f.; II ZR 180/79 vom 9. 6. 1980, ZIP 1980, S. 562, 563 f.; II ZR 100/80 vom 4. 5. 1981, ZIP 1981, S. 894, 895.

zumindest paritätischen Einfluß, weil sie die Mehrheitsbeteiligung der GmbH an der KG aufgrund ihrer eigenen Mehrheitsanteile an der GmbH in vollem Umfang für sich einsetzen können. Umgekehrt nützt dem Gesellschafter-Geschäftsfüher A in dem dritten Beispiel seine 40 %ige Beteiligung an der GmbH wenig, weil ihm sein Mitgesellschafter B bei Abstimmungen regelmäßig überlegen ist und demzufolge über die Kapital- und Stimmrechte der GmbH an der KG ausschließlich in seinem Interesse verfügen kann.

Dieses Auseinanderklaffen von vermögensmäßiger Beteiligung und Einflußpotential erweist sich als Folge der rechtlichen Verknüpfung zweier Gesellschaften, in denen unterschiedliche Mehrheits- und Machtverhältnisse herrschen. Der BGH läßt außer Betracht, daß die von ihm als Grundlage seiner Argumentation angeführte wirtschaftliche Einheit nicht regelmäßig eine rechtliche Einheit nach sich zieht, wonach die Kapitalanteile und die damit verbundenen Stimmrechte in den beiden Gesellschaften in ein Verhältnis gebracht und anschließend addiert werden können. Auch wenn die GmbH als Komplementär in die KG eintritt, behält sie ihre rechtliche Selbständigkeit und ihre eigenen Organe, die unabhängig von der Entscheidungsfindung in der KG eigene Beschlüsse fassen können. Da die GmbH als persönlich haftende Gesellschafterin die KG leitet, obliegt es ihren Gesellschaftern, über die Besetzung der Geschäftsführung und ggf. auch über Weisungen an die Geschäftsführung zu entscheiden. Demgegenüber übernimmt der GmbH-Gesellschafter in anderen wichtigen Angelegenheiten, über die die Kommanditisten mitzuentscheiden haben, an der Abstimmung nicht unmittelbar teil. Er kann lediglich im Vorfeld an der Meinungsbildung der GmbH mitwirken. Hier kommt es auf sein Einflußpotential in der Gesellschafterversammlung der GmbH an; in den oben unter Zf. 1 und 2 genannten Beispielen ist dieser Einfluß beherrschend, so daß der Gesellschafter letztendlich über die gesamte GmbH-Beteiligung an der KG verfügen kann. Wie das Beispiel 3 zeigt, kann die Beteiligung an der GmbH jedoch auch so ausfallen, daß der Gesellschafter regelmäßig unterlegen ist und daher auch mittelbar keinen Einfluß auf die Entscheidungen in der KG ausüben kann.

(2) Abgrenzung im Falle einer gesetzestypischen GmbH & Co. KG

Da die schematische Betrachtungsweise des BGH zu ungerechten Ergebnissen führen kann, soll sich die folgende Abgrenzung stärker an den aus der Verbindung von Kapital- und Personengesellschaft resultierenden besonderen Machtverhältnissen und Entscheidungsprozessen orientieren.

(a) Der Mehrheitsgesellschafter in der GmbH

In der KG nimmt der Komplementär als gesetzliches Vertretungsorgan eine besondere Rechtsstellung ein, die ihn wegen seiner weitreichenden und stark gesicherten Rechte regelmäßig vom Schutzbereich des BetrAVG ausschließt[217]. Vorliegend ist es die GmbH, die durch ihre Organe die ihr als Komplementärin zukommende Geschäftsführung und Vertretung der KG ausübt. Die personelle und sachliche Leitung des Unternehmens wird somit von der Gesellschafterversammlung der GmbH entschieden, weil diese für die Besetzung, Abberufung der Geschäftsführung sowie Weisungen an die Geschäftsführung zuständig ist. Dies hat zur Folge, daß der oder die vermögens- und einflußmäßigen Mehrheitsgesellschafter in der GmbH über ihr Einflußpotential in der GmbH gleichzeitig die Geschäftsführung und Vertretung der KG beherrschen. Diese GmbH-Gesellschafter sind daher unabhängig von ihrer Gesamtbeteiligung an der KG ähnlich wie ein persönlich haftender Gesellschafter vom Betriebsrentengesetz auszuschließen. Die Beurteilung des Einflußpotentials eines GmbH-Gesellschafters innerhalb der GmbH ist anhand der für die GmbH aufgestellten Abgrenzungskriterien vorzunehmen[218].

(b) Der Minderheitsgesellschafter in der GmbH

Wenn in der GmbH ein Gesellschafter zum Geschäftsführer berufen wird, der innerhalb der GmbH nur eine schwache Verhandlungsposition besitzt, ist zunächst eine Schutzbedürftigkeit zu bejahen. Denn er kann jederzeit als Geschäftsführer abberufen werden, und er kann bei Beschlüssen der Gesellschafterversammlung seine Auffassung und seinen Willen nicht paritätisch zur Geltung bringen. Entscheidend für die Einbeziehung in das BetrAVG ist nun, ob und in welchem Umfang der GmbH-Gesellschafter zugleich als Kommanditist an der GmbH & Co. KG beteiligt ist. Es sind dabei folgende Fallkonstellationen zu unterscheiden:

(aa) Personengleichheit in der GmbH und der KG

Es ist davon auszugehen, daß die Gesellschafter sowohl in der GmbH als auch in der KG ihr Stimmrecht identisch ausüben. Im Falle einer Abstimmungsniederlage in der GmbH wird der Minderheitsgesellschafter damit rechnen müssen, auch in der Gesellschafterversammlung der KG zu unterliegen, zumal er in diesem Fall auch das Stimmrecht der GmbH gegen sich hat. Unter diesen Umständen wird der Zusageempfänger vom Geltungsbe-

---

217 Vgl. B. III. 1. a.; B. III. 3. a.

218 s. o. B. II. 1.

reich des Betriebsrentengesetzes erfaßt; denn allein die Mehrheitsfähigkeit genügt nicht, um eine Vertragsparität begründen zu können.

Eine Ausnahme besteht dann, wenn der GmbH-Minderheitsgesellschafter weiterhin als Kommanditist 50 % und mehr der Anteile der KG besitzt. Vermittelt ihm diese Kapitalbeteiligung ein entsprechendes Stimmrecht, ist er aufgrund seines beherrschenden Einflusses nicht mehr schutzbedürftig im Sinne des Betriebsrentengesetzes. Aber auch ohne Mehrheitsstimmrecht scheidet ein Schutz dieser Personengruppe in der Regel aus, weil die Kapitalstärke als tatsächlicher Umstand die Vermutung begründet, daß der Gesellschafter eine ausreichende Verhandlungsstärke besitzt, um paritätisch die Zusage einer Altersversorgung aushandeln zu können[219].

(bb) Personenverschiedenheit in beiden Gesellschaften

Wie die voranstehenden Ausführungen gezeigt haben, kommt eine Einbeziehung des Zusageempfängers nur in Betracht, wenn er in keiner der beiden Gesellschaften eine Mehrheitsbeteiligung besitzt. Fraglich ist, ob sich die Beurteilung ändert, wenn infolge Personenverschiedenheit in beiden Gesellschaften die Abstimmungsergebnisse unterschiedlich ausfallen und eine Abstimmungsniederlage in der GmbH nicht notwendigerweise das gleiche Resultat in der KG vorprogrammiert.

Eine anteilige Zusammenrechnung, wie sie der BGH vornimmt, erscheint auch hier nicht gerechtfertigt. Es bleibt bei der grundsätzlichen Feststellung, daß der Zusageempfänger entweder das Stimmrecht der GmbH gegen sich hat, weil die interne Entscheidungsfindung in der GmbH nicht zu seinen Gunsten ausgefallen ist, oder im umgekehrten Fall in vollem Umfang von dem GmbH-Stimmrecht profitiert. Nicht denkbar ist hingegen, daß der Zusageempfänger seine GmbH-Beteiligung in der KG anteilig in ein entsprechendes Stimmrecht umsetzen kann. Demzufolge kommt nur eine vollständige oder gar keine Zusammenrechnung der Anteile aus beiden Gesellschaften in Betracht.

Die Personenverschiedenheit ändert jedoch nichts an der Tatsache, daß der Zusageempfänger lediglich eine potentielle Mehrheitsfähigkeit besitzt; bei allen Entscheidungen, die in GmbH und KG zu fällen sind, ist der Minderheitsgesellschafter von der Unterstützung anderer Gesellschafter abhängig. Dies gilt insbesondere auch für die Erteilung und das Aushandeln einer Versorgungszusage. Es kann keine Rede davon sein, daß der Zusageempfänger regelmäßig von den Stimmrechten der GmbH profitiert und auf diese Weise einen paritätischen oder beherrschenden Einfluß erlangt. Eine Zusammenrechnung ist somit auch hier abzulehnen.

---

219 s. o. B. III. 3. b.

Auch wenn die GmbH & Co. KG in ihren Erscheinungsformen vielfältig und kompliziert erscheinen mag, lassen sich für die Anwendbarkeit des § 17 Abs. 1 S. 2 folgende einfachen Grundsätze aufstellen. Verfügt der Zusageempfänger in der GmbH oder als Kommanditist über eine Mehrheitsbeteiligung, dann ist er in der Regel vom Geltungsbereich des BetrAVG auszuschließen. Es kommt nicht darauf an, wie hoch die Beteiligung der GmbH an der KG ist. Wenn der Ruhegeldberechtigte in einer oder in beiden Gesellschaften Minderheitsgesellschafter ist, unterfällt er der Regelung des § 17 Abs. 1 S. 2; eine (anteilige) Zusammenrechnung der Anteile ist nicht vorzunehmen.

(3) Besondere, vom Gesetz abweichende Ausgestaltung des Gesellschaftsverhältnisses

Es ist möglich, daß der Gesellschaftsvertrag der GmbH & Co. KG in Abstimmung mit der Satzung der GmbH die Rechte der Komplementär-GmbH beschneidet. So kann beispielsweise geregelt werden, daß die GmbH-Geschäftsleitung nur in Abstimmung mit der KG besetzt und abberufen wird. Unter diesen Umständen kommt dem Einflußpotential des Mehrheitsgesellschafters in der GmbH weitaus geringere Bedeutung zu. Er beherrscht nicht mehr mittelbar die Geschäftsführung der KG. Entscheidend für die Schutzfähigkeit dieses Gesellschafters ist nun, ob und inwieweit er seinen Willen in der KG durchsetzen kann. Dabei ist ihm eine etwaige Beteiligung der GmbH an der KG in vollem Umfang zuzurechnen, da er die Beschlüsse der GmbH nach seinem Willen bestimmen kann.

Soweit nach der Satzung nicht nur eine wirtschaftliche, sondern auch eine rechtliche Einheit dergestalt gegeben ist, daß nur eine gemeinsame Gesellschafterversammlung stattfindet, in der jedem Gesellschafter ein bestimmtes Stimmrecht zugewiesen wird, ist selbstverständlich diese vertragliche Regelung maßgeblich. Eine besondere Zusammenrechnung ist hier entbehrlich.

Im übrigen gilt für die Fälle der besonderen Ausgestaltung des Gesellschaftsverhältnisses der Grundsatz, daß die Stärke eines Gesellschafters zunächst anhand seiner Rechte in einer der beiden Gesellschaften zu beurteilen ist. Soweit unter Berücksichtigung der gesetzlichen und gesellschaftsvertraglichen Bestimmungen eine Schutzfähigkeit zu bejahen ist, kommt es darauf an, ob der Gesellschafter in der Gesamtbetrachtung beider Gesellschaften eine führende Rolle einnimmt. Bei dieser Gesamtbetrachtung scheidet ebenfalls eine anteilige Zusammenrechnung der Anteile aus. Es ist jedoch möglich, daß – wie in dem zuvor geschilderten Fall – einem Gesellschafter die Anteile der von ihm beherrschten Gesellschaft in vollem Umfang zuzurechnen sind.

5. Zusammenfassung

- Ein persönlich haftender Gesellschafter ist im gesetzlichen Normalfall stets vom Geltungsbereich des Betriebsrentengesetzes ausgeschlossen.
- Ist im Gesellschaftsvertrag geregelt, daß die Gesellschafterversammlung über Bestellung und Abberufung der Geschäftsführer entscheidet und anstelle des gesetzlichen Einstimmigkeitserfordernisses die Mehrheit der Stimmen für das Zustandekommen von Beschlüssen genügt, dann beurteilt sich die Schutzfähigkeit eines persönlich haftenden Gesellschafters wie die eines GmbH-Gesellschafters.

  Eine Ausnahme besteht im Falle einer KG, an der nur ein Komplementär beteiligt ist. Infolge der zwingenden Organstellung dieses einzigen Komplementärs scheidet eine Schutzfähigkeit stets aus.
- Ein Kommanditist unterfällt dem Anwendungsbereich des § 17 Abs. 1 BetrAVG, wenn er Minderheitsgesellschafter ist und keine Sonderrechte in Anspruch nehmen kann. Ist er Geschäftsführer mit Prokura und zugleich Mehrheitsgesellschafter, scheidet ein betriebsrentenrechtlicher Schutz aus. Im übrigen gelten für die Schutzfähigkeit eines Kommanditisten die im Ersten Abschnitt aufgestellten Grundsätze sowie die zur GmbH gemachten Ausführungen, wenn die Entscheidungsfindung und Unternehmensführung in einer der GmbH angenäherten Form ausgestaltet ist.
- Ausnahmsweise kommt ein Schutz nach dem BetrAVG für einen Mehrheitsgesellschafter in Betracht, wenn er weder in der Gesellschafterversammlung der KG noch bei den Entscheidungen über die Geschäftsleitung beherrschenden Einfluß ausüben kann.
- In der GmbH & Co. KG ist für die Beurteilung des Einflußpotentials zunächst maßgeblich, welche Stellung der Zusageempfänger in der Kapital- und Personengesellschaft einnimmt. Nur wenn er jeweils Minderheitsgesellschafter ist, unterfällt er dem Betriebsrentengesetz. Demgegenüber ist nicht nur eine Mehrheitsbeteiligung als Kommanditist, sondern auch als Gesellschafter in der GmbH schädlich, weil der Mehrheitsgesellschafter in der Komplementär-GmbH mittelbar die personelle und sachliche Geschäftsleitung in der KG in der Hand hält. Eine anteilsmäßige Zusammenrechnung der Anteile des Zusageempfängers in beiden Gesellschaften ist in keinem der Fälle vorzunehmen.

IV. Andere Gesellschaftsformen

1. Vereine

a. Die unterschiedlichen Vereinsarten

Das BGB nennt als verschiedene Arten von Vereinen den wirtschaftlichen und nicht wirtschaftlichen Verein, §§ 21, 22 BGB, sowie den rechtsfähigen und nicht rechtsfähigen Verein, § 54 BGB. Im Hinblick auf die Vorschrift des § 17 Abs. 1 S. 2, der eine Tätigkeit für ein „Unternehmen" und eine rechtliche Trennung zwischen Berechtigtem und Verpflichtetem der Versorgungszusage verlangt, stellt sich die Frage, ob jeder dieser Vereine diesen Anforderungen gerecht werden kann.

Problematisch ist insbesondere die Einbeziehung der Idealvereine. Eine Vielzahl von Vereinen, deren Zielsetzung auf dem Gebiete des Sports, der Geselligkeit, der Bildung, vor allem aber auch der Politik und Sozialpolitik liegen, sind betroffen. Hervorzuheben sind die in der Regel als Idealverein geführten Gewerkschaften, Arbeitgeberverbände und politischen Parteien. Entscheidend für die Abgrenzung zum wirtschaftlichen Verein ist der Hauptzweck des Vereins, der bei Letzterem auf die Erzielung wirtschaftlicher Vorteile mittels eines wirtschaftlichen Geschäftsbetriebs gerichtet sein muß bzw. nach neueren Lehren eine unternehmerische Tätigkeit zum Gegenstand haben muß[220]. Zweifelhaft ist, ob die Idealvereine, die dieser Begriffsbestimmung nicht genügen, Unternehmen im Sinne des § 17 Abs. 1 S. 2 sein können. Bei Zugrundelegung der grundlegenden Definition dieses Begriffs[221] müßte eine Anwendbarkeit des § 17 abgelehnt werden. Verschiedene Gründe sprechen dennoch für eine Ausdehnung des Merkmals Unternehmen auf Idealvereine. Zunächst ist festzustellen, daß dem Begriff in erster Linie im Handels- und Wirtschaftsrecht und weniger im Arbeitsrecht Bedeutung zukommt[222]. So ist auch im Recht der betrieblichen Altersversorgung kein Grund erkennbar, anhand des Merkmals Unternehmen eine restriktive Abgrenzung der dem Betriebsrentengesetz unterfallenden Nicht-Arbeitnehmer vorzunehmen. Die Vorschrift des § 17 Abs. 1 S. 2 bezweckt eine Erweiterung des persönlichen Geltungsbereichs über die in Satz 1 genannten Arbeitnehmer hinaus. Der Schutz der Arbeitnehmer ist jedoch bei einem wirksamen Arbeitsverhältnis umfassend gegeben, ohne daß aus dem Merkmal „betriebliche" Altersversorgung eine betriebliche Dimension irgendeiner Art abzuleiten wäre[223]. Dieses Prinzip sollte auch für die Ausle-

---

[220] RGZ 145, S. 343, 351; BGHZ 45, S. 395, 398; ausführlich im Schriftum zu den verschiedenen Theorien Münchkomm-Reuter, §§ 21, 22 Rdnr. 5 ff.; K. Schmidt, AcP 182, S. 1, 9 ff.

[221] s. o. 1. Abschn., A. III. 2. b. aa.

[222] Hueck / Nipperdey, Bd. I, S. 96.

[223] Blomeyer / Otto, Einl. Rdnr. 42; Höfer / Abt, ArbGr. Rdnr. 11 f.

gung des § 17 Abs. 1 S. 2 maßgebend sein, um nicht die Nicht-Arbeitnehmer gegenüber den Arbeitnehmern ohne Grund zu benachteiligen. Daher, sind im Betriebsrentenrecht die Idealvereine nicht anders zu behandeln, als die wirtschaftlichen Vereine. Der soziale Schutzzweck des Gesetzes erfordert hier eine entsprechend großzügige Anwendung des Merkmals Unternehmen.

Diese Auffassung führt nicht dazu, daß jeder Vorsitzende eines Sportvereins dem BetrAVG unterfiele. Denn die Tätigkeit dieser Personen beruht normalerweise nicht auf einem von den Vereinspflichten losgelösten Dienstvertrag.

Die fehlende Rechtsfähigkeit vieler Vereine ist ebenfalls kein Hinderungsgrund für die Anwendbarkeit des § 17 Abs. 1 S. 2. Träger der Rechte und Pflichten sind beim nicht rechtsfähigen Verein die Mitglieder in Gesamthand; das Vereinsvermögen ist Gesamthandsvermögen. Soweit ein Vereinsmitglied eine Versorgungszusage erhält, besteht zwar eine Teilidentität zwischen Berechtigtem und Verpflichtetem. Dieser Umstand steht jedoch einer Einbeziehung des Zusageempfängers in den Geltungsbereich des BetrAVG ebenso entgegen wie bei der Gesellschaft bürgerlichen Rechts[224].

Dies wird beim nicht rechtsfähigen Verein noch deutlicher, weil dieser körperschaftlich strukturiert ist und im Regelfall auf einen großen, ständig wechselnden Mitgliederbestand angelegt ist. So wäre es gerade in den Fällen der als nicht rechtsfähige Vereine organisierten Gewerkschaften und Wirtschaftsverbände verfehlt, die Schutzfähigkeit eines Vereinsmitglieds mit dem Hinweis auf die Teilidentität der Vertragsparteien zu verneinen.

b. Anwendbarkeit des § 17 Abs. 1 BetrAVG im gesetzlichen Normalfall

Neben der Erteilung von Versorgungszusagen an Arbeitnehmer, für die keine Besonderheiten bestehen, kommt die Zusage einer betrieblichen Altersversorgung in erster Linie für Vorstandsmitglieder der Vereine in Betracht. Im gesetzlichen Normalfall bestehen keine Bedenken, diese Personen als Nicht-Arbeitnehmer im Sinne des § 17 Abs. 1 S. 2 anzuerkennen. Denn die Bestellung des Vorstands erfolgt durch Beschluß der Mitgliederversammlung; sie ist gemäß § 27 BGB jederzeit widerruflich. Die Mitgliederversammlung ist oberstes Organ des Vereins, und sie faßt ihre Beschlüsse mit der Mehrheit der erschienenen Mitglieder, § 32 BGB. Bei dieser Rechtslage erreicht das Einflußpotential des Organmitglieds nicht den Umfang, der eine vertragsparitätische Stellung begründen könnte.

---

[224] Vgl. die Ausführungen zur Gesellschaft bürgerlichen Rechts im 1. Abschn., A. III. 2. d. bb.

c. Sonderrechte oder erhöhtes Einflußpotential eines Vereinsmitglieds

Diese Beurteilung kann sich ändern, wenn dem Vereinsmitglied Sonderrechte zustehen, die es durch die Satzung oder aufgrund besonderer Vereinbarung mit anderen Vereinsmitgliedern erworben hat. Es kann sich z. B. um eine Stimmrechtsbindung[225], eine nur aus wichtigem Grund entziehbare Bestellung als Vorstandsmitglied[226] oder das Recht, den Vorstand zu bestellen[227] handeln. Entscheidend für die Anwendbarkeit des § 17 Abs. 1 S. 2 ist – wie auch in anderen Fällen –, ob das jeweilige Sonderrecht einen beherrschenden Einfluß auf eines der Vereinsorgane vermittelt. Besitzt der Zusageempfänger die personelle Besetzungskompetenz oder die sachliche Weisungsbefugnis gegenüber dem Vorstand, bzw. ist er selbst in stark gesicherter Stellung Mitglied des Vorstands, dann ist er vom BetrAVG ausgeschlossen. Das gleiche gilt, wenn er über die Mehrheit der Stimmrechte in der Mitgliederversammlung verfügt.

2. Der Versicherungsverein auf Gegenseitigkeit (VVaG)

Obwohl der VVaG rechtsfähiger Verein ist, finden wegen der ausführlichen Regelungen im VAG, die zum Teil auf das AktG verweisen, die Bestimmungen des BGB über eingetragene Vereine nur in geringem Umfang Anwendung[228]. Wenn ein Vorstands- oder Aufsichtsratsmitglied eine Versorgungszusage erhalten hat, ist bei der Beurteilung des für die Anwendbarkeit des Betriebsrentengesetzes maßgeblichen Einflußpotentials auf die Vorschriften der §§ 34, 35 VAG i. V. mit den in Bezug genommenen Regelungen des AktG sowie etwaigen Bestimmungen in der Satzung abzustellen.

Grundsätzlich bestehen keine Bedenken, § 17 Abs. 1 S. 2 auf Vorstands- oder Aufsichtsratsmitglieder anzuwenden[229]. Denn die Bestellung und Abberufung sowie die Aufgaben, Rechte und Pflichten dieses Personenkreises sind weitgehend den Grundsätzen in der Aktiengesellschaft nachgebildet. Da jedes Mitglied in der obersten Vertretung grundsätzlich nur eine Stimme hat[230], ist im Normalfall ein besonderer Einfluß bei der Beschlußfassung ausgeschlossen. Eine abweichende Beurteilung kann sich ausnahmsweise dann ergeben, wenn einem Mitglied durch die Satzung eine Beteili-

---

[225] RGZ 165, S. 68, 78; BGB-RGRK-Steffen, § 32 Rdnr. 11.

[226] RG JW 1911, S. 747, 748; BGB-RGRK-Steffen, § 27 Rdnr. 4; Münchkomm-Reuter, § 27 Rdnr. 8 f.

[227] KG JW 1934, S. 3000, 3001; Münchkomm-Reuter, § 27 Rdnr. 4; Soergel / Schultze-v. Lasaulx, § 27 Rdnr. 12.

[228] Vgl. Prölss / R. Schmidt / Frey, vor § 15 Rdnr. 37.

[229] So auch Wiedemann / Moll, RdA 1977, S. 13, 24.

[230] Prölss / R. Schmidt / Frey, § 20 Rdnr. 9, § 36 Rdnr. 4.

gung an der Verwaltung, entweder als Mitglied des Vorstands oder des Aufsichtsrats, garantiert ist, vgl. § 22 Abs. 1 S. 2 VAG[231].

3. Die Genossenschaft

Wie sich schon aus der Begriffsbestimmung in § 1 Abs. 1 GenG ergibt, weist die Genossenschaft viele Parallelen zum Verein auf[232]. Es handelt sich um eine juristische Person, bei der wie in den Vereinen grundsätzlich jeder Genosse ohne Rücksicht auf seinen Geschäftsanteil eine Stimme in der Generalversammlung abgeben kann, § 43 Abs. 3 GenG. Da nach dem Statut nur geringfügige Abweichungen erlaubt sind (Gewährung von höchstens drei Stimmen gem. § 43 Abs. 3 GenG[233]) ist ausgeschlossen, daß ein Genosse wie ein beherrschender Gesellschafter in einer Kapitalgesellschaft die Entscheidungen der Generalversammlung bestimmen kann. Als oberstes Organ wählt die Generalversammlung die Mitglieder von Vorstand und Aufsichtsrat, §§ 24 Abs. 2, 36 Abs. 1 GenG, wobei die Bestellung des Vorstands gem. § 24 Abs. 3 S. 2 GenG mit einfacher und die des Aufsichtsrats gem. § 36 Abs. 3 S. 2 GenG mit 3/4 Mehrheit jederzeit widerruflich sind.

Bei dieser Rechtslage ist das Einflußpotential der Genossen-Mitglieder von Vorstand und Aufsichtsrat so gering, daß gegen eine Einbeziehung in den Geltungsbereich des § 17 Abs. 1 S. 2 keine Bedenken bestehen.

4. Die Kommanditgesellschaft auf Aktien

Eine besondere Stellung nehmen wie auch in der Kommanditgesellschaft des Handelsgesetzbuches der oder die persönlich haftenden Gesellschafter ein. Denn ihr Rechtsverhältnis untereinander und gegenüber der Gesamthand der Kommanditaktionäre sowie gegenüber Dritten richtet sich nach den Vorschriften des HGB, § 278 Abs. 2 AktG. Die persönlich haftenden Gesellschafter unterliegen zwar der Aufsicht des Aufsichtsrats und haben gem. § 283 AktG wie der Vorstand der Aktiengesellschaft besondere Sorgfaltspflichten zu erfüllen, und sie verfügen gemäß § 285 AktG nur über ein Stimmrecht in der Hauptversammlung. Dennoch sind sie vom Betriebsrentengesetz ausgeschlossen, weil allein das unentziehbare Recht der Geschäftsführung und Vertretung so stark wiegt, daß sie sich im Hinblick auf das Aushandeln einer betrieblichen Altersversorgung nicht in der regelmäßig schwächeren Verhandlungsposition befinden[234].

---

231 Prölss / R. Schmidt / Frey, § 22 Rdnr. 5.

232 Meyer / Meulenbergh / Beuthien, § 1 Rdnr. 2; Müller, GenG, § 1 Rdnr. 1.

233 Meyer / Meulenbergh / Beuthien, § 43 Rdnr. 17 ff.; Müller, GenG, § 43 Rdnr. 1.

234 Vgl. B. III. 1. a. aa.

Ist jedoch in der Satzung die Möglichkeit der Entziehung von Geschäftsführungs- und Vertretungsbefugnis ohne wichtigen Grund vorgesehen, bzw. ist ein persönlich haftender Gesellschafter von Geschäftsführung und Vertretung ausgeschlossen und in anderer Funktion tätig[235], stehen seinem Schutz durch die Vorschriften des BetrAVG keine Bedenken entgegen.

Für die Rechtsstellung der Kommanditaktionäre gilt nichts anderes als für die Aktionäre in der Aktiengesellschaft[236]. Es ist daher auf die entsprechenden Ausführungen zur Aktiengesellschaft zu verweisen[237].

5. Die stille Gesellschaft

Inhaber des von der stillen Gesellschaft betriebenen Handelsgeschäfts kann ein Einzelkaufmann oder eine Handelsgesellschaft sein[238]. Handelt es sich um eine Handelsgesellschaft, gelten für den betriebsrentenrechtlichen Schutz der Gesellschafter die entsprechend der Gesellschaftsform aufgestellten Regeln. Ist ein Einzelkaufmann Inhaber des Betriebes, scheidet eine Anwendbarkeit des BetrAVG für ihn in jedem Fall aus. Selbst wenn er gegenüber dem stillen Gesellschafter im Innenverhältnis stark gebunden ist und sich in der schwächeren Position befindet, ändert dies nichts daran, daß er nach außen Träger des Unternehmens bleibt[239] und stets die Identität zwischen Berechtigtem und Verpflichtetem der Versorgungszusage besteht.

Demgegenüber ist im gesetzlichen Normalfall der stille Gesellschafter in den Geltungsbereich des BetrAVG einzubeziehen. Je nach der Ausgestaltung der vertraglichen Beziehungen zwischen ihm und dem Geschäftsinhaber kann er als Arbeitnehmer oder als Nicht-Arbeitnehmer für das Unternehmen tätig sein. Allerdings darf die von ihm ausgeübte Tätigkeit nicht zugleich Gegenstand seiner gesellschaftsvertraglichen Verpflichtungen sein. Dies ist der Fall, wenn die von ihm zu leistende Vermögenseinlage in der Erbringung von Diensten besteht, vgl. § 706 Abs. 3 BGB[240]. Nach dem Gesetz sind die Rechte des Stillen gem. § 336 BGB auf eine Gewinnbeteiligung und gem. § 338 BGB auf ein Kontrollrecht beschränkt. Sein Einflußpotential ist daher so gering, daß er unabhängig von der Art seiner Tätigkeit wegen seiner schwächeren Verhandlungsposition regelmäßig schutzbedürftig ist.

Diese Beurteilung ändert sich, wenn der Stille im Innenverhältnis gleiche Mitspracherechte innehat und sogar die dominierende Persönlichkeit dar-

---

235 Kölner Komm. zum AktG-Mertens, § 278 Rdnr. 79 ff.
236 Kölner Komm. zum AktG-Mertens, § 278 Rdnr. 35.
237 s. o. B. II. 2.
238 Vgl. Baumbach / Duden / Hopt, § 335 Anm. 3 A m.w.N.
239 Vgl. Baumbach / Duden / Hopt, § 335 Anm. 7 A.
240 RGZ 142, S. 14, 21; BGH, BB 1966, S. 53.

stellt. Entsprechende Regelungen können in dem Gesellschaftsvertrag zwischen dem Stillen und dem Geschäftsinhaber getroffen werden. So ist es z. B. ohne weiteres möglich, daß beide als Geschäftsführer tätig sind, wobei sich der Inhaber in beliebiger Weise an den Stillen binden kann[241]. Soweit diese Vereinbarungen dem Stillen ein paritätisches oder sogar beherrschendes Einflußpotential vermitteln, ist er vom Geltungsbereich des BetrAVG ausgeschlossen.

Eine Beherrschungsmöglichkeit für den Stillen kann sich im übrigen aus tatsächlichen Umständen ergeben. Wenn der Stille der eigentliche Kapitalgeber ist und das Unternehmen auf die Bereitstellung der finanziellen Mittel angewiesen ist, dann ist nach der Lebenserfahrung davon auszugehen, daß der Stille die Unternehmenspolitik nach seinem Willen lenken kann[242].

C. Sonderfragen

I. Auswirkungen eines Statuswechsels

Eine Versorgungszusage ist zumindest dem Grunde nach betriebsrentenrechtlich geschützt, wenn der Zusageempfänger dem persönlichen Geltungsbereich des BetrAVG unterfällt. Probleme ergeben sich jedoch für den Schutzumfang des Versprechens, wenn ein Ruhegeldanwärter oder -empfänger zeitweise als Arbeitnehmer[243] und zeitweise als Unternehmer tätig gewesen ist.

1. Literatur und Rechtsprechung

Mit Ausnahme von Höfer[244], nach dessen inzwischen aufgegebenen Ansicht der letzte Status des Zusageempfängers maßgeblich sein sollte, hat die früher herrschende Meinung[245] einen Schutz der Versorgungszusage nur dann bejaht, wenn der Berechtigte im Zeitpunkt der Erteilung von der Vorschrift des § 17 Abs. 1 erfaßt wurde.

Der BGH ist diesen Auffassungen des „Alles oder Nichts“[246] nicht gefolgt und hat stattdessen eine zeitanteilige Ermittlung der geschützten Versor-

[241] Vgl. BGHZ 8, S. 157, 160.

[242] Vgl. hierzu die Ausführungen im 1. Abschn., B. IV. 2. a. cc. (2).

[243] Der Begriff Arbeitnehmer bezieht sich im folgenden auf sämtliche Personen, die dem Geltungsbereich des § 17 Abs. 1 unterfallen.

[244] 1. Aufl., § 17 Rdnr. 27 i. V. mit § 7 Rdnr. 94 ff.

[245] OLG Köln, 17 U 107/77 vom 10. 5. 1978, unter II. der Gründe, BB 1978, S. 1170 = DB 1978, S. 1550; Everhardt, BB 1981, S. 681, 686; Gaul, BetrAV 1980, S. 9, 10 mit weiteren Hinweisen auf die Rechtsprechung des LG und OLG Köln; PSVaG-Merkbl. 300/M 1/10.76, Zf. 3.2., RdA 1977, S. 34, 35; Wiedemann / Moll, RdA 1977, S. 13, 25.

[246] Höfer / Abt, § 17 Rdnr. 94.

gungszusage vorgenommen[247]. Es komme weder auf den Zeitpunkt der Erteilung noch auf eine förmliche Erneuerung der Zusage nach einem Statuswechsel an. In jedem Fall sei die als Arbeitnehmer oder in vergleichbarer Position verdiente Altersversorgung anteilig gesichert, wobei eine mit Rücksicht auf die Unternehmerstellung erteilte Zusage hinsichtlich der Höhe der versprochenen Leistungen zu überprüfen und ggf. anzupassen sei[248].

Das Streben des BGH nach mehr Einzelfallgerechtigkeit ist in der Literatur grundsätzlich mit Zustimmung aufgenommen worden[249]. Es wird jedoch kritisiert, daß die Berechnung der insolvenzgeschützten Altersversorgung schwierig sei, insbesondere bei der Erfassung lang zurückliegender Zeiträume[250]. Auch in dogmatischer Hinsicht werden Bedenken geäußert. Der BGH entscheide nicht mehr über die persönliche Zugehörigkeit zum schutzfähigen Personenkreis, sondern über die schutzfähigen Zeiten[251]; die Reduzierung der Bezüge sei nicht gerechtfertigt, es sei denn, man ziehe den Mißbrauchsgedanken des § 7 Abs. 5 heran[252].

2. Eigener Lösungsvorschlag

Ohne auf die besondere Problematik des Statuswechsels einzugehen, ist im Ersten Abschnitt[253] die Auffassung vertreten worden, daß der Schutz einer Versorgungszusage von den Verhältnissen im Zeitpunkt ihrer Erteilung abhänge. Dieser Standpunkt bedarf nun folgender Ergänzungen.

Es ist dem BGH zuzugeben, daß es ungerecht und mit dem Schutzgedanken des Gesetzes nicht vereinbar wäre, bei jedem Übertritt von der Arbeitnehmer- in die Unternehmerstellung und umgekehrt die Insolvenzsicherung der Altersversorgung von einer förmlichen Erneuerung der Zusage abhängig zu machen. Wenn Paulsdorff mit Hinweis auf die Vorschrift des § 2 Abs. 6 diese Anforderung für zumutbar hält[254], übersieht er zweierlei. § 2 Abs. 6 greift ein, wenn ein Arbeitnehmer aus dem Betrieb ausscheidet, während es vorliegend lediglich um einen Statuswechsel geht. Diese beiden Tatbestände sind keineswegs vergleichbar. Denn im letzteren Fall bleibt die Zugehörigkeit zum Betrieb erhalten, und es ändert sich häufig nicht einmal der Aufgabenbereich der betreffenden Person. Außerdem besteht gemäß § 2 Abs. 6 nur auf Verlangen des Arbeitnehmers eine Auskunftserteilungspflicht des

---

247 BGHZ 77, S. 233 Leitsatz c), 244 f.
248 BGH, ebenda.
249 Vgl. Höfer / Abt, § 17 Rdnr. 96; Hommelhoff / Timm, KTS 1981, S. 1, 289, 320 f.
250 Heubeck / Paulsdorff, § 17 Rdnr. 99; Höfer / Abt, § 17 Rdnr. 96.
251 Heubeck / Paulsdorff, § 17 Rdnr. 98 a.
252 Blomeyer / Otto, § 17 Rdnr. 138.
253 B. IV. 2. c.
254 Heubeck, § 17 Rdnr. 98 a.

Arbeitgebers[255]. Begehrt der Arbeitnehmer keine Auskunft, muß der Arbeitgeber seinerseits nicht tätig werden, ohne daß sich an dem Bestand der Versorgungszusage etwas ändern würde.

Es kann jedoch dem BGH nicht darin gefolgt werden, daß bei einem Abstellen auf die Verhältnisse im Zusagezeitpunkt ein Versorgungsversprechen seine Gültigkeit verliere, wenn es nach einem Statuswechsel nicht förmlich erneuert würde. Versorgungszusagen sind nicht formbedürftig und können gemäß § 1 Abs. 1 S. 3 sogar aufgrund betrieblicher Übung begründet werden[256]. Es genügen eine stillschweigende Einigung oder ein außervertraglicher Vertrauenstatbestand, die auf einen Fortbestand der Versorgungszusage schließen lassen. Im Falle des Wechsels zwischen Unternehmer- und Arbeitnehmerstellung läßt sich im Regelfall schon aus der Weiterbeschäftigung des Begünstigten entnehmen, daß die Versorgungszusage aufrecht erhalten bleibt. Denn wenn schon die betriebliche Übung anspruchsbegründend wirkt, muß man unter den hier genannten Umständen von dem Arbeitgeber erwarten, daß er dem Zusageempfänger mitteilt, daß er die Versorgungszusage für die zukünftige Tätigkeit nicht oder nur unter anderen Bedingungen aufrecht erhalten will. Unterläßt er diese Mitteilung, dann darf der Zusageempfänger darauf vertrauen, daß die einmal erteilte Versorgungszusage fortgilt. Dieser Vertrauensschutz ist unverzichtbar, weil sich der Statuswechsel häufig ohne eine Veränderung der Tätigkeit des Zusageempfängers vollzieht und für diesen nicht ohne weiteres erkennbar wird, daß eine Neuerteilung der Versorgungszusage notwendig ist.

Darüber hinaus läßt sich der Fortbestand der Versorgungszusage daraus ableiten, ob der Arbeitgeber seiner gemäß § 11 bestehenden Meldepflicht bezüglich der von ihm erteilten Ruhegeldversprechen sowie seiner Beitragspflicht nachgekommen ist. Soweit der Arbeitgeber bei der Berechnung der für die Beitragspflicht maßgeblichen Beitragsbemessungsgrundlage nachweislich die in Streit stehende Versorgungszusage berücksichtigt hat, besteht kein Zweifel an der Aufrechterhaltung der Versorgungszusage.

Der Fortbestand einer Versorgungszusage nach einem Statuswechsel ist somit nicht von einer förmlichen Neuerteilung abhängig. Es genügt, wenn sich die Parteien ausdrücklich oder konkludent einigen, das Versorgungsversprechen aufrecht zu erhalten. Im einzelnen ergibt sich für die Behandlung eines Statuswechsels danach folgendes:

- Der Zusageempfänger erhält als Arbeitnehmer eine Versorgungszusage und wechselt später in die Unternehmerstellung. Das als Arbeitnehmer erdiente Ruhegeld ist geschützt. Unerheblich ist, ob das Versorgungsver-

---

[255] Vgl. Höfer / Abt, § 2 Rdnr. 240 f.

[256] BAGE 23, S. 213 ff.; BAG, DB' 1985, S. 1747 m.w.N.; Blomeyer / Otto, Einl. Rdnr. 147 ff.; Höfer / Abt, ArbGr. Rdnr. 154, 160.

sprechen nach dem Statuswechsel aufrecht erhalten wurde, weil ein Schutz des Unternehmers ohnehin ausscheidet. Der Fortbestand der Zusage ist allenfalls dann bedeutsam, wenn ein weiterer Wechsel zurück in die Arbeitnehmerstellung erfolgt. Denn nun kommt es darauf an, ob die Parteien ausdrücklich oder konkludent an der Zusage festhalten. Es genügt insoweit, daß der Arbeitgeber den Zusageempfänger ohne ausdrückliche Änderung der Vertragsbedingungen weiterbeschäftigt; als zusätzliche Indizien sind Bilanzrückstellungen für die Versorgungszusage sowie Beitragszahlungen an den PSVaG zu bewerten.

- Nach dem Wechsel von der Arbeitnehmer- in die Unternehmerstellung wird eine Versorgungszusage erteilt. Da es auf die Verhältnisse im Zusagezeitpunkt ankommt, scheidet ein Schutz des Empfängers und seines Versorgungsversprechens aus. Dies gilt auch für die frühere Arbeitnehmertätigkeit, selbst wenn die Parteien ausdrücklich vereinbaren, daß die damalige Tätigkeit anzurechnen sei. Denn es ist davon auszugehen, daß eine Versorgungszusage für die früheren Arbeitnehmerzeiten nur mit Rücksicht auf den im Zusagezeitpunkt bestehenden Unternehmereinfluß zustande gekommen ist.
- Verliert der Zusageempfänger den Unternehmerstatus und ist er danach als Arbeitnehmer tätig, kann die zuvor erteilte Versorgungszusage bei ausdrücklicher oder konkludenter Einigung fortbestehen. Wie im ersten Fall kann der Berechtigte den entsprechenden Nachweis ohne größere Schwierigkeiten erbringen.

Diese vom Lösungsweg des BGH abweichende Betrachtung wirkt sich im übrigen auf die Höhe der Pension aus. Die zu Recht von Blomeyer / Otto[257] genannten rechtsdogmatischen Bedenken bezüglich der vom BGH vorgeschlagenen Reduzierungsmöglichkeit der Pensionsbezüge[258] sind bei dem hier gewählten Verfahren hinfällig. Denn wenn eine Versorgungszusage nach einem Statuswechsel, z. B. von der Unternehmer- in die Arbeitnehmerstellung, nach dem Willen der Parteien aufrecht erhalten bleibt, ist der Inhalt der Vereinbarung insgesamt, also auch hinsichtlich der Höhe der Pension, verbindlich. Im Insolvenzfall ist der PSVaG nicht ohne weiteres berechtigt, die als Arbeitnehmer erdienten Versorgungsansprüche einseitig zu kürzen.

---

[257] § 17 Rdnr. 138.

[258] BGHZ 77, S. 233, 244 f.

II. Die fehlerhafte Gesellschaft und ihre Folgen im Betriebsrentenrecht

Im Falle unerkannt gebliebener Mängel beim Ausschluß von Rechtsgeschäften, die die Rechtsstellung eines Gesellschafters begründen oder ändern, ergeben sich u. U. über einen längeren Zeitraum, nämlich bis zur Geltendmachung des Nichtigkeitsgrundes oder der Anfechtung des Vertrages, beträchtliche Unterschiede zwischen der tatsächlich ausgeübten und der in Wahrheit bestehenden Position des Betroffenen. Diese mit dem Begriff fehlerhafte Gesellschaft[259] umschriebene Problematik berührt auch das Betriebsrentenrecht, wenn mit einem Gesellschafter in der genannten Periode die Erteilung oder Änderung einer Versorgungszusage vereinbart worden ist. Es stellt sich die Frage, ob sich die betriebsrentenrechtliche Beurteilung an der tatsächlich ausgeübten Machtposition oder an der in Wahrheit bestehenden Rechtsstellung des Zusageempfängers zu orientieren hat.

Maßgeblich sind zunächst die im Zivil- und Gesellschaftsrecht vorgegebenen Entscheidungskriterien. Nach der Lehre von der fehlerhaften Gesellschaft wird das in Vollzug gesetzte Gesellschaftsverhältnis für die Vergangenheit anerkannt, wenn nicht gewichtige Interessen der Allgemeinheit oder bestimmter besonders schutzwürdiger Personen (z. B. Minderjähriger) entgegenstehen[260]. Im letzteren Fall bedarf es der Rückabwicklung des Gesellschaftsverhältnisses. Entsprechend diesen Grundsätzen ist auch im Betriebsrentenrecht zu verfahren. Wenn die fehlerhafte Gesellschafterstellung des Zusageempfängers für die Vergangenheit als wirksam fingiert wird, beurteilt sich die Anwendbarkeit des § 17 anhand dieser als wirksam anerkannten Rechtsposition und dem damit verbundenen Einflußpotential. Ist die Rückabwicklung der fehlerhaft eingegangenen Rechtsbeziehungen geboten, gelten für die im maßgeblichen Zeitpunkt erteilte Versorgungszusage – soweit die Vereinbarung der Altersversorgung nicht von der Rückabwicklung erfaßt wird – die wahren Rechtsverhältnisse[261].

III. Mittelbare Beteiligungen

Nicht nur in der GmbH & Co. KG taucht die Frage auf, inwieweit neben einer unmittelbaren auch mittelbare Beteiligungen ein Einflußpotential vermitteln, das bei der Abgrenzung des persönlichen Geltungsbereiches des

---

[259] Vgl. RGZ 165, S. 193; BGHZ 55, S. 5; ausführliche Darstellungen bei Fischer in Großkomm. HGB, § 105 Rdnr. 68 ff. und Wiesner, S. 35 ff.

[260] BGHZ 3, S. 285, 288; 47, S. 293, 301; NJW 1969, S. 1483; Fischer in Großkomm. HGB, § 105 Rdnr. 81 ff., 95 ff.; Wiesner, S. 41 f. m.w.N.

[261] So offenbar auch der BGH, ZIP 1980, S. 782, 784.

Betriebsrentengesetzes zu berücksichtigen ist. Infolge konzernmäßiger und sonstiger Verbindungen zwischen verschiedenen Unternehmen ergeben sich für einzelne Gesellschafter vielfältige Möglichkeiten mittelbarer Beteiligungsverhältnisse, deren Bedeutung im Hinblick auf die Einbeziehung eines begünstigten Gesellschafters in das Betriebsrentengesetz zu untersuchen ist.

1. Bisheriger Meinungsstand

Der BGH hat außerhalb des Problemkreises der GmbH & Co. KG zu der Frage der Berücksichtigung mittelbarer Beteiligungen noch nicht Stellung genommen[262]. Paulsdorff[263] vertritt die Ansicht, daß die vom BGH aufgestellten Regelungen für die Einbeziehung von Organmitgliedern auf die Fälle mittelbarer Beteiligungen übertragbar seien. Ob die höchstrichterliche Rechtsprechung tatsächlich so verfahren würde, erscheint zweifelhaft. Denn der BGH hat seine Entscheidungen zur GmbH & Co. KG ausdrücklich damit begründet, daß es sich jeweils um eine typische GmbH & Co. KG gehandelt habe, in der die GmbH lediglich die Geschäfte der KG geleitet habe und daher beide Gesellschaften als eine wirtschaftliche Einheit anzusehen seien[264]. Nur in Ausnahmefällen wird diese Sachverhaltsgestaltung bei mittelbaren Beteiligungen feststellbar sein.

Im Schrifttum[265] finden sich einige Stellungnahmen zu dem Fall der Mehrheitsbeteiligung eines Gesellschafter-Geschäftsführers an einem anderen Unternehmen. Aufgrund der Beherrschungsmöglichkeit wird übereinstimmend vertreten, daß dem Gesellschafter-Geschäftsführer die Anteile des von ihm beherrschten Unternehmens (Gesellschafter-Unternehmen) an dem die Versorgungszusage erteilenden Unternehmen in vollem Umfang zuzurechnen seien. Wiedemann / Moll[266] weisen darauf hin, daß derartige Zurechnungen bei verbundenen Unternehmen im Sinne der §§ 15 ff. AktG ausdrücklich angeordnet seien.

2. Eigene Stellungnahme

Die Beurteilung der letztgenannten Fallgestaltung durch einige Vertreter in der Literatur verdient uneingeschränkte Zustimmung. Sie entspricht im übrigen der hier vertretenen Ansicht zur GmbH & Co. KG, in der ein GmbH-Gesellschafter über die Mehrheitsanteile der GmbH verfügt und sich daher

---

262 Vgl. Pesch, ZIP 1982, S. 135, 138 f.

263 In Heubeck, § 17 Rdnr. 89.

264 BGHZ 77, S. 94 Leits. a), 105; Bd. 77, S. 233, 240 f.; II ZR 180/79 vom 9. 6. 1980, ZIP 1980, S. 562, 563 f.; II ZR 100/80 vom 4. 5. 1981, ZIP 1981, S. 894, 895.

265 Blomeyer / Otto, § 17 Rdnr. 124; Höfer / Abt, § 17 Rdnr. 83; Wiedemann / Moll, RdA 1977, S. 13, 25.

266 RdA 1977, S. 13, 25.

die Beteiligung der GmbH an der KG voll zurechnen lassen muß. Die Rechtsfolge tritt natürlich nicht nur im Falle der Mehrheitsbeteiligung, sondern stets dann ein, wenn der Zusageempfänger in dem Gesellschafter-Unternehmen einen beherrschenden Einfluß besitzt und auf diese Weise über das Stimmrecht des Gesellschafter-Unternehmens verfügen kann.

Das Gegenteil gilt im Falle einer Minderheitsbeteiligung mit entsprechend geringem Einfluß. Unter diesen Umständen kann sich der Gesellschafter nicht mehr beliebig durchsetzen und daher nicht nach seinem Willen über die Anteile und Stimmrechte des Gesellschafter-Unternehmens an dem Unternehmen, für das er tätig ist und von dem er eine Versorgungszusage erhalten hat, verfügen. Es scheidet jede, auch eine anteilsmäßige Zurechnung aus. Für die Beurteilung des Merkmals Vertragsparität kann nur auf eine etwaige unmittelbare Beteiligung abgestellt werden. Es mag zwar bei einzelnen Abstimmungen vorkommen, daß der Zusageempfänger von dem Stimmrecht des Gesellschafter-Unternehmens profitiert, weil er sich – unterstützt durch Mitgesellschafter – in dem Gesellschafter-Unternehmen durchsetzen konnte. Diese Chance läßt sich jedoch nicht ganz oder teilweise in eine mittelbare Beteiligung umsetzen, die das Einflußpotential des Zusageempfängers generell stärkt. Die bei der Prüfung des § 17 Abs. 1 S. 2 vorzunehmende Abgrenzung darf nur feststehende Rechte und Einflußmöglichkeiten berücksichtigen, weil das Merkmal Vertragsparität eine regelmäßig starke Verhandlungsposition verlangt.

Problematisch wird es, wenn der Zusageempfänger zwar nicht das Gesellschafter-Unternehmen beherrscht, andererseits aber auch keine Entscheidungen gegen seinen Willen in dem Gesellschafter-Unternehmen gefällt werden können. Bei dieser Sachlage sollte wie im Falle der Mehrheitsbeteiligung entschieden werden, d. h. die Anteile des Gesellschafter-Unternehmens sind dem Zusageempfänger als mittelbare Beteiligung voll anzurechnen. Diese Beurteilung läßt sich damit rechtfertigen, daß der Zusageempfänger aufgrund seiner Veto-Position stets einen Kompromiß in dem Gesellschafter-Unternehmen erzwingen kann und auf diese Weise das Abstimmungsverhalten des Gesellschafter-Unternehmens in dem die Versorgungszusage gewährenden Unternehmen nicht unwesentlich beeinflussen kann.

3. Ergebnis

Für die Beurteilung des Einflußpotentials eines Zusageempfängers kann neben unmittelbaren Kapitalanteilen und Stimmrechten auch eine mittelbare Beteiligung bedeutsam werden. Eine mittelbare Beteiligung kommt in Betracht, wenn der Zusageempfänger an einem sogenannten Gesellschafter-Unternehmen vermögens- oder zumindest einflußmäßig beteiligt ist. Voraussetzung ist, daß der Zusageempfänger das Gesellschafter-Unternehmen beherrscht oder eine solche Stellung einnimmt, daß gegen seinen Willen keine Entscheidungen getroffen werden können. Unter diesen Umständen sind ihm die Anteile und Stimmrechte des Gesellschafter-Unternehmens als mittelbare Beteiligung in vollem Umfang zuzurechnen. In allen anderen Fällen scheidet eine Zurechnung aus.

IV. Zurechnung der Anteile von nahen Familienangehörigen

In dem letzten wichtigen Problemkreis geht es um die Bedeutung familiärer Beziehungen für die Rechtsstellung und das Einflußpotential eines Zusageempfängers. Immer wieder taucht die Frage auf, ob ein nur unwesentlich beteiligter Gesellschafter vom Geltungsbereich des BetrAVG auszuschließen ist, wenn nahe Familienangehörige an der Gesellschaft beteiligt sind und bei einer Zusammenrechnung der Anteile ein beherrschender Einfluß entstehen würde. Die Möglichkeit oder Wahrscheinlichkeit gleichgerichteter Interessen könnte die Berücksichtigung der Beteiligung von Ehegatten und Kindern erfordern.

1. Meinungsstand

Anfänglich wurde in der erstinstanzlichen Rechtsprechung[267], vom Pensions-Sicherungs-Verein aG[268] und zum Teil auch in der Literatur[269] die Auffassung vertreten, daß die Kapitalanteile des Ehegatten und der minderjährigen Kinder dem Gesellschafter-Geschäftsführer anzurechnen seien. Das Oberlandesgericht Köln ist dem nicht gefolgt[270]; ohne konkrete Anhaltspunkte könne nicht davon ausgegangen werden, daß Gesellschafter grundsätzlich bereit wären, den Belangen naher Angehöriger gegenüber denen des Unternehmens den Vorzug zu geben[271].

Der Bundesgerichtshof hat diese Rechtsprechung bestätigt mit der Begründung, daß es keinen Erfahrungssatz gebe, daß Familienangehörige stets gleichgerichtete Interessen verfolgten und daß steuerliche Grundsätze sich nicht schematisch für das Betriebsrentengesetz übernehmen ließen[272].

---

[267] LG Köln, BB 1978, S. 1168 f.; 74 0 199/77 vom 28. 9. 1977 und 74 0 38/79 vom 18. 6. 1979 jeweils nicht veröffentlicht.

[268] Merkblatt 300/M 1/10.76, Zf. 2.3.1.

[269] Wiedemann / Moll, RdA 1977, S. 13, 25; nicht ganz klar dagegen Heubeck / Höhne in der 1. Aufl., § 17 Rdnr. 92.

[270] Urteile vom 6. 6. 1979 – 17 U 1/79, vom 13. 7. 1979 – 17 U 82/78 und vom 5. 9. 1979 – 17 U 9/79, alle nicht veröffentlicht; Urteil vom 5. 9. 1979 – 17 U 13/79 BetrAV 1980, S. 23, 25; vgl. zusammenfassende Darstellung bei Gaul, BetrAV 1980, S. 9, 11.

[271] OLG Köln, BetrAV 1980, S. 23, 25.

[272] BGHZ 77, S. 94, 106; so in der Literatur bereits Ahrend / Förster / Rößler, GmbHR 1975, S. 275, 277.

Die Stimmrechte von Familienangehörigen seien allerdings dann hinzuzurechnen, wenn die Familienmitglieder eine besondere Bindung mit der Verpflichtung einheitlicher Stimmabgabe eingegangen seien[273]. Diese Entscheidung knüpft jedoch nicht an die Besonderheit familiärer Beziehungen an, sondern befaßt sich ganz allgemein mit der Bedeutung von Stimmbindungsverträgen.

In der neueren Literatur ist nur vereinzelt zu diesem Problemkreis Stellung bezogen worden. Paulsdorff betrachtet die Feststellungen des BGH als ein Axiom, dessen Gegenteil genau so richtig und genau so wenig beweisbar sei[274]. Ausführlich erörtern Hommelhoff / Timm[275] die Möglichkeit der Zurechnung von Anteilen naher Familienangehöriger. Im Grundsatz lehnen sie, wie der BGH, eine schematische Zurechnung der Anteile ab[276]. Um jedoch einer Manipulationsgefahr begegnen zu können, schlagen sie für den Einzelfall ein Prüfungsverfahren vor, für das die Umgehungsvorschrift des § 7 Abs. 5 das notwendige Instrumentarium zur Verfügung stelle. Danach sei ein Insolvenzschutz ausgeschlossen, wenn die Gesellschaft eindeutig unterkapitalisiert sei oder die Familieninteressen sich nach außen in einem „verfestigten Interessenverbund" zusammenschließen würden[277].

2. Konfliktlösungen in anderen Rechtsgebieten

Es kann nicht bezweifelt werden, daß die Beziehungen zwischen nahen Angehörigen nicht von dem gleichen Interessengegensatz gekennzeichnet sind, wie dies zwischen Fremden der Fall ist. Der in den meisten Fällen bestehende gemeinsame Lebensraum begründet ein erhebliches Bedürfnis und vielfach auch die Notwendigkeit nach gemeinsamem Wirtschaften. Der Gesetzgeber hat daher in einer Reihe von Gesetzen Kollisionsregeln aufgenommen, die Manipulationen und Interessenkonflikte ausschließen sollen. Allerdings geht es in diesen Vorschriften lediglich um die Verhinderung einer Manipulationsgefahr in Einzelfällen; eine generelle Interesseneinheit zwischen nahen Familienangehörigen wird nicht unterstellt oder vermutet. Es ist beispielhaft auf die Regelungen in den §§ 1629, 1643, 1795, 1821, 1822, 2325 Abs. 3 BGB, 89 Abs. 3, 115 Abs. 2 AktG, 31 Nr. 2, 32 Nr. 2 KO, 3 Nr. 2 und 4 AnfG, 383, 384 ZPO, 52 StPO zu verweisen, die sich jeweils auf einen konkreten Sachverhalt beziehen, in dem eine Interessenkollision, eine Umgehung bestimmter Vorschriften oder die Benachteiligung dritter Personen droht. Soweit eine Kollisionsnorm nicht eingreift, finden Verträge zwi-

[273] BGH, ZIP 1980, S. 778, 780 = BetrAV 1980, S. 243, 244 = BB 1980, S. 1527.
[274] In Heubeck, § 17 Rdnr. 92.
[275] KTS 1981, S. 1, 289, 317 ff.
[276] Ebenda, S. 318 f.
[277] Ebenda, S. 319.

schen Familienangehörigen im Zivilrecht die gleiche Anerkennung wie Rechtsgeschäfte zwischen Fremden.

Sehr viel kritischer werden demgegenüber Vertragsgestaltungen zwischen Familienangehörigen im Steuerrecht beurteilt[278]. Dies liegt natürlich daran, daß die Verlockung von zum Teil erheblichen Steuerersparnissen die Mißbrauchsgefahr beträchtlich erhöht. Durch die große zivilrechtliche Gestaltungsfreiheit werden die Möglichkeiten, Schein- oder Umgehungsgeschäfte abzuschließen, noch erleichtert. Die Finanzverwaltung und auch die Finanzrechtsprechung haben insbesondere in der Vergangenheit den Vertragsabsprachen zwischen Angehörigen sehr viel Mißtrauen entgegen gebracht und vielfach wegen der Vermutung eines Mißbrauchs eine steuerliche Anerkennung versagt[279]. Die Rechtsprechung des Bundesverfassungsgerichts hat dieser Verfahrensweise Grenzen gesetzt und in einer Reihe von Entscheidungen die steuerrechtliche Benachteiligung von Familienangehörigen für verfassungswidrig erklärt[280]. Besondere Bedeutung gewinnt in diesem Zusammenhang die Feststellung des Bundesverfassungsgerichts, daß die Ehe als solche keine Vermögensgemeinschaft begründe[281]; dem Gesetzgeber sei es daher nicht erlaubt, zur Vermeidung von Steuerumgehungen generell benachteiligende Regelungen für Ehegatten zu erlassen. Die verfassungsrechtlichen Wertentscheidungen der Artikel 3 Abs. 1, 6 Abs. 1 GG würden es verbieten, in jedem Fall eine Steuerumgehungsabsicht der Ehegatten unwiderlegbar zu vermuten[282].

In einer neuen Entscheidung[283] beurteilt das BVerfG sogar eine widerlegbare Vermutung als eine verfassungswidrige Schlechterstellung von Ehegatten, wenn alleiniger Anknüpfungspunkt für die Vermutung der Tatbestand der Eheschließung sei, ohne daß es auf weitere Umstände ankomme.

Der Gestaltungsspielraum des Gesetzgebers und der Ermessensspielraum in der Bewertungspraxis der Finanzverwaltung und Finanzgerichte bleibt jedoch insoweit unberührt, als steuerrechtliche Mißbrauchsnormen geringerer Qualität nach Auffassung des Bundesverfassungsgerichts keine Verletzung von Art. 6 Abs. 1 GG bedeuten[284]. Es sei verfassungsrechtlich unbe-

[278] Vgl. hierzu Fenn, Die Mitarbeit, S. 255 ff.; Görlich, S. 17 ff.

[279] Vgl. Fenn, Die Mitarbeit, S. 255 ff.

[280] z. B. die Nichtanerkennung von Ehegatten-Arbeitsverträgen, BVerfGE 13, S. 290, S. 318 und S. 331; 16, S. 243; diskriminierende Ausnahmebestimmungen zu Ungunsten von Ehegatten und Kindern, BVerfGE 18, S. 97; Ausschluß der bei ihren Eltern beschäftigten Kinder von der Arbeitslosenversicherung, BVerfGE 18, S. 366; die einkommensteuerliche Benachteiligung von Pensionsrückstellungen für Arbeitnehmer-Ehegatten, BVerfGE 29, S. 104.

[281] BVerfGE 13, S. 290, 308; 15, S. 328, 331 f.

[282] BVerfGE 26, S. 321, 325 ff. bezüglich Verfassungswidrigkeit der Benachteiligung von Ehegatten bei der Kapitalverkehrsteuer.

[283] BVerfG, DB 1985, S. 1320, 1321.

[284] BVerfGE 22, S. 156, 161; Görlich, S. 32, FN 8, 9 m.w.N., S. 48; vgl. insbesondere zur Frage der einkommensteuerlichen Behandlung der Pensionsrückstellungen für

denklich, die Familienangehörigen als besonders anfälligen Personenkreis für Steuerumgehungen typisierend besonderen Nachweispflichten zu unterwerfen.

3. Eigener Lösungsvorschlag

Der Überblick über die Kollisionsregeln in anderen Rechtsgebieten und insbesondere die Betrachtung der im Steuerrecht getroffenen Entscheidungen hat die Möglichkeiten und Grenzen aufgezeigt, Mißbrauchsgefahren infolge gleichgerichteter Interessen von Familienangehörigen auszuschalten. Es ist ein Rahmen und möglicherweise eine Entscheidungshilfe vorgegeben, um den Problemkreis der Zurechnung von Anteilen naher Angehöriger im Betriebsrentenrecht zu lösen. Dabei stellt sich als erstes die Frage, ob und ggf. welche Manipulationsgefahren im Betriebsrentenrecht konkret drohen.

a. Die Auswirkungen familiärer Beziehungen im Betriebsrentenrecht

Die Gefahr eines Kooperierens von Familienangehörigen mit der Absicht, den Schutz des Betriebsrentengesetzes mißbräuchlich in Anspruch zu nehmen, wird in der Regel nicht vorliegen. Es ist bereits festgestellt worden, daß aus betriebsrentenrechtlicher Sicht grundsätzlich keine Bedenken gegen die Anerkennung von Arbeitsverhältnissen zwischen Familienangehörigen sowie darauf beruhenden Versorgungszusagen bestehen[285]. Aus den gleichen Erwägungen kann nicht unterstellt werden, daß ein Gesellschafter-Geschäftsführer mit der Unterstützung seiner Familienangehörigen eine Versorgungszusage allein deshalb erzwingt, um in den Genuß bestimmter Vorteile des BetrAVG zu kommen.

Im Hinblick auf die Anwendbarkeit des § 17 Abs. 1 S. 2 ist allerdings eine echte Mißbrauchsgefahr nicht erforderlich. Es genügt, wenn der Zusageempfänger mit der Unterstützung und den Stimmrechten seiner Angehörigen rechnen kann und daher eine so starke Position besitzt, daß er die Ausgestaltung einer Versorgungszusage zumindest paritätisch mitbestimmen kann und folglich auf den Schutz des Gesetzes nicht angewiesen ist.

Die heute ganz herrschende Meinung lehnt eine entsprechende Vermutung ab, weil die Interessen von Familienangehörigen nicht stets gleichgerichtet seien[286]. Soweit man ganz allgemein auf die Festlegung der Geschäftspolitik und auf das Abstimmungsverhalten in einer Gesellschaf-

---

Arbeitnehmer-Ehegatten, BVerfG, DB 1970, S. 1519, 1520 f. und das BMF-Schreiben vom 4. 9. 1984, DB 1984, S. 1958.

[285] s. o. A. III.

[286] s. o. die Ausführungen zum Meinungsstand, C. IV. 1.

terversammlung abstellt, ist diese These richtig und entspricht auch der vom Bundesverfassungsgericht bestätigten Wertentscheidung des Grundgesetzes.

Wie bereits im Ersten Abschnitt[287] ausgeführt wurde, ist es jedoch nicht zwingend, die Verhandlungsstärke des Zusageempfängers allein an seiner generellen Stellung im Unternehmen zu messen. Für die Prüfung des § 17 Abs. 1 S. 2 kommt es letztlich auf die Position des Betreffenden in bezug auf das Aushandeln der Versorgungszusage an. Im Regelfall liefern zwar – bei der hier notwendigen typisierenden Betrachtungsweise – die in Gesetz, Satzung oder sonstigen Vereinbarungen festgelegten vermögens- und einflußmäßigen Rechte den Maßstab sowohl für die allgemeine Stellung im Unternehmen als auch für die Verhandlungsstärke bei der Vereinbarung einer betrieblichen Altersversorgung. Ausnahmsweise kann aber ein bestimmter typischer Sachverhalt gegeben sein, der lediglich die Verhandlungsposition bezüglich des Aushandelns einer Altersversorgung beeinflußt. Eine solche falltypische Konstellation darf nicht unbeachtet bleiben, weil das Merkmal der Vertragsparität nach dem Willen des Gesetzgebers nicht abstrakt, sondern im Hinblick auf die Tatbestandsvoraussetzungen des § 17 Abs. 1 S. 2 zu prüfen ist.

Für die Problematik der Zurechnung von Anteilen naher Angehöriger genügt demnach nicht die Feststellung, daß Familienangehörige nicht stets gleichgerichtete Interessen im Unternehmen verfolgen. Es ist weiterhin zu fragen, ob ein Zusageempfänger im Falle der Erteilung einer Versorgungszusage auf die Unterstützung von Ehegatten und Kindern rechnen kann, weil zumindest insoweit gleiche Vorstellungen und Interessen bestehen. Diese Frage ist in der Tat anders zu beantworten. Hier geht es nämlich nicht um irgendeine Entscheidung bezüglich der Geschäftspolitik des Unternehmens, sondern um die Alters-, Hinterbliebenen- und Invaliditätsversorgung zugunsten eines Angehörigen. Es besteht eine hohe Wahrscheinlichkeit, daß sich die Familieninteressen polarisieren und der Zusageempfänger von den nächsten Verwandten bei der Vereinbarung einer Versorgungszusage unterstützt wird. Vielfach verfolgen die Angehörigen sogar ein unmittelbar eigenes Interesse, weil sie als Ehegatte von der Pension und Hinterbliebenenversorgung profitieren oder weil sie als Kinder bei einer ausreichenden Alterssicherung nicht zur Unterstützung der Eltern verpflichtet sind.

Einige Fälle, die Entscheidungen des LG Köln und des BGH zugrunde gelegen haben, veranschaulichen die praktische Bedeutsamkeit:

– Der Kläger war als Geschäftsführer mit 30 % und unter Berücksichtigung der Anteile seiner Ehefrau mit über 50 % am Unternehmen beteiligt[288].

---

[287] B. IV. 2. b.

[288] LG Köln, 74 0 154/78 vom 13. 11. 1978, nicht veröffentlicht.

- Der Kläger als Geschäftsführer und dessen Ehefrau waren jeweils mit 25 %, also zusammen mit 50 % am Kapital beteiligt[289].
- Der Kläger war Geschäftsführer, nicht aber Gesellschafter einer GmbH. Es besaßen jedoch seine Ehefrau sowie zwei Brüder der Ehefrau, die ebenfalls Geschäftsführer waren, jeweils 20 % der Anteile. Alle drei Geschäftsführer erhielten gleichlautende Pensionszusagen[290].
- Der Kläger und sein Mitgeschäftsführer hielten je 20 % des Stammkapitals einer GmbH. Außerdem war eine Gesellschaft bürgerlichen Rechts mit 60 % beteiligt, an der der Mitgeschäftsführer mit 30 % und der Kläger mit seiner Ehefrau ebenfalls mit 30 % (davon die Ehefrau mit 29 %) beteiligt waren[291].

Es mag zwar sein, daß die Ehepartner in den jeweiligen Beispielsfällen unterschiedliche Vorstellungen hinsichtlich der Unternehmenspolitik hatten. Unwahrscheinlich und realitätsfremd wäre jedoch die Behauptung, daß die Ehepartner bezüglich der Erteilung einer Versorgungszusage zugunsten des Ehegatten-Geschäftsführers keine gleichgerichteten Interessen verfolgt hätten.

Der Rechtsprechung und herrschenden Meinung ist schließlich entgegenzuhalten, daß auch in anderen Rechtsgebieten nicht auf eine generelle Interesseneinheit naher Angehöriger abgestellt wird, sondern vielmehr einzelne Konfliktsituationen herausgegriffen und besonders geregelt werden. Dieser Ansatz gilt für das Betriebsrentengesetz gleichermaßen. Für das Problem der Zurechnung der Anteile von Familienangehörigen ist allein auf den Konfliktfall der Erteilung oder der Änderung einer Versorgungszusage abzustellen.

Ist somit in bezug auf die Erteilung der Versorgungszusage grundsätzlich von einer gemeinsamen Interessenverfolgung auszugehen, stellt sich als nächstes die Frage, ob und unter welchen Voraussetzungen eine Zurechnung der Anteile vorzunehmen ist.

b. Übertragbarkeit der steuerrechtlichen Betrachtungsweise

Der Anknüpfungspunkt und die Zielsetzung liegen im Steuerrecht anders als im Recht der betrieblichen Altersversorgung. Das Steuerrecht befaßt sich mit vertraglichen Beziehungen zwischen Angehörigen und prüft deren Anerkennung unter dem Blickwinkel der Manipulation zwecks Steuerumgehung. Vorliegend geht es nicht um vertragliche Abreden und deren

---

289 LG Köln, 74 0 604/77 vom 24. 5. 1978, BB 1978, S. 1168 f.
290 BGH, II ZR 181/80 vom 28. 9. 1981, ZIP 1982, S. 95.
291 BGH, II ZR 171/79 vom 9. 3. 1981, ZIP 1981, S. 898.

Wirksamkeit angesichts bestimmter Mißbrauchsgefahren. Gegenstand der Prüfung ist die Schutzbedürftigkeit eines Zusageempfängers, dessen Einflußpotential beim Aushandeln einer Versorgungszusage durch die Unterstützung naher Angehöriger gestärkt sein könnte. Der im Steuerrecht bevorzugte Gesichtspunkt der wirtschaftlichen Betrachtungsweise vertraglicher Bindungen zwischen Angehörigen[292] sowie die Frage nach der Ernsthaftigkeit der Vereinbarung und deren tatsächlicher Durchführung[293] eignen sich nicht als Prüfungsmaßstab für die Frage der Zusammenrechnung von Anteilen im Betriebsrentenrecht.

c. *Anwendbarkeit des § 7 Abs. 5 BetrAVG als Kollisionsnorm*

Da das Betriebsrentengesetz keine spezielle Kollisionsnorm enthält, kommt allenfalls die Umgehungsvorschrift des § 7 Abs. 5 in Betracht, die nach Auffassung von Hommelhoff / Timm[294] das normative Instrumentarium für die Problemlösung der Zurechnung von Familienanteilen bereitstellt.

§ 7 Abs. 5 hat zum Ziel, einen möglichen Mißbrauch der Insolvenzsicherung, d. h. ein spekulatives Herbeiführen der Einstandspflicht des PSVaG, zu verhindern[295]. Diese Manipulationsgefahr kann natürlich auch in Fällen mit familiären Beziehungen eine Rolle spielen. Es geht jedoch vorliegend nicht um die Verhinderung dieser speziellen Mißbrauchsgefahr, sondern vielmehr um die davon unabhängige Frage des Anwendungsbereiches des gesamten Betriebsrentengesetzes im Falle der Beteiligung naher Angehöriger.

Schon die Prüfungsreihenfolge macht deutlich, daß § 7 Abs. 5 keine Entscheidungshilfe für die Einbeziehung eines Zusageempfängers geben kann. Erst wenn eine Person dem persönlichen Geltungsbereich des Gesetzes unterfällt, ist die Prüfung des § 7 Abs. 5 möglich. Schließlich ist die Regelung des § 7 Abs. 5 inhaltlich und in ihrer Rechtsfolge auf die Insolvenzsicherung zugeschnitten, während § 17 Abs. 1 S. 2 sich ausdrücklich auf alle Vorschriften des arbeitsrechtlichen Teils des BetrAVG bezieht.

Es ist daher nicht zweckmäßig, den persönlichen Geltungsbereich des § 17 Abs. 1 S. 2 mit Hilfe der Merkmale des § 7 Abs. 5 zu bestimmen.

---

292 Blümich / Falk, § 26 a, S. 4 f.; Görlich, S. 74 ff., 129.

293 BFHE 63, S. 480, 483; 74, S. 584, 586; 113, S. 558, 562; Blümich / Falk, § 26 a, S. 10 f.

294 KTS 1981, S. 1, 289, 319 f.

295 Blomeyer / Otto, § 7 Rdnr. 288; Heubeck / Paulsdorff, § 7 Rdnr. 83; Höfer / Abt, § 7 Rdnr. 153.

d. Die Zurechnung der Anteile naher Angehöriger als widerlegbare Vermutung

Anknüpfungspunkt für die Beurteilung der Verhandlungsstärke ist die unter a) getroffene Feststellung, daß nahe Familienangehörige in bezug auf die Alters-, Invaliditäts- und Hinterbliebenenversorgung mit großer Wahrscheinlichkeit gleichgerichtete Interessen verfolgen. In Anwendung der im Ersten Abschnitt aufgestellten Grundsätze[296] könnte die vermutete Polarisierung der Familieninteressen bei Erteilung der Versorgungszusage als ein tatsächlicher Umstand zu werten sein, der die Verhandlungsposition des Zusageempfängers stärkt. Dies hätte zur Folge, daß die Anteile und Stimmrechte naher Angehöriger dem Zusageempfänger zuzurechnen wären.

Das Bundesverfassungsgericht[297] hat jedoch unlängst entschieden, daß bei der Beurteilung einer Betriebsaufspaltung die, wenn auch widerlegbare Vermutung, Ehegatten verfolgten gleichgerichtete wirtschaftliche Interessen, eine verfassungwidrige Schlechterstellung der Ehegatten bedeute. Ohne das Hinzutreten weiterer konkreter Umstände dürfe nicht allein aus dem Tatbestand der Eheschließung die Annahme einer personellen Verflechtung durch gleichgerichtete Interessen gefolgert werden. Diese verfassungsrechtlichen Wertungen könnten einer Zusammenrechnung der Anteile entgegenstehen.

Die Vermutung, daß nahe Familienangehörige i.d.R. gleichgerichtete Interessen in bezug auf die Erteilung eines Ruhegeldversprechens verfolgen, beruht jedoch vorliegend nicht allein auf dem Umstand der Eheschließung oder des Eltern-Kind-Verhältnisses. Es kommt hinzu, daß der Vereinbarung einer Versorgungszusage als ein direkter Vorteil für die nahen Angehörigen zu werten ist. Dies zeigt sich besonders deutlich im Fall der Hinterbliebenenversorgung. Im Sinne der Rechtsprechung des Bundesverfassungsgerichts besteht ein konkretes Motiv oder Beweisanzeichen, um die Annahme gleichgerichteter Interessen bei Erteilung der Versorgungszusage zu begründen.

Allerdings sind sowohl hinsichtlich des Personenkreises als auch in bezug auf die Verläßlichkeit der Vermutung folgende Einschränkungen zu machen. Es ist von Anfang an auf die nahen Angehörigen abgestellt worden, weil für das Verhältnis zwischen entfernteren Verwandten keine ausreichende Grundlage ersichtlich ist, um eine gemeinsame Interessenverfolgung zu vermuten. Aber auch im Kreis der nahen Angehörigen läßt sich die oben aufgestellte Vermutung nur für Ehegatten und für die Beziehung Eltern – minderjährige Kinder aufrecht erhalten. Im Verhältnis der Eltern zu ihren volljährigen Kindern kann nicht mit hinreichender Wahrscheinlichkeit eine

---

[296] Vgl. B. IV. 2. b.

[297] Beschluß vom 12. 3. 1985, DB 1985, S. 1320, 1321.

gegenseitige Unterstützung als Regelfall angenommen werden. Etwaige eigene Vorteile spielen hier nur eine untergeordnete Rolle, so daß es weiterer konkreter Anhaltspunkte im Einzelfall bedarf.

Im übrigen bestehen einige Vorbehalte, die Vermutung gleichgerichteter Interessen stets eingreifen zu lassen bzw. mit Rücksicht auf diese Vermutung regelmäßig eine Zusammenrechnung der Anteile von nahen Angehörigen vorzunehmen. Wie bereits festgestellt, handelt es sich um einen tatsächlichen Umstand, der – wie auch in anderen Fällen – im Gegensatz zu rechtsverbindlich festgelegten Rechtspositionen kein gesichertes Einflußpotential begründet. Es muß daher dem betroffenen Zusageempfänger die Möglichkeit bleiben, nachzuweisen, daß in seinem Fall keine gleichgerichtete Interessenverfolgung stattgefunden hat. Desweiteren ist zu berücksichtigen, daß die berechtigte Vermutung der gemeinsamen Interessenverfolgung nicht unbedingt kausal für die Erteilung des Ruhegeldversprechens sein muß. Wenn z. B. ein weiterer Geschäftsführer oder andere Mitarbeiter in vergleichbarer Position, die nicht oder nur unwesentlich am Unternehmen beteiligt sind, eine gleichlautende Versorgungszusage erhalten haben, kann nicht unterstellt werden, daß der Zusageempfänger mit Rücksicht auf die Unterstützung durch Familienangehörige begünstigt worden ist. Ähnlich wie in den Fällen der zwei- und mehrköpfigen Gesellschafter-Geschäftsführung ist dem Zusageempfänger die Nachweismöglichkeit einzuräumen, daß eine mögliche Unterstützung durch angehörige Gesellschafter nicht ursächlich für die Versorgungszusage geworden ist. Dies gilt um so mehr, als eine Benachteiligung infolge familiärer Beziehungen verfassungrechtlich unzulässig wäre.

Aufgrund dieser verschiedenen Einschränkungen und Vorbehalte dürfen die Anteile von nahen Angehörigen nicht ausnahmslos dem Zusageempfänger zugerechnet werden. Es erscheint jedoch gerechtfertigt, in bezug auf Ehegatten und auf das Verhältnis Eltern – minderjähriges Kind die *widerlegbare* Vermutung aufzustellen, daß diese Personen gleichgerichtete Interessen hinsichtlich der Erteilung einer Versorgungszusage verfolgen. Wenn der Zusageempfänger diese Vermutung nicht entsprechend den Regeln über den Anscheinsbeweis entkräftet, dann werden ihm die Anteile von angehörigen Gesellschaftern zugerechnet. Ergibt sich bei der Zusammenrechnung der Anteile ein paritätischer oder beherrschender Einfluß zugunsten des Zusageempfängers, dann ist er vom Geltungsbereich des BetrAVG ausgeschlossen.

D. Ergebnis

Die Untersuchung der verschiedenen Fallgruppen und Zweifelsfragen hat gezeigt, daß der Gesichtspunkt der Vertragsparität nicht nur als gesetzgeberisches Motiv und zentrales Regelungselement, sondern auch als praktisches Abgrenzungskriterium zur Auslegung des § 17 Abs. 1 S. 2 herangezogen werden kann. Die insbesondere von der Rechtsprechung vorgebrachten Bedenken in bezug auf die Wahrung der Rechtssicherheit sind nicht begründet, weil das Merkmal der Vertragsparität anhand typisierter Sachverhalte ermittelt wird.

Gegenüber dem Lösungsansatz des BGH ist die Abgrenzung anhand des Kriteriums der Vertragsparität vorzuziehen. Dieses Merkmal hat nicht nur den Vorteil, als teleologische und systematische Grundlage des BetrAVG eine am Sinn und Zweck des Gesetzes orientierte Auslegung zu gewährleisten[298]. Es bewährt sich auch in der Fallprüfung als ein Instrument, das trotz der vielfältigen Problemfälle der Praxis Einzelfallgerechtigkeit und Rechtssicherheit so weit wie möglich erzielen kann. Demgegenüber hat der vom BGH herangezogene wertungsmäßige Vergleich mit dem Einzelkaufmann den Nachteil, daß er den in der Praxis häufig auftretenden Besonderheiten durch gesellschaftsvertragliche oder sonstige Vereinbarungen nicht oder zumindest nicht ohne weitere Abgrenzungskriterien Rechnung tragen kann. Im übrigen orientiert sich der Lösungsansatz des BGH nicht immer an dem Schutzzweck des Gesetzes. Dies zeigt sich z. B. daran, daß der BGH grundsätzlich eine beherrschende Stellung im Unternehmen verlangt und infolge seines Vergleichs mit dem Einzelkaufmann glaubt, die Gesellschafter von Personen- und Kapitalgesellschaften unterschiedlich behandeln zu müssen.

Angesichts der gesetzgeberischen Begründung des § 17 Abs. 1 und dem Normzweck des BetrAVG als Arbeitnehmerschutzgesetz kann es jedoch nicht in erster Linie auf eine Überlegenheit und auf bestimmte gesellschafts- und haftungsrechtliche Gesichtspunkte ankommen. Ein Ausschluß vom BetrAVG ist bereits dann anzunehmen, wenn ein Gesellschafter auch ohne Beherrschungsmöglichkeit z. B. aufgrund bestimmter Veto- oder Sonderrechte eine Position im Unternehmen einnimmt, die seine Mitgesellschafter zu Rücksichtnahme zwingt, und damit die Erzielung eines angemessenen Interessenausgleichs ermöglicht wird. Unter diesen Umständen ist der Zusageempfänger nicht mehr einem Arbeitnehmer vergleichbar in der regelmäßig schwächeren Verhandlungsposition. Entscheidend sind allein die rechtlichen und z. T. auch die tatsächlichen Einflußmöglichkeiten; die Zugehörigkeit zu einer Personen- und Kapitalgesellschaft begründet keine notwendige Differenzierung für die Anwendbarkeit des Betriebsren-

---

[298] Vgl. hierzu 1. Abschn., A. I. und II.

tengesetzes, auch wenn der Vergleich zum Einzelkaufmann dies erfordern sollte.

Ausgangspunkt für die Abgrenzung des persönlichen Geltungsbereiches des BetrAVG ist das im Ersten Abschnitt erstellte Prüfungsschema[299]. Mit Hilfe dieses auf das Merkmal der Vertragsparität abgestellten Schemas lassen sich – wie die Fallgruppenbetrachtung gezeigt hat – Abgrenzungsfragen befriedigend lösen. Hinsichtlich der Ergebnisse im einzelnen ist auf die Ausführungen zu den verschiedenen Fallgruppen und Sonderfragen zu verweisen.

Entgegen der Auffassung des BGH ist für die Beurteilung der Schutzfähigkeit auf den Zeitpunkt der Zusage abzustellen. Im Falle eines Statuswechsels kommt es darauf an, ob das Ruhegeldversprechen durch ausdrückliche oder konkludente Einigung aufrechterhalten wird. In den meisten Fällen begründet bereits die Weiterbeschäftigung des Zusageempfängers die Annahme der Aufrechterhaltung der Zusage, soweit nicht die Mitteilung seitens des Arbeitgebers erfolgt, daß er sich an die Zusage nicht mehr gebunden fühlt[300].

Besondere Schwierigkeiten können sich ergeben, wenn das Einflußpotential und die Stärke eines Zusageempfängers maßgeblich von tatsächlichen Umständen beeinflußt wird. Soweit es sich um Einzelfallumstände, wie z. B. fachliche Qualifikation, Berufserfahrung, handelt, sollten diese, wie der BGH zu Recht ausführt, außer Betracht bleiben. Wenn jedoch die Sachverhaltsfeststellungen ergeben, daß ein tatsächlicher Umstand die Stellung des Zusageempfängers insgesamt stärkt, erfordert eine angemessene und gerechte Abgrenzung die Berücksichtigung dieser Tatsache. Läßt sich im Einzelfall ein Erfahrungssatz oder sogar ein Anscheinsbeweis aufstellen, daß der tatsächliche Umstand ein die Vertragsparität begründendes Einflußpotential vermittelt, scheidet ein Schutz des Zusageempfängers aus. Allerdings kann der Betreffende einen abweichenden Sachverhalt darlegen oder den Kausalzusammenhang zwischen dem tatsächlichen Umstand und dem vermuteten Einflußpotential entkräften.

Eine Besonderheit besteht für Nicht-Arbeitnehmer, deren nahe Familienangehörige an dem Unternehmen beteiligt sind. Hier ist ausnahmsweise allein auf die Verhandlungsstärke in bezug auf das Aushandeln einer Versorgungszusage abzustellen. Denn Familienangehörige mögen unterschiedliche Auffassungen im Unternehmen vertreten. Im Falle der Zusage einer Alters-, Hinterbliebenen- und Invaliditätsversorgung ist jedoch zu vermuten, daß nahe Angehörige regelmäßig gemeinsame Interessen verfolgen. Diese Vermutung rechtfertigt eine Zusammenrechnung der Anteile und

---

[299] s. o. 1. Abschn., B. IV. 4.

[300] s. o. 2. Abschn., C. I. 2.

gegebenenfalls einen Ausschluß des Zusageempfängers. Zur Vermeidung einer ungerechtfertigten, möglicherweise verfassungswidrigen Benachteiligung von Familienangehörigen ist dem Zusageempfänger die Möglichkeit einzuräumen, die Vermutung zu entkräften.

Dritter Abschnitt

Der Insolvenzschutz des Betriebsrentengesetzes in den sog. Altfällen

A. Das Problem

Die Vorschrift des § 7 Abs. 2 BetrAVG begründet für Anwartschaftsberechtigte, die bei Vorliegen eines Sicherungsfalles „eine nach § 1 unverfallbare Versorgungsanwartschaft haben", einen Anspruch gegen den Träger der Insolvenzsicherung. Die Unverfallbarkeitsregelung des § 1 BetrAVG gilt gemäß § 26 BetrAVG nicht für Arbeits- oder Dienstverhältnisse, die vor Inkrafttreten des Gesetzes (= 19. 12. 1974) beendet worden sind. Es liegt der Schluß nahe, daß diese sog. Altfälle keinen Insolvenzschutz gemäß § 7 Abs. 2 BetrAVG genießen. Dennoch haben der BGH[1] und das BAG[2] anfänglich die Auffassung vertreten, daß § 7 Abs. 2 BetrAVG zumindest auf die unverfallbaren Anwartschaften kraft Richterrechts[3] analog anzuwenden sei[4].

Das BVerfG hat sich dieser Auffassung nicht angeschlossen. In der Begründung seiner Entscheidung vom 19. 10. 1983[5] führt der 2. Senat in wenigen Sätzen aus, daß der Gesetzgeber mit der Bezugnahme auf die „nach § 1 unverfallbaren Anwartschaften" die richterrechtlich entwickelten Versorgungsanwartschaften von der von ihm eingeführten Insolvenzregelung ausgenommen habe; daher könne auch die Rechtsprechung diese Altfälle nicht in die Neuregelung miteinbeziehen.

Seit Ergehen dieser verfassungsgerichtlichen Entscheidung besteht erhebliche Rechtsunsicherheit und Uneinigkeit in bezug auf den Insolvenzschutz von unverfallbaren Anwartschaften kraft Richterrechts. Der Pensions-Sicherungs-Verein vertritt die Auffassung, daß das BVerfG mit einer gemäß § 31 Abs. 1 BVerfGG über den Einzelfall hinausgehenden Bindungswirkung entschieden habe, daß eine entsprechende Anwendung des § 7 Abs. 2

---

1 AP Nr. 7 zu § 3 BetrAVG = DB 1980, S. 1991, 1992 = ZIP 1980, S. 782, 783.

2 DB 1981, S. 750, 751 = BB 1981, S. 979 f.; DB 1981, S. 644 = BB 1981, S. 850, 851.

3 Vor Geltung des Betriebsrentengesetzes hatte das BAG in seinem zwischenzeitlich vom BVerfG anerkannten Grundsatz aufgestellt, daß Anwartschaften nach 20jähriger Betriebszugehörigkeit unverfallbar werden.

4 Die vorgebrachten Argumente der Bundesgerichte werden im einzelnen unter B. II. besprochen.

5 BVerfGE 65, S. 196 = NJW 1984, S. 476 = DB 1984, S. 190 = BB 1984, S. 341 = BetrAV 1984, S. 49 = ZIP 1984, S. 94 = WM 1984, S. 107.

BetrAVG auf die unverfallbaren Anwartschaften kraft Richterrechts generell verfassungswidrig sei[6]. Danach scheidet ein Insolvenzschutz für sämtliche Altfälle aus, in denen das Arbeits- bzw. Dienstverhältnis des Anwartschaftsberechtigten vor Inkrafttreten des Betriebsrentengesetzes beendet worden ist, unabhängig davon, ob der Anspruch auf einer Versorgungszusage mit oder ohne Rechtsanspruch – wie bei den Unterstützungskassen – beruht. Diese Auslegung der Entscheidung des BVerfG wird von dem LAG Köln[7] und in der Literatur von Krause[8] geteilt.

Demgegenüber hat der BGH bereits in einem Entschluß vom 25. 2. 1985[9] erkennen lassen, daß nach seiner Auffassung das BVerfG die entsprechende Anwendung des § 7 Abs. 2 BetrAVG auf Anwartschaften, die kraft Richterrechts unverfallbar sind und auf *verbindlichen* Versorgungszusagen beruhen, nicht für verfassungswidrig erklärt habe. Diese Auslegung der Entscheidung des BVerfG bestätigt der BGH jetzt noch einmal ausführlich in seinem Urteil vom 7. Juli 1986[10]. Gegen dieses Urteil hat der PSV Verfassungsbeschwerde eingelegt, so daß das Bundesverfassungsgericht nun Gelegenheit hat, die streitige Frage des Insolvenzschutzes in den sog. Altfällen endgültig zu klären.

In seiner jüngsten Entscheidung zu dieser Thematik schließt sich das BAG ohne Einschränkung dem BGH an und kommt zu dem Ergebnis, daß das BVerfG nicht über den Umfang und die zeitliche Ausdehnung des Insolvenzschutzes von Versorgungsanwartschaften entschieden habe[11]. Das BAG-Urteil ist in den folgenden Ausführungen nicht berücksichtigt und erörtert worden; soweit sich das BAG mit der Problematik des Insolvenzschutzes in Altfällen befaßt hat, ergeben sich jedoch keine beachtlichen Abweichungen gegenüber der hier vertretenen Ansicht.

B. Der Anwendungsbereich des § 7 Abs. 1 und 2 BetrAVG

Die Problematik des Insolvenzschutzes in den sog. Altfällen erfordert eine Untersuchung

- der Tragweite und Bindungswirkung der Entscheidung des BVerfG vom 19. 10. 1983 (I.)
- des Geltungsbereiches des § 7 Abs. 1 BetrAVG in bezug auf vor Inkrafttreten des BetrAVG ausgeschiedene Ruhegeldempfänger (II.),

[6] Merkblatt zur Insolvenzsicherung der betrieblichen Altersversorgung – 300/M 3/4.84 Zf. 2.2.2.

[7] BB 1986, S. 597.

[8] Anm. zum Beschluß des BVerfG in SAE 1984, S. 96, 97.

[9] II ZR 86/84, nicht veröffentlicht.

[10] DB 1986, S. 2339.

[11] Urteil vom 20. 1. 1987 DB 1987, S. 1793 mit zustimmendem Kurzkommentar von Schumann, in BAG EWiR § 7 BetrAVG 3/87, S. 743.

bevor unter III. festgestellt wird, wie weit der Anwendungsbereich des § 7 Abs. 2 BetrAVG ohne Verletzung des Verfassungsrechts bei direkter und ggf. entsprechender Anwendung der Vorschrift reicht.

I. Bedeutung des BVerfG-Beschlusses vom 19. 10. 1983

Die Entscheidung des BVerfG könnte bereits die Grenzen für eine verfassungsgemäße Auslegung des § 7 Abs. 2 BetrAVG aufgezeigt und damit den Anwendungsbereich der Vorschrift festgelegt haben.

Wie der angeführte Meinungsstreit verdeutlicht, ist das Verständnis der Verfassungsgerichtsentscheidung sehr unterschiedlich. Uneinigkeit besteht vor allem hinsichtlich der Tragweite der Entscheidung des BVerfG. M. E. ist darüber hinaus zweifelhaft, ob das BVerfG überhaupt die von BGH und BAG vertretene Auslegung und Anwendung des § 7 Abs. 2 BetrAVG für verfassungswidrig erklärt hat.

Gegenstand der Verfassungsbeschwerde war nicht der Insolvenzschutz von unverfallbaren Anwartschaften kraft Richterrechts, sondern die Frage der Widerrufsmöglichkeit einer Versorgungszusage einer Unterstützungskasse. Die beiläufigen Feststellungen des Senates zum Anwendungsbereich des § 7 Abs. 2 S. 1 BetrAVG beschränken sich auf zwei Sätze, die letztlich nur Teil der Begründung hinsichtlich der verfassungsmäßigen Grenzen für den Bereich der Widerrufsmöglichkeiten in Altfällen sind. Wenn das BVerfG darüber hinaus eine verbindliche Aussage zur verfassungsgemäßen Auslegung des § 7 Abs. 2 S. 1 BetrAVG in bezug auf den Insolvenzschutz von Altfällen hätte geben wollen, hätte der Senat – wenn er schon nicht die Verfassungswidrigkeit der BAG- und BGH-Rechtsprechung ausdrücklich in den Urteilstenor aufnimmt – unter Anführung der verfassungsrechtlichen Bestimmungen und Grundsätze ausgeführt, aus welchen Gründen ausschließlich die von ihm vertretene Auslegung der Vorschrift zulässig und im übrigen jede andere Auslegung als verfassungswidrig abzulehnen sei. Dies gilt erst recht, wenn sich das Urteil im Kern mit dem Sonderfall der Versorgungszusage einer Unterstützungskasse befaßt und daher unklar bleibt, ob die beiläufigen Ausführungen zum Insolvenzschutz sich auf alle Arten einer Altersversorgung beziehen.

Weiterhin fällt auf, daß das BVerfG „die einhellig abweichende und eingehend begründete Rechtsprechung des BGH und das BAG nicht einmal erwähnt“[12]. Wenn das BVerfG die Auffassung der beiden Bundesgerichte für verfassungswidrig halten würde, hätte es diese Entscheidungen nicht nur genannt, sondern sich auch mit den dort angeführten Gründen ausführlich auseinandergesetzt.

[12] Auf diese Besonderheit weist der Vorsitzende Richter des 3. Senats des BAG Dieterich hin, vgl. BetrAV 1985, S. 85, 88.

Diese Umstände sprechen dafür, daß das BVerfG in dem Beschluß vom 19. 10. 1983 nicht über die Verfassungsgemäßheit einer Einbeziehung der Altfälle in den Insolvenzschutz entschieden hat, sondern erst auf die erneute Verfassungsbeschwerde des PSV in eine verfassungsrechtliche Überprüfung dieses Komplexes einsteigen wird.

II. Ausnahmslose Einbeziehung von Ruhegeldempfängern gemäß § 7 Abs. 1 BetrAVG

Mit der Bestimmung des § 7 Abs. 1 BetrAVG hat der Gesetzgeber einen umfassenden Insolvenzschutz für sämtliche Empfänger einer betrieblichen Altersversorgung geschaffen. Der Pensions-Sicherungs-Verein als Träger der Insolvenzsicherung hat für die Verpflichtungen des Arbeitgebers aus der Versorgungszusage einzustehen, soweit der Sicherungsfall nach Inkrafttreten des Betriebsrentengesetzes eingetreten ist und der Berechtigte in diesem Zeitpunkt bereits Versorgungsleistungen empfangen hat oder zumindest alle Leistungsvoraussetzungen für die Erbringung von Versorgungsleistungen erfüllt hat[13]. Der Insolvenzschutz erstreckt sich auf jede Form der betrieblichen Altersversorgung, also auch auf Versorgungszusagen ohne Rechtsanspruch[14]. Es kommt auch nicht darauf an, ob der Anspruch aus einer gesetzlich gesicherten Anwartschaft, die die Voraussetzungen des § 1 Abs. 1 BetrAVG erfüllt, hervorgegangen ist[15]. Geschützt wird also auch der Versorgungsempfänger, der vor Eintritt des Versorgungsfalles lediglich eine unverfallbare Anwartschaft kraft Richterrechts besaß oder dessen Anwartschaft nur aufgrund vertraglicher Vereinbarung als unverfallbar galt.

Für die Insolvenzsicherung des § 7 Abs. 1 BetrAVG ist es somit unerheblich, ob das Arbeitsverhältnis vor oder nach Inkrafttreten des Betriebsrentengesetzes beendet worden ist. Soweit in dieser Regelung eine unechte Rückwirkung enthalten ist, sieht das BVerfG keine verfassungsrechtlichen Bedenken[16]. Diese Auffassung entspricht auch der herrschenden Meinung[17].

Ohne Unterscheidung zwischen Altfällen, Übergangsfällen und Neufällen[18] werden sämtliche Versorgungsempfänger in die Insolvenzsicherung

---

[13] Vgl. BGHZ 77, S. 233, 245 f.; BGH ZIP 1980, S. 782, 783; BAG AP Nr. 13 zu § 7 BetrAVG; Blomeyer / Otto, § 7 Rdnr. 24; Heubeck / Höhne / Paulsdorff / Rau / Weinert, § 7 Rdnr. 10.

[14] Zu Recht sieht Blomeyer, BB 1980, S. 789, 790, hierin „einen an Kuriosität grenzenden Widerspruch", weil sich eine Leistung, auf die ein Anspruch nicht besteht, im Insolvenzfall zu einer Leistung mit Rechtsanspruch verwandelt; vgl. auch Höfer / Abt, § 7 Rdnr. 112; Paulsdorff, BetrAV 1977, S. 138, 139.

[15] Blomeyer, DB 1977, S. 585, 586; Höfer / Abt, § 7 Rdnr. 26.

[16] Beschluß vom 30. 1. 1978 – 2 BvR 1057/75, DB 1978, s. 403 = NJW 1978, S. 2023.

[17] Kemper, Die Unverfallbarkeit betrieblicher Versorgungsanwartschaften von Arbeitnehmern, Kölner Diss. 1976, S. 43; Höfer / Abt, § 1 Rdnr. 9 ff.; Heubeck / Höhne / Paulsdorff / Rau / Weinert, Bd. II, § 32 Rdnr. 9 ff.

einbezogen, ohne daß insoweit Kritik verfassungsrechtlicher oder sonstiger Art geäußert wird.

III. Die Behandlung der Altfälle im Rahmen des § 7 Abs. 2 BetrAVG

1. Wirkung des § 26 BetrAVG

In Rechtsprechung und Literatur wird die Auffassung vertreten, daß aufgrund der Verweisung in § 7 Abs. 2 BetrAVG auf die „nach § 1 unverfallbaren Versorgungsanwartschaften" in Verbindung mit der Regelung des § 26 BetrAVG ein Insolvenzschutz für Versorgungsanwartschaften ausgeschlossen ist, wenn das Dienst- oder Arbeitsverhältnis vor Inkrafttreten des Gesetzes beendet worden ist[19].

Es ist unbestreitbar, daß § 26 BetrAVG verhindern soll, daß Anwartschaften, die auf einem vor Inkrafttreten des Gesetzes abgeschlosssenen Arbeitsverhältnis beruhen, nachträglich aufgrund der Unverfallbarkeitsregelung des § 1 Abs. 1 mit einem höheren Bestandsschutz versehen werden[20]. Dieses Rückwirkungsverbot ist auch verfassungsrechtlich geboten, weil andernfalls in das abgeschlossene Vertragsverhältnis zwischen Arbeitnehmer und Arbeitgeber zu Lasten des Arbeitgebers eingegriffen würde. Denn der Arbeitnehmer konnte bis zum Inkrafttreten des Gesetzes nur kraft Richterrechts nach 20-jähriger Betriebszugehörigkeit oder aufgrund vertraglicher Vereinbarung eine unverfallbare Anwartschaft erwerben.

Diese für den Eintritt der Unverfallbarkeit notwendigen gesetzlichen Beschränkungen gelten nicht gleichermaßen für die Insolvenzsicherung des § 7 BetrAVG. § 26 BetrAVG schließt nicht die Anwendung dieser Vorschrift auf Dienst- und Arbeitsverhältnisse aus, die vor Inkrafttreten des Gesetzes beendet worden sind. Wie bereits gesagt, wird insoweit auch eine verfassungsrechtlich unzulässige Rückwirkung verneint[21]. Die Einführung der Insolvenzsicherung begründet nur eine unechte Rückwirkung, die zudem nicht den einzelnen Arbeitgeber, sondern die Solidargemeinschaft als Trä-

---

18 So die Terminologie des BVerfG in bezug auf Arbeitnehmer, die vor Geltung des BetrAVG aus dem Arbeitsverhältnis ausgeschieden sind (Altfälle), nach Geltung des BetrAVG ausgeschieden sind und eine Versorgungszusage besitzen, die vor Geltung des BetrAVG erteilt wurde (Übergangsfälle) und Arbeitnehmer, deren Versorgungszusagen erst nach Inkrafttreten des BetrAVG erteilt wurden (Neufälle), vgl. Beschluß des BVerfG vom 14. 1. 1987 – 1 BvR 1052/79 –, DB 1987, S. 638, 641.

19 BAG, DB 1978, S. 2127, LAG Düsseldorf, BB 1977, S. 195; Blomeyer, BetrAV 1979, S. 78, 81; Blomeyer / Otto, § 7 Rdnr. 168; Höfer / Abt, § 7 Rdnr. 31; Ortlepp, BB 1980, S. 1426 ff.

20 Vgl. BT-Drucks. 7/1282, S. 49; Blomeyer / Otto, § 26 Rdnr. 1; Höfer / Abt, § 26 Rdnr. 1.

21 A.a.O. (FN 16, 17).

ger der Insolvenzsicherung trifft. Denn der Insolvenzschutz ist nur gegeben, wenn der Sicherungsfall nach Inkrafttreten des BetrAVG bzw. der Vorschriften der §§ 7 - 15, 32 BetrAVG eintritt. Unabhängig vom Zeitpunkt der Erteilung der Versorgungszusage und Ausscheiden des Arbeitnehmers liegt der die Zahlungspflicht des PSV begründende Umstand – betrachtet vom Zeitpunkt des Inkrafttretens der §§ 7 - 15 BetrAVG – in der Zukunft.

2. Motive des Gesetzgebers

Wenn § 26 BetrAVG schon nicht unmittelbar die Anwendbarkeit des § 7 BetrAVG einschränkt, stellt sich die Frage, ob der Gesetzgeber mit der Verweisung auf § 1 BetrAVG die durch § 26 BetrAVG vorgeschriebene eingeschränkte Anwendung des § 1 in die Insolvenzsicherung einbeziehen wollte. Dagegen spricht jedenfalls, daß die Insolvenzsicherung von Versorgungsempfängern – wie bereits dargestellt – ohne jegliche Einschränkung auch die Altfälle mit umfaßt.

Aufschluß über den Zweck, den der Gesetzgeber mit der Verweisung auf die Regelung des § 1 verfolgte, geben die Materialien des Gesetzgebungsverfahrens. Diskussionspunkt war seinerzeit ausschließlich die Frage, ob die Insolvenzsicherung an die jeweils konkret vereinbarte Unverfallbarkeit geknüpft werden sollte oder ob auch in bezug auf den Insolvenzschutz die Anwartschaften erst nach Erfüllung der in § 1 geregelten Mindestvoraussetzungen Bestandsschutz genießen sollen. Das sog. ABA-Gutachten vom 14. 2. 1974[22] hatte die erste Alternative favorisiert und zur Vermeidung einer Mißbrauchsgefahr anstelle der in § 7 Abs. 5 S. 3 BetrAVG enthaltenen Einjahresfrist eine Frist von drei Jahren vorgeschlagen. Nach ausführlicher Diskussion des ABA-Gutachtens in der öffentlichen Informationssitzung des Bundestagsausschusses für Arbeit und Sozialordnung vom 13. 3. 1974[23] entschied sich jedoch der Ausschuß auf den Vorschlag der Arbeitgeberseite, den Insolvenzschutz an die gesetzliche Unverfallbarkeit zu koppeln[24].

Neben der Verhinderung des Mißbrauchs des Insolvenzschutzes durch willkürlich vereinbarte Unverfallbarkeitsfristen mögen für diese Entscheidung die bestmögliche Wahrung der Verhältnismäßigkeit, Praktikabilität und Rechtssicherheit bedeutsam gewesen sein. Denn das individuelle Insolvenzrisiko soll mittels des Arbeitgeberbeitrages möglichst angemessen auf die Allgemeinheit der Ruhegeld gewährenden Arbeitgeber verteilt werden. Ein enormer Verwaltungsaufwand und komplizierte Berechnungsmethoden

---

[22] Die Insolvenzsicherung von Ruhegeldansprüchen auf dem Gebiet der betrieblichen Altersversorgung, Forschungsgutachten erstellt von der Arbeitsgemeinschaft für betriebliche Altersversorgung, Heidelberg 1974, S. 63 f.

[23] Vgl. sten. Protokoll der 32. Sitzung.

[24] Vgl. die in § 6a Abs. 2 S. 1 des Änderungsantrages vom 22. 11. 1974 enthaltene Regelung, BT-Drucks. 7/2843, S. 27, die in dieser Form auch Gesetz geworden ist.

wären angesichts der unendlich vielfältigen vertraglichen Regelungsmöglichkeiten hinsichtlich der Unverfallbarkeit und der Höhe der Anwartschaften erforderlich, um im Einzelfall den angemessenen Beitrag festzulegen. Mit der Verweisung auf die Regelung des § 1 und damit auf bestimmte Unverfallbarkeitsfristen werden diese erheblichen Schwierigkeiten vermieden.

Die Entstehungsgeschichte des § 7 Abs. 2 BetrAVG macht deutlich, daß die am Gesetzgebungsverfahren beteiligten Kreise nicht eine Einschränkung des Insolvenzschutzes in bezug auf die Altfälle beabsichtigen, sondern durch Verweisung auf § 1 BetrAVG bestimmte Mindestfristen für die Anerkennung einer Insolvenzsicherung von Anwartschaften festlegen wollten. Diesen Mindestanforderungen werden z. B. die unverfallbaren Anwartschaften kraft Richterrechts ohne weiteres gerecht.

3. Gründe für einen Insolvenzschutz in Altfällen

Folgende weitere Argumente sprechen dafür, daß Anwartschaftsberechtigte, die vor Inkrafttreten des Betriebsrentengesetzes ausgeschieden sind, nicht von jeglichem Insolvenzschutz ausgenommen werden sollten:

a. Mit der Schaffung des Gesetzes zur Verbesserung der betrieblichen Altersversorgung verfolgte der Gesetzgeber – wie bereits im Titel des Gesetzes zum Ausdruck kommt – das Ziel, die Rechtsstellung der Versorgungsempfänger und Anwartschaftsberechtigten zu verbessern[25]. Die Rechtsprechung des BAG zur Unverfallbarkeit hat der Gesetzgeber keineswegs beseitigen wollen, sondern er hat vielmehr das Richterrecht aufgegriffen, es zugunsten der Anwartschaftsberechtigten verbessert und als Gesetz festgeschrieben[26]. Der bis zum Inkrafttreten des Betriebsrentengesetzes durch die Rechtsprechung gewährte Anwartschaftsschutz sollte durch eine Verkürzung der Anwartschaftszeiten noch verstärkt werden, ohne an diesem Schutz für die Vergangenheit etwas zu ändern[27].

   Es ist kein Grund ersichtlich, warum z. B. Anwartschaftsberechtigte, die nicht 12, sondern 20 Jahre Betriebszugehörigkeit aufzuweisen haben, vom Insolvenzschutz ausgeschlossen sein sollen, nur weil sie vor dem 22. 12. 1974 aus dem Arbeitsverhältnis ausgeschieden sind. Der Sachverhalt, der der Entscheidung des BGH[28] zugrunde gelegen hat, macht entste-

[25] Auf diesen entstehungsgeschichtlichen Hintergrund weisen zu Recht der BGH und das BAG deutlich hin, vgl. BGH, ZIP 1980, S. 782, 783, BAG, DB 1981, S. 644, BGH, DB 1986, S. 2339.

[26] Vgl. BT-Drucks 7/1281, S. 19, 23, wo in der Einzelbegründung zu § 1 Abs. 1 ausgeführt wird: „Das Gesetzesrecht kann damit nahtlos das Richterrecht ablösen".

[27] Vgl. BAG, NJW 1976, S. 1863.

[28] ZIP 1980, S. 782.

hende Zufälligkeiten deutlich. Der Kläger war bereits über 21 Jahre in dem Unternehmen als Arbeitnehmer bzw. in vergleichbarer Stellung tätig, als er am 19. 12. 1974, also drei Tage vor dem Inkrafttreten des BetrAVG in eine Unternehmerstellung wechselte.

b. Wie bereits festgestellt[29], erhalten *alle Versorgungsempfänger* einen Ersatzanspruch gegen den Träger der Insolvenzsicherung unabhängig davon, ob die dem Ruhegeldanspruch vorhergehende Anwartschaft aus einem bei Eintritt des Versorgungsfalles bestehenden Arbeitsverhältnis herrührt oder kraft gesetzlicher, vertraglicher oder richterrechtlich begründeter Unverfallbarkeit aufrecht erhalten worden war. Angesichts dieser weitreichenden Insolvenzsicherung der Versorgungsempfänger muß bei der Bestimmung des Insolvenzschutzes für Anwartschaften der verfassungsrechtliche Grundsatz der Gleichbehandlung beachtet werden. Dies gilt sowohl im Verhältnis verschiedener Anwartschaften untereinander als auch im Verhältnis zwischen Versorgungsansprüchen und Anwartschaften. Nur sachliche Gründe können eine Ungleichbehandlung von einem Anwärter, dessen Arbeitsverhältnis vor dem 22. 12. 1974 beendet worden ist, gegenüber einem Versorgungsempfänger, der sich von den Anwärtern nur durch den Eintritt des Versorgungsfalles unterscheidet, bzw. gegenüber anderen Anwärtern begründen.

Der Gesetzgeber hat auf eine völlige Gleichstellung von Versorgungsempfänger und Anwärtern verzichtet, indem er aus den oben angeführten Erwägungen Anwartschaften nur dann in die Insolvenzsicherung einbezieht, wenn sie entsprechend der Fristenregelungen in § 1 BetrAVG unverfallbar geworden sind. Die insoweit maßgeblichen Gründe für eine Ungleichbehandlung rechtfertigen es jedoch nicht, Anwärter, die vor Inkrafttreten des Gesetzes aus dem Arbeitsverhältnis ausgeschieden sind, gänzlich von jedem Insolvenzschutz auszunehmnen, obwohl sie die Fristenregelung des § 1 BetrAVG ohne weiteres erfüllen. Hier gebietet es der Grundsatz der Gleichbehandlung, diese Anwärter zu behandeln wie Anwartschaftsberechtigte, die nach Inkrafttreten des Gesetzes aus dem Arbeitsverhältnis ausgeschieden sind. Der der Entscheidung des BGH vom 16. 6. 1980[30] zugrunde liegende Sachverhalt ist auch insoweit ein treffendes Beispiel, welche ungerechtfertigten Benachteiligungen im Einzelfall entstehen können.

c. Die verfassungsrechtlichen Gründe, die bei Unterstützungskassenleistungen in Altfällen[31] und auch in den sog. Übergangsfällen[32] eine Einschränkung der Widerrufsmöglichkeiten gebieten, gelten nicht für den

[29] s. o. B. II.
[30] A.a.O. (FN 28).
[31] BVerfG, Beschluß vom 19. 10. 1983, a.a.O. (FN 5).
[32] BVerfG, Beschluß vom 14. 1. 1987, a.a.O. (FN 18).

Umfang des Insolvenzschutzes. Denn eine Einschränkung der Widerrufsmöglichkeiten beschneidet unmittelbar den Entscheidungsspielraum und die wirtschaftliche Betätigungsfreiheit des Arbeitgebers, während die Gewährung von Insolvenzschutz den Träger der Insolvenzsicherung belastet. Das Verbot unzulässiger Rückwirkung greift nicht ein, weder in bezug auf die Ruhegeldempfänger noch auf die Anwartschaftsberechtigten (vgl. B. II.). Eine andere Frage ist, ob der Insolvenzschutz stets den Widerrufsmöglichkeiten angepaßt werden muß. Das BVerfG fordert einen lückenlosen Insolvenzschutz und bejaht einen Anspruch gegen den Träger der Insolvenzsicherung auch dann, wenn der Arbeitgeber in den Übergangsfällen ohne Nachweis einer wirtschaftlichen Notlage die Versorgungszusage aus sachlichen Gründen widerruft[33].

Zusammenfassend ist festzustellen, daß nicht nur die besseren Gründe für eine Einbeziehung der sog. Altfälle in den Insolvenzschutz des § 7 Abs. 2 BetrAVG sprechen, sondern insbesondere der Grundsatz der Gleichbehandlung es verbietet, Anwartschaften ausnahmslos von der Insolvenzsicherung auszunehmen, wenn das zugrunde liegende Arbeitsverhältnis vor Inkrafttreten des Gesetzes beendet worden ist.

4. Versorgungszusagen mit und ohne Rechtsanspruch

Mit der Begründung, das BVerfG habe lediglich die Insolvenzsicherung von Versorgungsanwartschaften, die richterrechtlich unverfallbar sind und auf *unverbindlichen* Versorgungszusagen beruhen, für verfassungswidrig erklärt, vertritt der BGH in seinem Urteil vom 7. 7. 1986[34] die Auffassung, daß die auf *verbindlichen* Versorgungszusagen beruhenden unverfallbaren Anwartschaften kraft Richterrechts insolvenzgeschützt sind. Dieser Differenzierung kann nicht zugestimmt werden.

Aufgrund der unter B. I. angeführten Gründe ist nicht anzunehmen, daß das BVerfG im Rahmen seiner Entscheidung über die Widerrufsmöglichkeiten von Unterstützungskassenleistungen die verfassungsmäßige Auslegung des § 7 Abs. 2 BetrAVG überprüfen und mit Gesetzeskraft verbindlich festlegen wollte. Weiterhin läßt der Wortlaut des Gesetzes und der gesetzgeberische Wille nicht die Deutung zu, daß Versorgungszusagen ohne Rechtsanspruch einen geringeren Schutz, insbesondere Insolvenzschutz genießen. Dies gilt auch für die Auslegung und Anwendung des § 7 Abs. 2 BetrAVG. Soweit sich aus der Verweisung auf § 1 BetrAVG Zweifel im Hinblick auf den Insolvenzschutz von Altfällen ergeben, betrifft die Problematik alle Formen der betrieblichen Altersversorgung gleichermaßen. Der Eintritt der Unverfallbarkeit ist weder in § 1 BetrAVG noch durch die Rechtsprechung

---

[33] A.a.O. (FN 18), unter B. II. 4. der Gründe.

[34] A.a.O. (Fn 10).

des BAG („unverfallbare Anwartschaften kraft Richterrechts") unterschiedlich für Versorgungszusagen mit und ohne Rechtsanspruch geregelt und entschieden worden.

Im übrigen kann nur noch einmal wiederholt werden, daß die besondere verfassungsrechtliche Problematik des Widerrufs von Versorgungszusagen ohne Rechtsanspruch in Altfällen keine Schlußfolgerungen in bezug auf den Insolvenzschutz dieser Altfälle erlaubt (vgl. oben B. II. und III. 1.).

5. Umfang des Insolvenzschutzes bei Altfällen

Soweit in Rechtsprechung und Literatur ein Insolvenzschutz von Altfällen diskutiert worden ist, ging es regelmäßig um die Frage einer entsprechenden Anwendung des § 7 Abs. 2 BetrAVG auf die unverfallbaren Anwartschaften kraft Richterrechts, also Anwartschaften, die vor Geltung des Betriebsrentengesetzes aufgrund der vom BAG in seinem Urteil vom 10. 3. 1972[35] festgelegten Grundsätze, d. h. nach mindestens 20jähriger Betriebszugehörigkeit, unverfallbar werden konnten. Ungeklärt ist, ob im Falle einer grundsätzlichen Bejahung der Insolvenzsicherung von Altfällen lediglich diese besonders qualifizierten Anwartschaften durch eine direkte oder entsprechende Anwendung des § 7 Abs. 2 BetrAVG geschützt sind, oder ob darüber hinaus sämtliche Altfälle einbezogen werden, die die tatbestandlichen Voraussetzungen des § 1 Abs. 1 erfüllen. Das würde bedeuten, daß alle Anwartschaftsberechtigten, die unabhängig von dem Zeitpunkt der Beendigung ihres Arbeitsverhältnisses eine mindestens 12jährige Betriebszugehörigkeit nachweisen können, der Insolvenzsicherung des § 7 Abs. 2 BetrAVG unterfallen.

Diese weitgehende Ausdehnung der Insolvenzsicherung ist bedenklich, weil Anwartschaften vor Geltung des Betriebsrentengesetzes grundsätzlich nur aufgrund der BAG-Rechtsprechung nach 20jähriger Betriebszugehörigkeit unverfallbar werden konnten. Das Merkmal der Unverfallbarkeit ist jedoch für den Insolvenzschutz unverzichtbar, weil eine verfallbare Anwartschaft, die mit Beendigung des Arbeitsverhältnisses untergegangen ist, nicht nachträglich im Insolvenzfall wieder aufleben kann. Andernfalls würde der betreffende Arbeitnehmer einen Versorgungsanspruch gegen den Träger der Insolvenzsicherung erwerben und damit im Insolvenzfall besser stehen, als er gegenüber dem Arbeitgeber gestanden hätte.

Eine Ausnahme kann sich ergeben, wenn ein Zusageempfänger aufgrund einer vertraglichen Vereinbarung eine unverfallbare Anwartschaft erworben hat und diese Anwartschaft die Voraussetzungen des § 1 erfüllt[36]. In

---

[35] DB 1972, S. 1486 = BB 1972, S. 1005.

[36] Anwartschaften, die lediglich die vertraglichen, nicht aber die gesetzlichen Unverfallbarkeitsfristen erfüllen, sind nach ganz herrschender Meinung nicht insol-

diesem Fall ist eine schützenswerte Rechtsposition entstanden, denn die Anwartschaft ist nicht mit Beendigung des Arbeitsverhältnisses verfallen und der Versorgungsberechtigte würde auch mit Eintritt des Versorgungsfalles einen Versorgungsanspruch gegen seinen Arbeitgeber erwerben, der im Insolvenzfall gemäß § 7 Abs. 1 S. 1 BetrAVG insolvenzgeschützt wäre. Diese Abgrenzung wird am weitestgehendsten dem Sinn und Zweck des Gesetzes gerecht, wonach unabhängig vom Zeitpunkt des Inkrafttreten des Gesetzes eine umfassende Insolvenzsicherung eingeführt wird für alle Versorgungsempfänger und für alle Anwärter, die eine unverfallbare Anwartschaft besitzen – sei es kraft Gesetzes gemäß § 1 BetrAVG, kraft Richterrechts oder kraft vertraglicher Vereinbarung – und deren Anwartschaft die Mindestvoraussetzungen des § 1 BetrAVG erfüllt.

IV. Zusammenfassung

1. Versorgungsempfänger werden ausnahmslos in die Insolvenzsicherung des § 7 Abs. 1 BetrAVG einbezogen. Soweit ein Versorgungsanspruch entstanden ist und der Sicherungsfall nach Inkrafttreten der Vorschriften der §§ 7 - 15 BetrAVG eingetreten ist, besteht ein Leistungsanspruch gegen den Pensions-Sicherungs-Verein. Die Form der betrieblichen Altersversorgung und der Zeitpunkt der Beendigung des Dienst- und Arbeitsverhältnisses sind für den Insolvenzschutz unerheblich.

2. Anwartschaften sind gemäß § 7 Abs. 2 S. 1 BetrAVG insoweit insolvenzgeschützt, als sie unverfallbar geworden sind. Nur bei Vorliegen der Unverfallbarkeit besteht ein echtes Anwartschaftsrecht, das einen Vermögenswert darstellt und bei Eintritt des Versorgungsfalles zum Vollrecht erstarkt. Die Unverfallbarkeit einer Anwartschaft kann sich aus Gesetz gemäß § 1 BetrAVG, aus Vertrag oder kraft Richterrechts ergeben.

   Anders als bei den Versorgungsansprüchen hat der Gesetzgeber aus Gründen der Rechtssicherheit, Verhältnismäßigkeit und Praktikabilität nicht jede vertraglich für unverfallbar erklärte Anwartschaft in die Insolvenzsicherung einbezogen. Im Rahmen der Insolvenzsicherung sollte eine unverfallbare Anwartschaft nur dann als schützenswert anerkannt werden, wenn die Mindestvoraussetzungen des § 1 Abs. 1 BetrAVG erfüllt sind.

   Die Verweisung auf die „nach § 1 unverfallbaren Anwartschaften“ ist einschränkend so auszulegen, daß der Gesetzgeber die in § 1 BetrAVG

venzgeschützt, vgl. BAG AP Nr. 1 zu § 7 BetrAVG = DB 1978, S. 2127; LAG Düsseldorf, BB 1977, S. 195; Fenge, DB 1975, S. 50, 56; Martens, DB 1977, S. 495, 497; a. A.: Richardi, Sozialplan und Konkurs, S. 68; Thomas in: Das Arbeitsrecht der Gegenwart, Bd. XIII, S. 66.

enthaltene Fristenregelung für die Anerkennung der Unverfallbarkeit zur Bedingung für den Insolvenzschutz von Anwartschaften erklärt hat, ohne jedoch die zeitlich eingeschränkte Geltung des § 1 BetrAVG (§ 26 BetrAVG) in § 7 Abs. 2 BetrAVG einzubeziehen. Hätte der Gesetzgeber auf die Verweisung verzichtet und den maßgeblichen Wortlaut des § 1 BetrAVG in § 7 Abs. 2 BetrAVG wiederholt, stünde der Insolvenzschutz in Altfällen außer Frage. Für diese einschränkende Auslegung des § 7 Abs. 2 BetrAVG sprechen entstehungsgeschichtliche und verfassungsrechtliche Gründe, insbesondere das Gebot der Gleichbehandlung von Anwärtern und Versorgungsempfängern.

Die Form der betrieblichen Altersversorgung, insbesondere der Unterscheidung zwischen Versorgungsansprüchen mit und ohne Rechtsanspruch, ist für die Insolvenzsicherung unerheblich. Insolvenzgeschützt sind demnach unter den Altfällen alle Anwartschaften, die kraft Richterrechts oder aufgrund vertraglicher Vereinbarung unverfallbar geworden sind und die die Merkmale des § 1 Abs. 1 BetrAVG erfüllen.

Literaturverzeichnis

Ahrend / Dorow: Betriebliche Altersversorgung in der Bundesrepublik Deutschland, DB 1976, Beilage Nr. 17/76

— / — Betriebliche Altersversorgung in der Bundesrepublik Deutschland, DB 1978, Beilage Nr. 19/78

Ahrend / Förster / Rößler: Zur Insolvenzsicherung von Versorgungszusagen an Gesellschafter-Geschäftsführer, GmbH-Rundschau 1975, S. 275

— / — / — Zur Insolvenzsicherung von Versorgungszusagen an Gesellschafter-Geschäftsführer nach den Urteilen des BGH vom 28. 4. 1980 und 9. 6. 1980, GmbH-Rundschau 1980, S. 229

Arbeitsgemeinschaft für betriebliche Altersversorgung (ABA): Die Insolenzsicherung von Ruhegeldansprüchen auf dem Gebiet der betrieblichen Altersversorgung, Forschungsgutachten erstellt von der ABA, Heidelberg 1974
(zit.: ABA-Gutachten)

Baumbach / Duden / Hopt: Handelsgesetzbuch mit Nebengesetzen ohne Seerecht, 27. Aufl. München 1987

Baumbach / Lauterbach / Albers / Hartmann: Zivilprozeßordnung mit Gerichtsverfassungsgesetz und Nebengesetzen, 45. Aufl. München 1987

Beitzke, Günther: Anmerkung zum Urteil des BGH vom 28. 4. 1980 (II ZR 254/78), AP Nr. 1 zu § 17 BetrAVG

BGB-RGRK: Das bürgerliche Gesetzbuch, Bd. I: §§ 1 - 240, 12. Aufl., Berlin - New York 1982, Bd. II, 4. Teil: §§ 631 - 811, 12. Aufl., Berlin - New York 1978
(zit.: BGB-RGRK-Bearbeiter)

Bleistein / Söffing: Die Neuregelung der betrieblichen Altersversorgung, Bonn 1976

Blomeyer, Wolfgang: Insolvenzsicherung für Versorgungsanwartschaften vor Eintritt der gesetzlichen Unverfallbarkeit, DB 1977, S. 585

— Der Betriebsrentner im Spannungsfeld zwischen Arbeitgeber, Unternehmen, Belegschaft und Insolvenzsicherung, RdA 1977, S. 1

— Richterliche Rechtsfortbildung und betriebliche Altersversorgung, BetrAV 1979, S. 78

— Betriebliche Altersversorgung und Unterstützungskassen, BB 1980, S. 789

Blomeyer / Otto: Gesetz zur Verbesserung der betrieblichen Altersversorgung, München 1984

Blümich / Falk / Uelner / Hass: Einkommensteuergesetz, Bd. I: §§ 1 - 10 d, 12. Aufl. München 1985, Bd. II: §§ 11 - 55, 12. Aufl. München 1985
(zit.: Blümich / Falk)

BMF-Schreiben: Steuerrechtliche Behandlung von Aufwendungen des Arbeitgebers für die betriebliche Altersversorgung des im Betrieb mitarbeitenden Ehegatten, Schreiben des Bundesministers für Finanzen vom 4. 9. 1984 – IV B 1 – S 2176 – 85/84 – DB 1984, S. 1958

Boldt, Gerhard: Das Gesetz zur Verbesserung der betrieblichen Altersversorgung (I), AG 1975, S. 141

Brobowski / Gaul: Das Arbeitsrecht im Betrieb, Bd. I, 7. Aufl. Heidelberg 1979

Canaris, Claus-Wilhelm: Die allgemeinen Arbeitsbedingungen im Schnittpunkt von Privat- und Kollektivautonomie, RdA 1974, S. 18

Dersch / Neumann: Bundesurlaubsgesetz nebst allen anderen Urlaubsbestimmungen des Bundes und der Länder, 6. Aufl. München 1981

Dieterich, Thomas: Die jüngste Rechtsprechung des Bundesarbeitsgerichts zur betrieblichen Altersversorgung, BetrAV 1985, S. 85

Dietz / Richardi: Betriebsverfassungsgesetz, Bd. 1: §§ 1 - 73, 6. Aufl. München 1982

Durchlaub, Wolfgang: Insolvenzsicherung der Ruhegehälter für Gesellschafter-Geschäftsführer von Personengesellschaften, BB 1977, S. 1509

Everhardt, Karl-Hans: Der Geltungsbereich des Betriebsrentengesetzes im Hinblick auf die Insolvenzsicherung für Geschäftsleiter-Pensionen, BB 1981, S. 681

Fenge, Harald: Die arbeitsrechtliche Gesetzgebung zur betrieblichen Altersversorgung, DB 1975, S. 50

Fenn, Herbert: Die Mitarbeit in den Diensten Familienangehöriger, Bad Homburg 1970
(zit.: Fenn, Die Mitarbeit)

— Arbeitsverträge mit Familienangehörigen, DB 1974, S. 1062 und 1112

Figge, Gustav: Sozialversicherungs-Handbuch für die betriebliche Praxis, 1. - 3. Aufl. Köln 1979

— Die Sozialversicherung der mitarbeitenden Familienangehörigen und Verwandten, DB 1974, S. 675

Fleck, Hans-Joachim: Das Dienstverhältnis der Vorstandsmitglieder und Geschäftsführer in der Rechtsprechung des BGH, WM 1981, Sonderbeilage 3, S. 3 ff.

— Das Organmitglied – Unternehmer oder Arbeitnehmer, in: Festschrift für Hilger und Stumpf, München 1983, S. 197

Gamillscheg, Franz: Arbeitsrecht – Prüfe Dein Wissen –, Rechtsfälle in Frage und Antwort, Bd. I: Individualarbeitsrecht, 7. Aufl. München 1987

Gaul, Herbert: Zur Auslegung von § 17 Abs. 1 Satz 2 BetrAVG durch die neueste Rechtsprechung, BetrAV 1980, S. 9

Geßler / Hefermehl / Eckardt / Kropf: Aktiengesetz, Bd. II: §§ 76 - 147, München 1973

Glatzel / Meyer / Wein: Gesetz zur Verbesserung der betrieblichen Altersversorgung, Köln 1975

Görlich, Wolfgang: Die steuerrechtliche Behandlung von Vertragsgestaltungen zwischen Angehörigen, Berlin 1979

Großkommentar zum Handelsgesetzbuch: Bd. I, 1. Halbband: §§ 105 - 144, 3. Aufl. Berlin, New York 1973, Bd. II, 2. Halbband: §§ 145 - 177, §§ 335 - 343, 3. Aufl. Berlin 1970
(zit.: Bearbeiter in Großkomm. HGB)

Grunsky, Wolfgang: Arbeitsgerichtsgesetz, 4. Aufl. München 1981

Hachenburg: Gesetz betreffend die Gesellschaften mit beschränkter Haftung – Großkommentar, Bd. II: §§ 13 - 52, 7. Aufl. Berlin - New York 1979
(zit.: Hachenburg / Bearbeiter)

Hanau, Peter: Die Mitbestimmung in der betrieblichen Altersversorgung nach der neuen Rechtsprechung des Bundesarbeitsgerichts, BB 1976, S. 91

— Analogie und Restriktion im Betriebsverfassungsrecht, in: Festschrift für Gerhard Müller, Berlin 1981, S. 169

Hanau / Kemper: Zur Insolvenzsicherung der Ruhegehaltszusagen an Unternehmer, – Besprechung von BGHZ 77, S. 94 und 77, S. 233, ZGR 1982, S. 123

Handbuch der betrieblichen Altersversorgung: Bd. I, 4. Aufl. München 1962, Bd. I, 5. Aufl. Stuttgart 1968, Bd. I (Loseblattsammlung), 6. Aufl. Wiesbaden 1978/85
(zit.: Bearbeiter in: Handbuch der betrieblichen Altersversorgung, Aufl.)

Heissmann, Ernst: Die betrieblichen Ruhegeldverpflichtungen, 6. Aufl. 1967

Hennerkes / Binz / Rauser / Wurzberger: Insolvenzsicherung von Pensionsansprüchen des Gesellschafter-Geschäftsführers einer GmbH und GmbH & Co., GmbHR 1984, S. 57

Hermann / Heuer / Raupach: Einkommensteuer- und Körperschaftssteuer mit Nebengesetzen, Bd. 3: §§ 4b - 5 EStG, Bd. 4: §§ 6 - 6d EStG, 19. Aufl. Köln
(zit.: Hermann / Heuer)

Heubeck / Heitmann: Die Altersversorgung der Geschäftsführer bei GmbH und GmbH & Co., Köln 1977

Heubeck / Höhne / Paulsdorff / Rau / Weinert: Kommentar zum Betriebsrentengesetz, Bd. I: §§ 1 - 18, 1. Aufl. Heidelberg 1976, Bd. I: §§ 1 - 18, 2. Aufl. Heidelberg 1982, Bd. II: §§ 19 - 32, Heidelberg 1978

Hilger, Marie Luise: Das betriebliche Ruhegeld, Heidelberg 1959
(zit.: Ruhegeld)

— Richterrecht in der betrieblichen Altersversorgung, RdA 1981, S. 6

Höfer, Reinhold: Gesetz zur Verbesserung der betrieblichen Altersversorgung – Kommentar, 1. Aufl. München 1976

Höfer / Abt: Gesetz zur Verbesserung der betrieblichen Altersversorgung - Kommentar, Bd. I: Arbeitsrechtlicher Teil, 2. Aufl. München 1982

— / — Insolvenzschutz bei vom Pensions-Sicherungs-Verein nicht gesicherten Gesellschafter-Geschäftsführern, BetrAV 1982, S. 233

— / — Die Alters-, Invaliditäts- und Hinterbliebenenversorgung von beherrschenden Gesellschafter-Geschäftsführern einer GmbH, GmbHR 1983, S. 49

— / — Betriebliche Altersversorgung: Insolvenzsicherung des zu 50 % beteiligten Gesellschafter-Geschäftsführers einer Kapitalgesellschaft, DB 1985, S. 2185

Huber, Michael: Ungleiche Aufklärungsmöglichkeiten der Parteien, MDR 1981, S. 95

Hueck, Götz: Bemerkungen zum Anstellungsvertrag von Organmitgliedern juristischer Personen, in: Festschrift für Hilger und Stumpf, München 1983, S. 365

— Zur Tätigkeit des Kommanditisten im Dienste der KG, DB 1962, S. 1363

Hueck / Nipperdey: Lehrbuch des Arbeitsrechts, Bd. I, 7. Aufl. Berlin, Frankfurt 1963

Hueck / Nipperdey / Dietz: Nachschlagewerk des Bundesarbeitsgerichts – Arbeitsrechtliche Praxis (AP), Loseblattsammlung, Berlin, München 1972 ff.

Jahn, Kurt: Allgemeine Sozialversicherungslehre, 2. Aufl. Stuttgart 1980

Kemper, Kurt: Die Unverfallbarkeit betrieblicher Versorgungsanwartschaften von Arbeitnehmern, Kölner Diss. 1976

Kiefer / Giloy: Die Verbesserung der betrieblichen Altersversorgung, München 1975

Koch, Ulrich: Grenzen der gesellschafterlichen Nachhaftung aus Dauerschuldverhältnissen, NJW 1983, S. 833

Kölner Kommentar zum Aktiengesetz: Bd. II: §§ 148 - 290 AktG, Köln u. a. 1985
(zit.: Kölner Kommentar zum AktG / Bearbeiter)

Krause, Peter: Anmerkung zum Beschluß des Bundesverfassungsgerichts vom 19. 10. 1983, SAE 1984, S. 94

Larenz, Karl: Methodenlehre der Rechtswissenschaft, 5. Aufl. Berlin u. a. 1983

Lieb, Manfred: Arbeitsrecht, 3. Aufl. Heidelberg 1984

Marburger, Horst: Die Sozialversicherungspflicht von Vorstandsmitgliedern, Gesellschaftern und Geschäftsführern, BlStSozArbR 1983, S. 153

Martens, Eckehard Christian: Zur Haftung des Erwerbers bei Betriebsveräußerung durch den Konkursverwalter nach § 613 a BGB, insbesondere für Versorgungsanwartschaften, DB 1977, S. 495

Medicus, Dieter: Anmerkung zum Urteil des BAG vom 30. 3. 1973, AP Nr. 4 zu § 242 BGB Ruhegehalt – Geldentwertung

Meyer / Meulenbergh / Beuthien: Genossenschaftsgesetz, 12. Aufl. München 1983

Miller, Fritz Georg: Der Anstellungsvertrag des GmbH-Geschäftsführers – Rechtliche Einordnung und gesetzliche Mindestkündigungsfrist, BB 1977, S. 723

Molitor, Erich: Arbeitsverhältnisse und Mitgliedschafts-(Gesellschafts-)verhältnisse, DB 1957, S. 164

Moll, Wilhelm: Zur Insolvenzsicherung der Betriebsrenten von Gesellschafter-Geschäftsführern, ZIP 1980, S. 422

Müller, Friedrich: Juristische Methodik, 2. Aufl. Berlin 1976

Müller, Klaus: Genossenschaftsgesetz, Bd. I: §§ 1 - 42, Bielefeld 1976, Bd. II: §§ 43 - 93 e, Bielefeld 1980
(zit.: Müller, GenG)

Münchener Kommentar zum Bürgerlichen Gesetzbuch: Bd. 1: Allgemeiner Teil: §§ 1 - 240, AGB-Gesetz, 2. Auflage, München 1984, Bd. 3: Schuldrecht, Besonderer Teil: 1. Halbband: §§ 433 - 656, Abzahlungsgesetz, München 1980, 2. Halbband: §§ 657 - 853, 2. Auflage, München 1986
(zit.: MünchKomm-Bearbeiter)

Neef, Klaus: Die Anwendung des Betriebsrentengesetzes auf Gesellschafter-Geschäftsführer, BB 1978, S. 314

Nikisch, Arthur: Arbeitsrecht, Bd. I: Allgemeine Lehren und Arbeitsvertragsrecht, 3. Aufl. Tübingen 1961

Oberfinanzdirektion Köln: Anerkennung von Arbeitsverträgen zwischen Ehegatten im Fall der Gütergemeinschaft, Verfügung vom 23. 8. 1965, DB 1965, S. 1303

Ortlepp, Hanns-Peter: Anmerkung zum Urteil des BGH vom 16. 6. 1980 (II ZR 195/ 79), BB 1980, S. 1426

— Anmerkung zum Urteil des BAG vom 16. 10. 1980 (3 AZR 1/80), AP Nr. 8 zu § 7 BetrAVG

Ortlepp / Willemsen: Gesetz zur Verbesserung der betrieblichen Altersversorgung, Bergisch Gladbach 1975

Palandt, Otto: Bürgerliches Gesetzbuch, 47. Aufl. München 1987
(zit.: Palandt / Bearbeiter)

Paulsdorff, Jürgen: Die Grenzen der Einbeziehung von Gesellschafter-Geschäftsführern in das Betriebsrentengesetz, GmbHR 1977, S. 241

— Gedanken zur Unterstützungskasse aus der Sicht des Pensions-Sicherungs-Vereins, BetrAV 1977, S. 138

— Aktuelle Rechtsfragen zur Insolvenzsicherung, BetrAV 1978, S. 105

— Neue Rechtsprechung zur Auslegung von § 17 Abs. 1 Satz 1 BetrAVG, BetrAV 1979, S. 1

Pesch, Günter: Die Rechtsprechung des BGH zum Betriebsrentenrecht, ZIP 1982, S. 135

Priester / Schmidt, K.: Unbegrenzte Nachhaftung des geschäftsführenden Gesellschafters?, ZIP 1984, S. 1064

Prölss / Schmidt, R. / *Frey:* Versicherungsaufsichtsgesetz: Bundesaufsichtsgesetz, Kartellrecht der Versicherungswirtschaft (§ 102 GWB) und andere Nebengesetze, 9. Aufl. München 1983

Rauser / Wurzberger: Gesetzliche Insolvenzsicherung der betrieblichen Altersversorgung des unternehmensleitend tätigen Gesellschafters, DB 1983, S. 551

Richardi, Reinhard: Arbeitsrecht und Zivilrecht, ZfA 1974, S. 3

— Sozialplan und Konkurs, Düsseldorf 1975

Rosenberg / Schwab: Zivilprozeßrecht, 14. Aufl. München 1986

Rößler, Norbert: Die Versorgung von Gesellschafter-Geschäftsführern von Kapitalgesellschaften, in: Perspektiven der betrieblichen Altersversorgung nach dem Betriebsrentengesetz, S. 169

Säcker, Franz-Jürgen: Gruppenautonomie und Übermachtkontrolle im Arbeitsrecht, Berlin 1972

Schaub, Günter: Arbeitsrechts-Handbuch, 6. Aufl. München 1987

— Die betriebliche Altersversorgung in der Rechtsprechung des Bundesarbeitsgerichtes, RdA 1980, S. 155

Schaub / Schusinski / Ströer: Altersvorsorge, München 1976

Schmidt, Karsten: Der bürgerlich-rechtliche Verein mit wirtschaftlicher Tätigkeit, AcP 182, S. 1

Schmidt-Diemitz, Rolf: Ist der Pensionsanspruch eines 50 %-Gesellschafter-Geschäftsführers insolvenzgesichert?, DB 1985, S. 1573

Scholz, Franz: Kommentar zum GmbH-Gesetz, Bd. I: §§ 1 - 44, 7. Aufl. Köln 1987, Bd. II: §§ 45 - 85, 6. Aufl. Köln 1978/83

Soergel, Thomas: Kommentar zum Bürgerlichen Gesetzbuch, Bd. 1: Allgemeiner Teil, §§ 1 - 240, 11. Aufl. Stuttgart u. a. 1978, Bd. 3: Schuldrecht II, §§ 516 - 704, 11. Aufl. Stuttgart u. a. 1980
(zit.: Soergel / Bearbeiter)

Söllner, Alfred: Einseitige Leistungsbestimmung im Arbeitsverhältnis, Mainz 1966 (zit.: Söllner, Einseitige Leistungsbestimmung)

— Arbeitsrecht, 8. Aufl. 1984

Sozialenquete: Soziale Sicherung in der Bundesrepublik Deutschland, Bericht der Sozialenquete-Kommission Stuttgart u. a. 1966

Stein / Jonas: Kommentar zur Zivilprozeßordnung, §§ 271 - 299 a, 20. Aufl. Tübingen 1985
(zit.: Stein / Jonas / Bearbeiter)

Stenografisches Protokoll der 32. Sitzung des Ausschusses für Arbeit und Sozialordnung am 13. März 1974
(zit.: Sten. Protokoll)

Thomas, Werner: Das Gesetz zur Verbesserung der betrieblichen Altersversorgung, in: Das Arbeitsrecht der Gegenwart, Hrsg. G. Müller, Bd. 13, Dokumentation 1975, S. 53

Trinkhaus, Hans: Aktuelle Probleme des Rechts der leitenden Angestellten (im weitesten Sinne), DB 1968, S. 1756

Uhlenbruck, Wilhelm: Anmerkung zum Urteil des BAG vom 8. 7. 1972, AP Nr. 157 zu § 242 BGB Ruhegehalt

Ulmer, Peter: Die zeitliche Begrenzung der Haftung von Gesellschaftern beim Ausscheiden aus einer Personenhandelsgesellschaft sowie bei der Umwandlung in eine Kapitalgesellschaft, BB 1983, S. 1865

Ulmer / Wiesner: Die Haftung ausgeschiedener Gesellschafter aus Dauerschuldverhältnissen, ZHR 1980 (Bd. 144), S. 393

Weitnauer, Hermann: Anmerkung zum Urteil des BAG vom 10. 3. 1972, AP Nr. 156 zu § 242 BGB Ruhegehalt

Wiedemann, Herbert: Das Arbeitsverhältnis als Austausch- und Gemeinschaftsverhältnis, Karlsruhe 1966

— Anmerkung zum Urteil des BGH vom 9. 12. 1963 (II ZR 33/67), JZ 1969, S. 470

— Gesellschaftsrecht, Bd. I München 1980

Wiedemann / Moll: Der persönliche Geltungsbereich des Gesetzes zur Verbesserung der betrieblichen Altersversorgung, RdA 1977, S. 13

Wiedemann / Stumpf: Tarifvertragsgesetz, 5. Aufl. München 1977

Wiesner, Georg: Die Lehre von der fehlerhaften Gesellschaft, Heidelberg 1980

— Die Enthaftung persönlich haftender Gesellschafter für Ansprüche aus Dauerschuldverhältnissen, ZIP 1983, S. 1032

Zöller, Richard: Zivilprozeßordnung, 15. Aufl. Köln 1987
(zit.: Zöller / Bearbeiter)

Zöllner, Wolfgang: Arbeitsrecht, 3. Aufl. München 1983